SPIONE
OHNE LAND

Geheime Existenzen bei der Gründung Israels

Matti Friedman

Aus dem Englischen übersetzt von Tim Schneider

HENTRICH & HENTRICH

Deutsche Erstausgabe
Titel der Originalausgabe: Spies of No Country. Secret Lives at the Birth of Israel, Algonquin, USA, 2019

Die Arbeit des Übersetzers am vorliegenden Text wurde im Rahmen des Programms „NEUSTART KULTUR" aus Mitteln der Beauftragten der Bundesregierung für Kultur und Medien vom Deutschen Übersetzerfonds gefördert

Die Deutsche Nationalbibliothek verzeichnet diese Publikation in der Deutschen Nationalbibliografie; detaillierte Daten sind im Internet über https://portal.dnb.de/ abrufbar.

© 2019 by Matti Friedman. By Arrangement with The Deborah Harris Agency
© der deutschen Ausgabe 2022
Hentrich & Hentrich Verlag Berlin Leipzig
Inh. Dr. Nora Pester
Haus des Buches
Gerichtsweg 28
04103 Leipzig
info@hentrichhentrich.de
http://www.hentrichhentrich.de

Lektorat: Malte Gerken
Gestaltung: Gudrun Hommers

1. Auflage 2022
Alle Rechte vorbehalten
Printed in the EU
ISBN 978-3-95565-577-8

*Die gängigen Topoi der Spionage –
Doppeldeutigkeit, Betrug, Verkleidung, Untergrund,
Geheimwissen, Bluff und Doppelbluff, Unkenntlichkeit,
Überraschung, wechselnde Identität –
sind nichts anderes als archetypische Metaphern
für das Leben jedes einzelnen Menschen.*

WILLIAM BOYD[1]

INHALT

Die Spione

Vorwort 13

ERSTER TEIL: HAIFA *19*

1. Der Späher *21*

2. Im Lager *39*

3. Kfz-Reparatur *47*

4. Der Beobachter (1) *57*

5. Der Tiger *63*

6. Isaac *68*

7. Operation Starling *95*

8. Deckname: Zeder *104*

9. Der Beobachter (2) *117*

ZWEITER TEIL: BEIRUT *127*

10. Kim *129*

11. Einmalige Gelegenheit *138*

12. Israels Fall *146*

13. Der Drei-Monde-Kiosk *159*

14. Casino Méditerranée *170*

15. Hitlers Yacht *180*

16. Der Saboteur *196*

17. Der Galgen *202*

18. Der jüdische Staat *213*

19. Georgette *232*

20. Der Rotschopf *249*

21. Zuhause *264*

Epilog *273*

Danksagung *281*

Anmerkungen *283*

Über den Autor *311*

DIE SPIONE

Gamliel Cohen
Deckname: Yussef
Geboren in Damaskus, Syrien
Alter im Januar 1948: 25

Isaac Shoshan
Deckname: Abdul Karim
Geboren in Aleppo, Syrien
Alter: 23

Havakuk Cohen
Deckname: Ibrahim
Geboren im Yemen
Alter: 20

Yakuba Cohen
Deckname: Jamil
Geboren in Jerusalem / Britisch Palästina
Age: 23

VORWORT

Von den vier Spionen, die im Mittelpunkt dieser Geschichte stehen, ist heute nur noch Isaac am Leben.² Während ich diese Zeilen schreibe, ist der Brille tragende Kämpfer aus den Gassen Aleppos 93 Jahre alt. Auf die Idee, mich mit ihm zu treffen, brachte mich ein anderer ehemaliger Mitarbeiter des israelischen Geheimdienstes, ein Mann, den ich während der Arbeit an einer anderen Geschichte kennengelernt habe. Daraufhin habe ich Isaac aufgesucht. Nicht, dass ich vorher schon viel von ihm und der kleinen Truppe, deren Mitglied er war, gehört hätte; ich hatte damals auch noch gar nicht die Absicht, dieses Buch zu schreiben. Indes habe ich als Reporter über die Jahre gelernt, dass die Zeit, die man mit alten Spionen verbringt, nie vergeudet ist.³

Das Ganze endete damit, dass ich über Jahre hinweg viele Stunden mit Gesprächen bei Isaac verbrachte, im Hintergrund stets die olivgrünen Kacheln seiner Küche im siebten Stock eines Wohnblocks in einem großstädtischen Ballungsgebiet im Süden Tel Avivs. Manchmal stand er auf, ging langsam zum Herd und braute schwarzen Kaffee – in einer dieser kleinen Metallkannen mit langem Stiel, wie sie sie früher bei ihren berühmten Lagerfeuern benutzt hatten. Seine Worte setzte Isaac mit Bedacht – Geschwätzigkeit gehörte nicht zu den Eigenschaften, für die Männer wie er geschätzt wurden. Sein Gedächtnis war glasklar. Manchmal hätte man meinen können, der Unabhängigkeitskrieg von 1948 wäre gerade erst zu Ende gegangen, oder wäre sogar noch im Gange.

Öfter als erwartet lachte er: alle paar Sätze sein kehliges He-he-he, begleitet von einem Schütteln des Kopfes, der in dem Moment fast nur noch aus Ohren, Nase und einem Grinsen zu bestehen schien. So richtig witzig war das, worüber er lachte, selten; er wollte sich aber nicht etwa lustig machen, vielmehr nur sein ungläubiges Staunen über die Dinge bekunden, die er gesehen hatte. Immer wieder flackerte beim Erzählen etwas von dem Isaac auf, der er damals gewesen sein muss: wachsam, geistesgegenwärtig und voller Lebensgier. Immer aber sprach er auch für all die anderen: für jene, die überlebt hatten, alt geworden und in ihrem Bett gestorben waren, ebenso wie für die, die damals vor siebzig Jahren mit ihren armseligen Verkleidungen losgeschickt und vom Sturm der Ereignisse weggefegt wurden.

1942, als Isaac nach Tel Aviv kam – ein mittelloser Arabisch sprechender Teenager, der mit einem Korb Pfefferschoten auf dem Gemüsemarkt am Boden kauerte –, hätte er dort ebenso gut auch bleiben können. Viele waren schon auf solchen Marktplätzen angekommen, um für immer dort zu bleiben – so zum Beispiel auch mein Urgroßvater mit seinem Orangenkarren auf der Lower East Side in Manhattan. Bei Isaac lief es anders. Eine launische Brandung würde ihn aufheben und mit sich davontragen. Sein Leben hätte auch, wie das mancher seiner Freunde, mit 23 zu Ende sein können: mit einer Kugel im Kopf zwischen irgendwelchen Dünen liegend oder in einem Gefängnishof am Galgen baumelnd, und die Erinnerung an ihn wäre schnell verblasst. Aber er kam durch. Er hätte sich auch drücken und den jüdischen Staat, 1948 kaum geboren, seiner Vernichtung überlassen können. Aber auch das geschah nicht; und da waren wir nun, in diesem Staat – unserem Staat – und saßen an Isaacs Küchentisch.

Wie John le Carré einmal festgestellt hat, ist „Spionage … das Untergrund-Theater unserer Gesellschaft". Genau wie ihre Spione haben auch die Länder „Legenden" und vertuschte Identitäten, und unsere Geheimkeller bergen manche Enthüllung über die Tageslichtwelt. Abgesehen von meiner Faszination für Geheimagenten und Doppelidentitäten ist das der Grund, warum ich mich zu jenen Männern und ihren seltsamen, abenteuerlichen Existenzen hingezogen fühlte. Die Frage aber, wer sie waren, hat viel zu tun mit dem Staat, an dessen Erschaffung sie mitgewirkt haben.

Die Jahre meiner Bekanntschaft mit Isaac fielen zusammen mit denen des großen Umbruchs in der arabischen Welt, unter anderem auch mit der Zerstörung Aleppos, der Stadt seiner Kindheit, im syrischen Bürgerkrieg. Von Interview zu Interview verfolgten wir die Geschehnisse. Bei unserem ersten Treffen 2011 war Aleppo noch ein friedlicher Ort; nur die Synagogen waren leer, wie schon seit Jahrzehnten, nachdem Isaacs Familie zusammen mit den anderen Juden im Zuge des großen Exodus aus der arabischen Welt geflohen war. Bald jedoch würden auch Aleppos Kirchen und viele seiner Moscheen geleert und große Teile dieser arabischen Metropole in Schutt und Asche gelegt werden.

Wir sahen die verzweifelten Fluchtversuche der Menschen über das Mittelmeer, wie sie, angeschwemmt an griechischen Stränden, sich mit Gepäck und Babys landeinwärts schleppten. Überall aus dem Nahen Osten[4] waren die Christen, die Zoroastrier, die Mandäer und Jesiden verschwunden oder liefen davon, genauso die sunnitischen Muslime, die bisher unter Schiiten, und die Schiiten, die bisher unter Sunniten gelebt hatten, dazu all die Andersdenkenden und -lebenden, die nicht die Rückendeckung eines Stammes oder Clans genossen. Hass auf Menschen, die nicht so sind wie man selbst, verbunden mit der Vorstellung, es ließe sich irgendein Problem dadurch lösen, dass man sie zum Verschwinden bringt: Häufig fängt es bei den Juden an. Aber es hört selten bei ihnen auf.

Eines unserer Gespräche fand nicht in Isaacs Küche statt, sondern in einem Einkaufszentrum in seiner Nachbarschaft, wo viele Bewohner ihre Wurzeln in der arabischen Welt haben, wie Isaac selbst und gut die Hälfte der heutigen israelischen Juden.[5] Im Obergeschoss gab es eine Videospielhalle mit blinkendem Blaulicht, elektronischen Explosionen und durchdrehenden Eltern, die von den Sommerferien und der unerträglichen Schwüle draußen hereingetrieben worden waren. Der McDonald's war brechend voll, ebenso der Plastikspielplatz im Atrium. Ein Laden namens Aphrodite hatte scharlachfarbene BHs im Angebot. Eine Frau mit orangefarbenem Brillengestell grübelte über einem Lottoschein.

Hier trugen die einstigen Kinder der Judenviertel von Tunis und Algier Ray-Ban-Brillen und Sneakers. Auch Juden aus Mossul im Nordirak waren da, aber sie lagen nicht zusammen mit ihren jesidischen Nachbarn in irgendwelchen IS-Gräben, sondern tranken Latte macchiato in klimatisierten Räumen oder aßen koschere McNuggets, während ihre Kinder Hebräisch johlend auf Trampolinen hopsten. Sie alle waren Israelis – aber es waren nicht mehr die Kibbuz-Pioniere der alten Zionisten-Träume, die verwaisten Kinder Europas. Es waren Menschen aus der islamischen Welt, inmitten der islamischen Welt, mit deren Schicksal ihr Leben verflochten war wie schon das ihrer Großväter und Urgroßväter. All das war Israel, ein Israel jedoch, wie es in den üblichen Darstellungen des Landes nicht sichtbar wird.

In einem Franchise-Café neben den Rolltreppen saß der Spion Isaac Shoshan, einst Zaki Shasho aus Aleppo, bekannt auch als Adbul Karim Muhammad Sidki aus Beirut. In der Geschichte, die er von den Anfängen Israels, so wie er sie miterlebt hatte, erzählte, trat keiner der üblichen Figuren auf, auch klang sie ganz anders als alle, die ich bisher gehört hatte. Es war eine *orientalische* Geschichte.

Draußen die Straßen waren andere geworden, als ich das Einkaufszentrum wieder verließ. Das war der Moment, in dem ich entschied, dass die Zeit reif war für diese Story.

In meiner Erzählung stütze ich mich auf meine Interviews mit Isaac und anderen; dazu auf Akten der israelischen Militärarchive, von denen viele auf meine Anfrage hin zum ersten Mal freigegeben wurden; ferner auf Dokumente aus dem Archiv der Haganah, der jüdischen Untergrundarmee vor der Staatsgründung, sowie auf die unveröffentlichten Aussagen von Zeitzeugen, die verstorben sind, bevor ich mit ihnen sprechen konnte. Zwei Publikationen zur Geschichte der Arabischen Sektion (beide auf Hebräisch und nie übersetzt, heute vergriffen) erwiesen sich als besonders hilfreich. Die erste stammt von dem Historiker Zvika Dror und wurde 1986 vom israelischen Verteidigungsministerium herausgegeben.[6] Die zweite hat einer unserer vier Agenten, Gamliel Cohen, gegen Ende seines Lebens selbst verfasst. Sie wurde 2001 veröffentlicht. Zitate aus Dokumenten, Tonaufnahmen und meinen eigenen Interviews erscheinen in Anführungszeichen, nach dem Gedächtnis rekonstruierte Zitate ohne. Anmerkungen zu den Quellen finden sich im Anhang.

Nach den ungeschriebenen Gesetzen der „Agentenstory" sollten wohl die handelnden Personen auf den tatsächlichen Verlauf der Geschichte oder zumindest den „ihres" Krieges einen gewissen Einfluss haben. Das ist natürlich verlockend, aber meines Erachtens selten wahr. Und obwohl ihr Beitrag zum Israelischen Unabhängigkeitskrieg nicht unbedeutend war, ist das auch bei unseren vier Spionen nicht der Fall. Ihre Mission kulminierte weder in einer dramatischen, die finale Katastrophe verhindernden Explosion noch in der Entschlüsselung eines vertrackten Geheimcodes. Ihre historische Bedeutung sollte sich erst nachträglich erweisen: als Keimzelle eines der eindrucksvollsten Geheimdienste der Welt – oder, um es mit den Worten der Historiker Benny Morris und Ian Black zu sagen: als „bescheidener Beginn einer langen und fruchtbaren Tradition" und „unmittelbares Brückenglied zwischen den dilettantischen Anfängen zionistischer Schmalspur-Spionage und jenen breiter aufgestellten, professionelleren Anstrengungen, die seit 1948 auf diesem Gebiet unternommen wurden".

Laut Drors offizieller Geschichte wird im israelischen Geheimdienst gelehrt, dass „der Ursprung der Art und Weise, wie wir Spionage betreiben, in ‚The Dawn' liegt: jener Einheit, die damals zur Basis bedeutender Unternehmungen wurde und aus der sich letztlich all das entwickelt hat, was Jahre später in der ganzen Welt als ‚die Heldentaten des Mossad' bekannt werden sollte". Für ein kleines Land in einer prekären Lage sind diese Heldentaten nützliche Mythen, denn sie verbergen die Zerbrechlichkeit der Menschen *hinter* dem Schleier. In *unserer* Geschichte jedoch gibt es nur diese Menschen und ihre Zerbrechlichkeit – und keinen mythischen Schleier.

Das vorliegende Buch ist keine erschöpfende Geschichte der Entstehung des Staates Israel oder der israelischen Geheimdienste – nicht einmal der kleinen Gruppe, um die es hier geht. Die Erzählung konzentriert sich auf die Periode der zwanzig entscheidenden Monate zwischen Januar 1948 und August 1949; auf zwei achtzig Kilometer voneinander entfernte Hafenstädte der Levante (Haifa und Beirut) und auf vier junge Männer, die damals vom Rand der Ereignisse in deren Zentrum hineingezogen wurden. Worauf ich abzielte, war nicht so sehr der große Pulsschlag der Geschichte als vielmehr ihr menschliches Herz. In dieser Konstellation hatte ich es gefunden.

ERSTER TEIL:
Haifa

1. Der Späher

Ein junger Mann in einem neuen Anzug geht über die Straße, bei sich einen gültigen Pass mit falschem Namen. Es ist der erste Monat des Jahres 1948, Regenzeit in Haifa. Hinter dem Hafen erhebt sich das Karmelgebirge, davor dehnt sich, in einer anderen Grünschattierung, das Mittelmeer. Über beidem ein grauer tiefhängender Himmel.[7] Der Mann trägt einen Koffer, sein Gang wirkt zielstrebig: Sein Flug geht gleich ab. Nach Kleidung und Gebaren zu urteilen ist er weder Arbeiter noch Professor; eher schon könnte er der Sohn eines Krämers aus einer arabischen Stadt sein (was er auch wirklich ist). Da er selbst sich Yussef nennt, wollen wir es vorerst damit auch so halten.

Der junge Mann versucht entschlossen zu wirken, aber diese Haltung ist genauso ein Bluff wie der Name. Er muss nur sein Ticket abholen und dazu den kleinen Flughafen außerhalb der Stadt erreichen – mehr nicht. Aber er weiß, dass er es möglicherweise nicht schaffen wird.

Knapp sechs Wochen Krieg erst, und schon war der Abstand zwischen Leben und Tod vernachlässigbar klein geworden, der Maßstab dafür ein falsches Verb oder eine unstimmige Antwort auf eine listige Frage. Gegebenenfalls auch Details der Kleidung, etwa wenn ein Bauer Schuhe trug, die eher zu einem Beamten gepasst hätten, oder wenn das Hemd für einen Arbeiter zu sauber war. Eine bedrohlich spannungsgeladene Atmosphäre herrschte neuerdings auf den Straßen, die Angst vor Spionen und Saboteuren ging um.

An den Mauern, an denen Yussef vorbeigeht, kleben Plakate des Arabischen Nationalrats mit Überschriften wie dieser:

> *An das ehrenwerte arabische Volk:*
> *Hütet euch vor der fünften Kolonne!*[8]

Ein anderes lautete:

> *Ehrenwerte Araber!*
> *Der Nationalrat scheut keine Mühen, seine Pflicht Euch gegenüber zu erfüllen und ist sich des hohen Maßes seiner Verantwortung auf der Straße bewusst, zum Schutz unserer Heimat und zur Befreiung von sämtlichen ihrer Feinde.*[9]

Ein Archivfoto von Yussef[10] vermittelt einen anschaulichen Eindruck der Szene:

Haifa war damals die wichtigste Hafenstadt des britischen Mandatsgebiets Palästina. Halb jüdisch und halb arabisch, war sie weniger ein kohärentes Ganzes als vielmehr eine lose Ansammlung von Stadtvierteln, die sich, über gewundene Straßen und steinige Treppen miteinander verbunden, von den Docks aus die Hänge des Karmel hinaufzogen, die Araber in der Uferzone, die Juden auf den Anhöhen siedelnd. Anders als Jerusalem, das den weitaus größeren Anteil an Aufmerksamkeit und Emotionen auf sich zog, war Haifa keine Stadt der umstrittenen heiligen Stätten, sondern ein pragmatischer Ort mit einer Ölraffinerie, mit Lagerhallen, Gaunern, Nutten und all der dubiosen Geschäftemacherei, wie man sie von Hafengegenden auf der ganzen Welt kennt. Neben Hebräisch und Englisch konnte man hier die unterschiedlichsten arabischen und griechischen Dialekte hören, dazu Türkisch, Jiddisch und Russisch. Über den Docks wehte immer noch der Union Jack, wie seit der Einnahme durch die Briten vor drei Jahrzehnten. Jetzt aber befand sich alles in Auflösung.

Als Yussef auf das Büro der Reiseagentur zugeht, um das Flugticket abzuholen, das ihn aus Haifa weg außer Landes bringen soll, ist das übliche Gewimmel der arabischen Straßen stark reduziert, die Atmosphäre wirkt übernächtigt und zugleich nervös. Entlang der neu errichteten Stacheldrahtgrenze, die den jüdischen vom arabischen Sektor trennt, waren die ganze Nacht Scharfschützen zugange, die Menschen sind verängstigt. In den Wochen zuvor hatte man das blutige Vorgehen jüdischer Kampfeinheiten in einem benachbarten arabischen Arbeiterviertel erlebt: ein Vergeltungsakt für die kürzlich von ihren arabischen Kollegen getöteten jüdischen Raffineriearbeiter, ausgelöst durch ein jüdisches Sprengstoffattentat auf eine arabische Bushaltestelle am Rande der Raffinerie, als Vergeltungsakt für ... Wer an dieser Stelle den Faden verloren hat, sei hiermit entschuldigt. Bis dahin hatte man sich in Haifa zwischen den verschiedenen Ortsteilen frei bewegen können; jetzt ließ man sich besser nicht auf der falschen Seite erwischen.

Im Rückblick ist natürlich klar, dass es sich bei jenen Ereignissen um die ersten Wochen eines Konflikts handelte, der später unter dem Namen „Israelischer Unabhängigkeitskrieg" bekannt werden sollte. (Die Araber werden ihn schlicht „die Katastrophe" nennen.) Anfang 1947 hatten die Briten ihren längst vorhersehbaren Rückzug aus dem Mandatsgebiet Palästina offiziell angekündigt. Der gerade erst zu Ende gegangene Weltkrieg hatte ihre Kräfte und ihre Staatskasse aufgezehrt, die Unmöglichkeit, zwei Völker zu regieren, die sowohl mit ihnen als auch untereinander verfeindet waren, ihre Willenskraft gebrochen. In einer dramatischen Abstimmung hatten die Vereinten Nationen am 29. November in New York beschlossen, dass Palästina im kommenden Sommer, nach dem Ende des britischen Mandats, in zwei Staaten aufgeteilt werden sollte, einen für die Juden, einen für die Araber. Die Juden jauchzten auf wie Ertrinkende, denen man eine rettende Planke zugeworfen hat; die arabische Welt hingegen reagierte mit der ganzen Wut einer Kultur, die eine Demütigung zu viel erfahren hat. Am Morgen nach der Abstimmung begann der Krieg.

Im Nachhinein hat es immer den Anschein, als fügten sich einzelne Ereignisse mit unausweichlicher Notwendigkeit zu etwas zusammen, das wir als „die" Geschichte kennen, um am Ende in die uns vertraute Gegenwart zu münden. An dem Tag jedoch, als Yussef Mitte Januar 1948 in Haifa auftaucht, ist nichts „unausweichlich". Niemand weiß, was wird. Einen Staat namens Israel gibt es noch nicht, und es sieht auch nicht danach aus, als ob es je einen geben würde. Die UN verfügen nicht über die Mittel zur

Durchsetzung des Teilungsplans. Zwar zeigen britisches Militär und Polizei auf den Straßen immer noch Präsenz, und zwecks Beschwichtigung der arabischen Bevölkerung hält die Royal Navy mit ihrer Seeblockade Waffen und jüdische Flüchtlinge fern. Doch je näher der Abzug rückt, desto mehr schwindet die faktische Macht der Briten, bis der Krieg zwischen Juden und Arabern das Vakuum füllt. Auch früher schon hat es immer wieder Wellen von Gewalt gegeben, jetzt aber kommt es zur entscheidenden Konfrontation. Kein Zweifel, sie wird zum Debakel werden. Fragt sich nur, für wen.

Ich bin oft in Haifa gewesen und habe versucht, mir beim Flanieren durch die Altstadtviertel ein Bild davon zu machen, wie Yussef den Ort damals erlebt haben muss. Die Große Moschee, die früher die Massen der Gläubigen aufrief, sich in dem mit Teppichen ausgeschlagenen Raum unter dem osmanischen Glockenturm zu versammeln, kauert sich heute an einen gigantischen Turmneubau aus gleißendem gewölbtem Glas. Unter den riesigen Kränen des neuen Hafens wirken die zierlichen Steinhäuschen wie geschrumpft. Die Straßen, durch die Yussef damals ging, gibt es noch, und es herrscht dort immer noch die alte Quirligkeit, nur haben sie jetzt andere Namen. Auf Schwarzweißfotos der 1940er Jahre kann man Ladenzeilen, Käppchen tragende Arbeiter in Baggy Pants und britische Soldaten sehen. Doch die Fotos zeigen nur, wie es damals hier aussah, nicht, wie es sich anfühlte. Die Menschen, die eine Stadt ausmachen: Durchschnittsbürger, die ihren täglichen Besorgungen nachgehen, halten sich selbst und ihre Beschäftigungen normalerweise nicht für dokumentierenswert, sodass sie auf Bildern wie diesen kaum Spuren hinterlassen.

Ein Ort, der tatsächlich etwas von der Erinnerung an das alte arabische Haifa bewahrt, ist das Archiv der Haganah, der paramilitärischen jüdischen Untergrundorganisation in den Jahren vor dem Unabhängigkeitskrieg. Die Haganah verfügte über eine nachrichtendienstliche Abteilung, den sogenannten *Information Service*, der ein Auge auf den arabischen Teil der Stadt hatte und zu diesem Zweck einen offenbar recht weit gefassten Begriff von Information ansetzte. Stückchenweise wurden personenbezogene Daten zusammengetragen, strukturiert auf in hebräischer Schrift bedruckten Seiten, die heute auf dutzende Pappschachteln und braune Aktenordner verteilt in einem hübschen alten Gebäude abseits des Rothschild Boulevards in Tel Aviv ruhen. Anhand dieser Akten kann man sich eine ungefähre Vorstellung davon machen, wie Yussef im Januar 1948 die Straßen von Haifa gesehen hat; von den schmuddeligen Arbeiterkneipen am Hafen, wo „die Rufe der Kellner und die Flüche der Kartenspieler sich mit ohrenbetäubendem Radiogedudel vermischten"[11]; von den Bettlern, die „Koranverse vorlasen und Passanten ihren Segen spendeten", vom fieberhaften Gewimmel der Menschen auf den Märkten, dem lockenden Winken der Frauen in den Hauseingängen der Bordellmeile, aber auch von den feineren Gegenden abseits der Docks im Landesinneren.

Auf der Suche nach einem geeigneten Café, wenn man vielleicht Lust auf ein Gespräch über Politik hatte, oder auch auf Haschisch oder Schwarzmarkt-Waffen, kamen folgende Optionen in Betracht:

- Kaukab el-Sabah, auch „Morning Star", 28 Kings Street. Inhaber: Kassem Jaber, Muslim; „Stammlokal für allerlei Gesindel". Bietet Musik und Alkohol an.
- Café George, 1 Allenby Street, betrieben von einem Christen: Fadul Jamil Kawar. Treffpunkt nationalistischer Aktivisten und politischer Strippenzieher.

- Windsor Café. Der Eigentümer, Charles Butaji, hatte zur Zeit des arabischen Aufstands in den späten 1930er Jahren Geld für Waffenkäufe gespendet.
- Café Farid, 28 Wadi Salib Street. Eigentümer: Farid Shaaban el-Haj Ahmad, ein eifriger Unterstützer der islamistischen Hardliner unter Führung des Muftis von Jerusalem.
- Ein Café (kein Name angeführt), betrieben von einem gewissen George Schutz, 28 Carmel Boulevard. Schutz, Schweizer Staatsbürger, stand im Verdacht der Spionage für Deutsche und Italiener. Seine Frau war eine zum Christentum konvertierte ungarische Jüdin namens Rozhitza. Das Lokal „bot der einschlägigen anti-zionistischen Propaganda eine Bühne".
- Ein von einer Witwe namens Badiyeh geführtes Etablissement, beliebt bei britischen Polizisten und „verschleierten Frauen, deren Leumund und Absichten schwer einzuschätzen sind".[12]

Als Yussef beim Büro der Reiseagentur ankommt, wartet dort die erste unvorhergesehene Wendung des Tages auf ihn: Keiner da, Rollläden herabgelassen, alles dunkel. Wie er sehen kann, sind auch viele der umstehenden Läden geschlossen. Nach den Schießereien der vergangenen Nacht haben auch deren Besitzer Angst, aus dem Haus zu gehen. Aber er braucht dieses Flugticket – was bleibt ihm übrig, als zu warten. Nachdem er eine Weile auf dem Bürgersteig neben seinem Koffer gestanden hat, kommt ein junger Mann auf ihn zu, der ihn auf Arabisch anspricht: Woher kommst du? – Aus Jerusalem, antwortet Yussef, wobei er den arabischen Namen der Stadt benutzt: al-Quds. Er warte darauf, dass das Reisebüro aufmache, erklärt er.

Nein, sagt der andere Mann mit einem bohrenden Blick. Ich glaube nicht, dass du das tust.

Irgendetwas muss Yussef verraten haben. Er hat den Akzent eines Jerusalemer Arabers nachgeahmt – möglich, dass dabei etwas von seinem Heimatdialekt durchschimmerte. Vielleicht ist es auch sein Aussehen. Abhauen indes, daran besteht kein Zweifel, wäre jetzt das Gefährlichste, was er machen kann. Also pariert er die Fragen so gut er kann, bis der argwöhnische Mann unzufrieden abzieht.

Kurz darauf erscheint an seiner Stelle ein anderer. Einer dieser fliegenden Händler, die durch die Straßen des arabischen Haifa ziehen und kleine Gläschen mit schwarzem Kaffee feilbieten. Der Händler wirkt freundlich. Pass auf, flüstert er Yussef zu. Es gibt hier ein paar Leute, die dich umlegen wollen. Verzieh dich.

Das Reisebüro ist immer noch geschlossen. Vom Inhaber keine Spur.

Du hast keine Ahnung, was hier los ist, sagt der Händler. Jeder ist hier sein eigener Herr, Richter oder Henker. Sie machen was sie wollen und niemand kann sie daran hindern.

So ist das also, wenn sich plötzlich alles gegen einen wendet: als wäre man ein Schwimmer, dessen Beine vom Sog ergriffen werden wie von einer Schlinge, die sich immer fester zusammenzieht, je heftiger man dagegen ankämpft, bis man schließlich ganz in die Tiefe hinabgezogen wird. Jetzt heißt es, Ruhe bewahren und fest an die eigenen Lügen glauben. Einmal mehr wird Yussef klar, was er riskiert. In seinem Kopf haben die Gefahren menschliche Gestalt angenommen: Gesichter, die er eben noch reden und lachen sah, deren Züge sich aber nun zu unheilvollen Mienen verfinstern. Sie werden zu Bildern des Schicksals, das ihm bevorsteht, sollte er straucheln.

Drei Wochen zuvor hatte eine Abteilung der Haganah beim Anzapfen arabischer Telefonleitungen ein dringliches Gespräch zwischen zwei Mitgliedern arabischer Milizen in Jaffa aufgezeichnet.[13] Es war am 20. Dezember 1947, Tag 21 des Krieges, 15:15 Uhr.

FAYAD: Ich schicke dir zwei junge Männer, die wir im Verdacht haben, irakische Juden zu sein. Verhör sie und entscheide dann, was gemacht werden soll.
ABDUL MALEK: Sie sind schon bei mir. Schwer zu sagen, ob es Juden sind – sie sprechen gut Arabisch. Ich habe speziell den Hageren im Verdacht. Ich hatte sie aufgefordert, das Bekenntnis abzulegen, und der hat die Gesichtswaschung nicht korrekt gemacht. Wir behalten sie hier, bis ihre Identität geklärt ist.

Die Miliz hatte zwei Verdächtige aufgegriffen, zwei befreundete junge Männer in Arbeiterkleidung, die beide Arabisch mit irakischem Akzent sprachen. Was nicht selten vorkam: Britisch-Palästina war voll von Arbeitsmigranten aus anderen Teilen der arabischen Welt. Sie sahen aus wie hundert andere auf der Straße. Ihr verhängnisvoller Fehler hatte offenbar darin bestanden, dass sie von einem arabischen Postamt aus eine Nummer im benachbarten jüdischen Viertel anriefen: eine unübliche Kommunikation über die ethnischen Grenzen hinweg. Der Anruf hatte die Aufmerksamkeit eines arabischen Spions geweckt, der der Miliz einen Hinweis gab, und noch am selben Nachmittag fanden sich die beiden in einem Verhörraum wieder.

Um ihre Identität zu prüfen, hatte der Milizionär Abdul Malek die Verdächtigen aufgefordert, die vor dem islamischen Gebet vorgeschriebene rituelle Waschung zu vollziehen, ein Ablauf, der jedem Muslim geläufig sein würde: Hände, Mund, Nasenlöcher, Gesicht. Einer von den beiden machte dabei irgendetwas falsch. Indes behaupteten sie weiter beharrlich, Muslime zu sein, auch sprachen sie Arabisch wie Muttersprachler. Es war immer noch nicht ganz klar, ob sie Juden oder Araber waren. Ein zweites Gespräch wurde um 18:45 Uhr abgehört.

> *ABDUL MALEK: Wegen der zwei jungen Männer: Bringt sie ins Hotel und verteilt sie auf getrennte Zimmer. Es soll jemand dort sein, der Hebräisch kann. Diese Person soll mit einem von ihnen im selben Zimmer untergebracht werden und dann nachts anfangen, Hebräisch zu sprechen. Wenn er Jude ist, wird er auf Hebräisch antworten. Mit dem im anderen Zimmer macht dasselbe.*
> *ABDULLAH: Gute Idee. So machen wir's.*
> *ABDUL MALEK: Was machen sie im Moment?*
> *ABDULLAH: Sind am Heulen und haben anscheinend Hunger.*
> *ABDUL MALEK: Wir sollten ihnen was zu essen geben, bis wir wissen, wer sie sind.*

Vielleicht hatte tatsächlich einer der jungen [jüdischen] Araber im Schlaf Hebräisch gesprochen, oder sie flogen wegen etwas anderem auf. Was genau im Folgenden geschah, wissen wir nicht, wir kennen nur das Ende: Einer der beiden wurde von den Milizionären erschossen, dem anderen wurde der Schädel zertrümmert. Danach verscharrte man sie zusammen irgendwo außerhalb der Stadt zwischen Dünen. Bis ihre Leichen dort von Bauarbeitern entdeckt wurden, vergingen drei Jahrzehnte; fast sechs dauerte es, bis man sie im Jahr 2004 als Gideon und David identifizieren konnte. Sie waren beide 21 Jahre alt.

Am 22. Dezember, zwei Tage nachdem das Duo in Jaffa geschnappt worden war, wurde unter ähnlichen Umständen nahe der Stadt Lod ein umherziehender neunzehnjähriger Straßenhändler verhaftet.[14] Seine Henker versteckten die Leiche so gut, dass sie nie gefunden wurde. Schließlich wurde ein vierter Mann mit falscher Identität bei Jaffa erwischt. Dieses Mal machte das sogar Schlagzeilen: Am 24. Dezember meldete die arabische Zeitung

Al-Shaab[15], Milizionäre hätten einen Juden aufgegriffen, der Arabisch sprach und angab, Barbier zu sein; er habe beweisen wollen, dass er Muslim sei, indem er die Schahada rezitierte, die rituelle Bekenntnisformel, dass es nur einen Gott gibt und Mohammed sein Prophet ist. Er war drauf und dran, in einem Wäldchen erschossen zu werden, als sie im letzten Moment zauderten und es vorzogen, ihn der britischen Polizei zu übergeben. Innerhalb von vier Tagen hatte man vier festgenommen und drei getötet. Auf der arabischen Seite musste jedem, der eins und eins zusammenzählen konnte, klar werden, dass die Juden irgendeine Teufelei im Schilde führten.

Drei Wochen später in Haifa, nach den Fragen des argwöhnischen Mannes und der Warnung des Kaffeeverkäufers, wird Yussef klar, dass er von dieser Straße verschwinden muss. Er war der Späher – so hatte man ihm gesagt. Ein ganzes Bataillon Infanterie wöge er auf, hieß es. Doch bis jetzt hat er es noch nicht einmal geschafft, aus Haifa wegzukommen. Der Kaffeeverkäufer geht zu der Fleischerei um die Ecke, Yussef folgt ihm. Gleich beim Eintreten erkennt er, dass der Inhaber Christ ist: Es gibt Schweinefleisch und eine Kühlbox mit Bier – das war ja beides im Islam verboten!

Bitte, setzen Sie sich, sagt der Fleischermeister. Sagen Sie mir, wer Sie sind.

Er zeigt seinen Pass mit dem Namen Yussef el-Hamed vor und erklärt, er habe es eilig, einen Flug aus Palästina heraus zu erreichen. Seit die Briten die Kontrolle verlören, liefen die Dinge hier allmählich aus dem Ruder, bald würden alle Grenzen dicht gemacht werden; immerhin flögen noch Passagierflugzeuge von dem bescheidenen Terminal der Stadt ab.

Der Fleischer wählt auf seinem Ladentelefon eine Nummer.

Yussef kriegt mit, dass der Inhaber des Reisebüros am anderen Ende der Leitung ist; er sitzt zuhause und wird nicht zur Arbeit kommen, weil es auf der Straße zu gefährlich ist; doch kann er Yussefs Buchung bestätigen und empfiehlt ihm, direkt zum Flughafen zu gehen und sein Ticket dort abzuholen. Damit scheint das Problem gelöst, aber gerade als der Metzger wieder einhängt, taucht der Mann, der Yussef vorhin auf der Straße bedrängt hat, zusammen mit einem Kumpan im Laden auf. Sie sind seinetwegen hier, und sie wollen ihm nichts Gutes.

Der Kumpan zeigt auf Yussef. Ach, der Typ, sagt er zu dem ersten Mann. Lass ihn in Ruhe, den kenne ich aus ... Er identifiziert Yussef als jemand aus irgendeiner arabischen Stadt. Yussef durchschaut den Trick: Er soll erleichtert zustimmen und dabei vergessen, dass dies seiner Legende widerspricht, der zufolge er ja aus Jerusalem kommt.

Ich kenne keinen von euch beiden. Ich bin aus Jerusalem. Bin hier nur auf der Durchreise.

Die beiden Männer fordern ihn auf, mit ihnen rauszugehen, aber da mischt sich der Fleischer ein: Der junge Fremde hält sich in seinem Laden auf und steht damit unter seinem Schutz. Er wird wohl oder übel rauskommen müssen, ob Sie das wollen oder nicht, sagt der erste Mann und zückt eine Pistole. Worauf der Metzger seine eigene Pistole zieht und Yussef zuruft, hinter der Kühlbox in Deckung zu gehen. Andere Menschen kommen jetzt in den Laden, Leute, die keinen Ärger wollen und die dazwischengehen. Die beiden Männer ziehen ab, für dieses Mal unverrichteter Dinge. Womit er sich verraten hat, wird Yussef nie erfahren.

Sein Retter, der Metzger, ruft ein Taxi, dann wartet er mit ihm in einem Café in der Nähe, um sicherzustellen, dass er unbehelligt davonkommt. Ein dritter Mann gesellt sich zu ihnen an den Tisch.

Yussef versteht, dass jetzt eine Geste der Großzügigkeit und Dankbarkeit verlangt ist. Er lädt sie beide ein. Was wollten sie trinken?

Der neue Mann, ein Muslim, meint, normalerweise trinke er ja keinen Alkohol, aber wegen der 35 Juden wolle er heute Morgen mal eine Ausnahme machen und ein Glas Bier nehmen.

Yussef, der die Nachricht noch nicht gehört hat, weiß nicht, wovon der Mann spricht. In der Nähe einer belagerten jüdischen Enklave südlich von Jerusalem[16] hat es einen weiteren arabischen Sieg gegeben, sagt man jedenfalls. Kein einziger der 35 jüdischen Kämpfer habe überlebt, sagt der Mann grinsend, und Yussef sorgt dafür, dass er so aussieht, als wäre er darüber genauso froh wie alle anderen im Café. Davon abgesehen glaubt er ohnehin nicht daran. Erst später wird er erfahren, dass es stimmte. Die Entsatztruppe für die Enklave war in einen Hinterhalt geraten. Einer der Kämpfer war ein siebzehnjähriger Junge aus Jemen[17], der zusammen mit ihm und den anderen in der Ausbildung gewesen war, diese aber nicht durchgestanden hatte und deshalb in eine reguläre Einheit versetzt wurde.

Das Gespräch im Café dreht sich ausschließlich um den sich noch in der Anfangsphase befindenden Krieg: ein Bürgerkrieg innerhalb Palästinas, ausgetragen von inoffiziellen jüdischen und arabischen Milizen. Die zweite Phase, die Invasion regulärer arabischer Truppen, würde erst vier Monate später beginnen, nach dem Rückzug der Briten. Aber die Juden waren jetzt schon zahlenmäßig unterlegen, und viele ihrer Siedlungen waren isoliert. Die Milizen der arabischen Dörfer rückten vor. Die Offensive wurde vom Mufti von Jerusalem orchestriert, und der berühmte Kommandant Abd el-Quader el Husseini ließ die Juden von seiner bewaffneten Abteilung, dem *Holy Jihad*, verfolgen. Die beste Truppe, die man auf jüdischer Seite hatte, jene Eliteeinheit der Haganah, die unter dem Namen *Palmach* bekannt war, verheizte ihre Männer und Frauen rund um die abgetrennten Siedlungen in Galiläa und entlang der heimtückischen Route von der Küstenebene hinauf nach Jerusalem. Die Kühnsten der jüdischen Jugend lagen versprengt zwischen Felsblöcken oder verbrannten in ihren gepanzerten Fahrzeugen. Aufgrund seiner Einschätzung der einander entgegenstehenden Kräfte sagte der britische Generalstab einen Sieg der Araber voraus.

Yussef gibt dem Metzger und dem grinsenden Mann einen aus und sie trinken miteinander, bis das Taxi kommt.

Endlich am Flugplatz, betritt Yussef das Terminal und stellt sich am Ticketschalter an. Fast geschafft. Da dreht sich ein Mann in der Schlange um und blickt ihn geradewegs an. Yussef wird übel. Der Mann ist ein syrischer Jude, der ihn kennt – aber nicht als Yussef, den palästinensischen Muslim aus Jerusalem, sondern als den 25-jährigen Juden Gamliel Cohen aus Damaskus.

Gamliel/Yussef schwirrt der Kopf, die Szene in dem kleinen Terminal verschwimmt, wird unwirklich. In seinem desolaten Zustand schenkt er dem Mann einfach keine Beachtung, tut als hätte er ihn nie gesehen. Etwas Besseres fällt ihm nicht ein. Im Flugzeug setzt er sich ganz nach hinten, so weit weg wie möglich von dieser neuen Bedrohung. Eine halbe Stunde später rumpelt und torkelt das Flugzeug, die Propeller stottern, stehen still, und als er durch die ovale Fensterscheibe schaut, ist er in Beirut.

Er lässt seinen Bekannten hinter sich und entkommt so schnell wie möglich mit einem Taxi, das sich durch das Dickicht der Häuser, der Boulevards und der sich zum Plateau zwischen Libanon-Gebirge und Saint George Bay hochkämpfenden Trams hindurchwühlt, um schließlich unweit vom Nabel des Stadtzentrums anzuhalten: der von einem Strahlenkranz aus Straßen umringten Place de l'Etoile.[18]

Ich bin nur ein Mal in Beirut gewesen. Es war 2002, ich reiste mit einem neutralen Pass und kam auf demselben Weg ins Stadtzentrum wie Gamliel/Yussef: mit einem Taxi vom Flughafen an der südlichen Peripherie. Ein paar Tage verbrachte ich damit, die eleganten Straßen mit ihren Cafés zu erkunden, auch die ärmlichen Gassen voller kleiner Kfz-Werkstätten und Imam-Poster. Der Genius loci erinnerte mich an Tel Aviv: dieselbe sonnenbeschienene Jovialität, Rastlosigkeit, Prahlerei, dasselbe Zelebrieren von Leben und Sinnlichkeit, das sich mit der Angst vor dem heraufziehenden Verhängnis berührt, derselbe Menschenschlag, eingekeilt zwischen dem islamisch geprägten Landesinneren und dem Mittelmeer, schwitzend auf einem Streifen Sand zwischen Häuserblocks und Wasser. Wenn ich mir Beirut zur Zeit unserer Geschichte ausmale, stelle ich mir vor, dass es in weiten Teilen schon damals so gewesen ist.

In der libanesischen Hauptstadt funktionierte die eben erst von der französischen Kolonialherrschaft unabhängig gewordene Regierung *comme ci comme ça*. Die Bevölkerung war ein Mischmasch aus frankophilem Arabisch sprechenden Christen, sunnitischen Muslimen mit Affinität zu Syrien, armen schiitischen Migranten aus der Provinz sowie Armeniern und Griechen, wobei es zwischen den einzelnen Gruppen zahlreiche Überlappungen und Übergänge gab. Kommunisten, arabische Nationalisten, Kapitalisten, Hedonisten und Islamisten aller Couleur waren hier vertreten. Es gab viele Ausländer mit diffusem Akzent, der ihre Herkunft im Unklaren ließ. Unter diesen ist der nervöse junge Mann in seinem neuen Anzug nur einer mehr.

Die Kommunikation mit dem Hauptquartier sollte über Arabisch geschriebene, an „meinen Freund Ismail" gerichtete und nach Postfach 2200, Haifa, gesendete Briefe laufen. Noch ist die

Grenze zwischen dem Libanon und Palästina offen, und die Post funktioniert; für den Moment ist dieser plumpe Trick also die beste Option. Yussefs Bezahlung ist schlecht, und eigentlich ist er es gewohnt, in einer dieser Arbeiterpensionen abzusteigen, in denen man sich ein Zimmer mit anderen Gästen teilt. Dieses Mal aber bezahlt er lieber ein bisschen mehr und bleibt für sich. Man kann ja nie wissen, was man im Schlaf so alles vor sich hin spricht – und in welcher Sprache.

…

Dieser erste Vorstoß sollte nicht lange dauern – einen Monat, den Yussef einsam mit dem Bestaunen der Boulevards und der von den Franzosen hinterlassenen Trambahn verbringt, bei Abwesenheit von Gewehrfeuer und Explosionen, an die er von zuhause gewöhnt ist. Nur achtzig Meilen die Küste rauf von Haifa entfernt, scheint der im südlichen Nachbarland eskalierende Krieg hier in Beirut niemanden zu kümmern. Die Neigung zum Wegschauen ist einer der auffallendsten Charakterzüge der Stadt.

Yussef versucht laut Anweisung, Kontakt mit Haifa aufzunehmen, aber nachdem mehrere seiner Briefe an den „Freund Ismail" unbeantwortet bleiben, fährt er über Land Richtung Süden und überquert wieder die Grenze nach Palästina. Er wird den Kontakt wohl persönlich herstellen müssen; außerdem braucht er genauere Anweisungen und mehr Geld.

Bei seiner Ankunft in Tel Aviv, der jüdischen Stadt, fällt ihm auf, dass die Menschen seit seiner Abreise vor einem Monat noch nervöser geworden sind. Der Albtraum der Juden sind jetzt Lastwagenbomben. Zu der Zeit, als Gamliel/Yussef in Tel Aviv ankommt, hatten arabische Pioniere des *Holy Jihad* gerade ein paar gestohlene britische Armeelaster in der Innenstadt von Jerusalem in die Luft gejagt; Häuser waren eingestürzt, nahezu sechzig Menschen wurden getötet. Die Angst vor den Arabern ist unter den Juden jetzt größer denn je.

In einem kleinen Park am Rande einer Straße mit hebräischen Straßenschildern im Bauhaus-Viertel von Tel Aviv sitzt Gamliel/Yussef auf einer Bank neben einer jungen Frau, die ihn gerade nach der Uhrzeit gefragt hat, als von beiden Seiten zwei Männer auf ihn zustürzen. Sie zerren ihn von der Bank herunter, bugsieren ihn in ein wartendes Auto, drücken seinen Kopf gegen den Vordersitz und verbinden ihm die Augen. An seiner Flanke fühlt er hart einen Pistolenlauf. Er protestiert auf Hebräisch, aber sie hören ihm nicht zu. Es gibt auch Araber, die Hebräisch können.

In seinem neuen Anzug beginnt Gamliel/Yussef zu schwitzen; es ist ein verdammt heißer Tag und sämtliche Autofenster sind dicht. Sie fahren so lange kreuz und quer, bis er die Orientierung verliert; anderthalb elende Stunden vergehen, bis sie endlich anhalten, die Tür öffnen und ihn auf die Füße stellen. Er ist jetzt in der Nähe des Strands, 123 Hayarkon Street, wo heute das Sheraton steht; allerdings hat er immer noch die Binde um die Augen, sodass ihm das alles erst später klar wird. Eilig schleppen ihn seine Häscher eine Reihe von Treppen hinab, dann stoßen sie ihn durch eine Tür. Als er die Binde loswird, spuckt er erst einmal ein *kus emek* aus: einen arabischen Fluch, der so vulgär und befreiend ist, dass er ins Hebräische übernommen wurde, und der auf Juden und Araber die gleiche Wirkung hat.

Das erste, was Gamliel sieht, ist das grinsende Gesicht eines ihm bekannten Palmach-Kommandanten. Es sind noch ein paar andere Männer da, die er nicht kennt; was ihm aber bekannt vorkommt, ist die typische Sorte Wohnung, in der er sich befindet: die Sorte mit den ungewaschenen Teegläsern, dem wochenalten Zigarettenrauch, den hebräischen Zeitungen und den im Klo versteckten Waffen. Einer dieser Unterschlupfe, aus denen die Anführer der jüdischen Untergrundbewegung den Krieg leiten und in die sie der britischen Polizei entwischen können. Er streicht seinen Anzug glatt und versucht sich zu beruhigen.

Der Kommandant wendet sich an die beiden Schergen, die den Verdächtigen angeschleppt haben. Da hätten sie wohl den Falschen erwischt, sagt er lachend. Das war nicht der Feind. Das war die *Arabische Sektion*.

2. Im Lager

Erst um ein Haar enttarnt von einem wachsamen Araber, der ihn verdächtigte, kein echter Araber zu sein, dann wiedererkannt von einem Juden, der wusste, dass er Jude war, schließlich von Juden geschnappt, die ihn für einen Araber hielten, kam der Agent zu guter Letzt zurück zu seinen Kameraden. Ihr Quartier befand sich in einem Kibbuz auf einem einst malariaverseuchten Küstenstreifen: eine Ansammlung von Zelten und Baracken rund um einen Wasserturm. Die Sektion zog ständig umher, aber die Lager sahen immer mehr oder weniger gleich aus.[19]

Hier schliefen sie auf ihren mit Maiskolbenstroh gestopften Matratzen, hier bewahrten sie die Verkleidungen auf, die sie auf

Flohmärkten in Jaffa zusammengekauft hatten: *keffiyeh*[20], Arbeitshemden oder billige *franji*-Anzüge[21], wie sie sowohl Araber als auch Juden trugen, wenn sie auf der jeweils anderen Seite der Grenze nicht auffallen wollten. Die Wahrscheinlichkeit eines britischen Angriffs auf den jüdischen Untergrund hatte sich seit dem bevorstehenden Abzug verringert, aber für alle Fälle hielt man das Waffenlager unter Tarnung.

Da saß Sam'an, der Ausbilder, mit seinen britischen Manieren und seiner kleinen arabischen Bibliothek, und um ihn geschart all jene verlorenen Söhne, die er aus den Slums, aus Agrar-Kooperativen und regulären Palmach-Einheiten aufgelesen hatte, wo sie unter den osteuropäischen Juden mit ihrer abweichenden Hautfärbung und ihrem Akzent herausstachen. Die meisten von ihnen waren ohne ihre Eltern im Land, manche hatten auch gar keine Eltern mehr. Ihre Familie war die Arabische Sektion.

Und da waren auch Isaac, Yakuba und Havakuk. Zusammen mit dem eben erst zurückgekehrten Gamliel sind das unsere vier. Drei von ihnen (außer Isaac) hatten zufällig denselben Familiennamen, Cohen, der allerdings bei Juden ziemlich häufig vorkommt, doch stammten sie nicht nur aus unterschiedlichen Familien, sondern auch aus verschiedenen Ländern. Ich werde über diese vier schreiben, weil es Agenten waren, die – teils einzeln, teils gemeinsam – in entscheidende Ereignisse des Krieges involviert waren; weil sie die reichhaltigsten Erinnerungen und Beobachtungen hinterlassen haben, und weil jeder von ihnen eine auf ihre je eigene Weise faszinierende Persönlichkeit war bzw. ist. Havakuk, geboren im Jemen, war sanftmütig – ein ruhiger Beobachter. Isaac, der Hausmeistersohn aus Aleppo, hatte die Muskeln eines schmächtigen Jungen, der beschlossen hat, sich nicht verprügeln zu lassen, und die Entschiedenheit eines Mannes, der sich mühsam hochgearbeitet hat. Yakuba, aufgewachsen auf den Straßen rund um den Jerusalemer Gemüsemarkt, war umtriebig und außergewöhnlich kühn. Gamliel wiederum war eher behutsam und neigte mehr zum Intellektuellen; er war der Einzige der vier, der einen höheren Schulabschluss hatte.

Weitere Männer des Lagers waren David, Spitzname Dahud, der bereits verheiratet war und bald Vater einer Tochter werden würde (die er aber nie zu Gesicht bekommen sollte), sowie Ezra, die Stimmungskanone, bekannt dafür, dass er seine Kameraden darum bat, ihn zu schlagen, um seine Standhaftigkeit beim Foltern zu trainieren. Einer Anekdote zufolge pflegte er seine eigenen Hoden zusammenzuquetschen und dazu unentwegt „Ich sage nichts, ich sage nichts!" geschrien zu haben. Die andern bogen sich vor Lachen – was sie wohl kaum getan hätten, wenn sie um das Schicksal gewusst hätten, das ihm blühte. Dann gab es noch zwei jüngere Auszubildende aus Damaskus, Rika, den Saboteur, und seinen rothaarigen Freund Bokai, die später noch eine Rolle spielen werden, der eine eine heroische, der andere eine tragische.[22]

Rika hat später geschildert, wie es war, wenn man in diesem hintersten Winkel des jüdischen militärischen Untergrunds landete:

> *Ein altes Grammophon, balancierend auf einem Stuhl von zweifelhafter Stabilität, erwies sich als verantwortlich für den arabischen Schlager, der gerade über den Platz plärrte. Auf schiefem Boden saßen sich zwei junge Männer in abgerissenen Klamotten an einem Backgammon-Brett gegenüber, die Blicke auf den Würfel fixiert, dessen Augenzahl sie jedes Mal laut ausriefen. Hebräisch und Arabisch mischten sich in der Luft. In einer ‚ruhigen' Ecke ein paar Intellektuelle, die eine arabische Zeitung lasen … Kein Zweifel: Man befand*

sich im Lager der Arabischen Sektion des Palmach, der ‚Schwarzen Sektion' also.[23]

So nannten sie die Männer manchmal: die *Schwarze Sektion* – denn unter den osteuropäischen Juden, die die oberen Ränge des Palmach füllten und die den Großteil der jüdischen Bevölkerung Palästinas stellten, wurden die Juden des Nahen Ostens manchmal als „Schwarze" bezeichnet. Die humoristische Komponente in diesem Spitznamen ist aus heutiger Sicht fragwürdig, doch scheint auch damals schon manch einer seine Bedenken gehabt zu haben, sodass schließlich das hebräische Wort für „schwarz", *shachor*, durch das beinah gleichlautende *shachar*, das „Morgendämmerung" (dawn) bedeutet, ersetzt wurde. So wurde die Einheit offiziell unter dem Namen „Dawn Section" bzw. schlicht „The Dawn" bekannt. So nennen sie auch die Spione oft in ihren schriftlichen Berichten, und unter diesem Namen taucht sie auch in den verschlüsselten Protokollen des Funkverkehrs auf, nachdem man anfing, jenseits der Grenze zu operieren. Am häufigsten aber wurde die Einheit „Arabische Sektion" genannt; diese Bezeichnung werde auch ich verwenden.

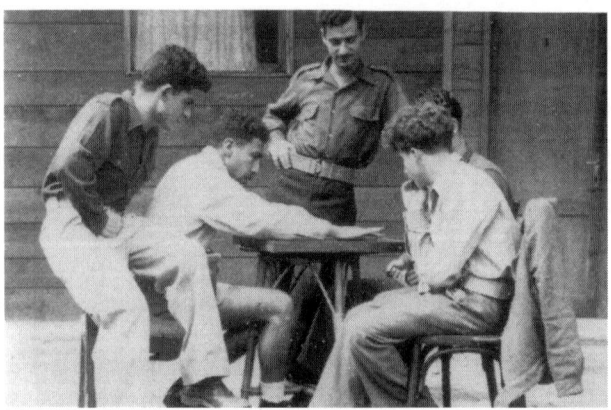

Gamliels Auftauchen im Lager sorgte für einige Verwunderung, denn seine Briefe aus Beirut waren nie angekommen. Man hatte schon gefürchtet, er wäre gefasst worden und die Zahl der Toten hätte sich auf vier erhöht. Nicht nur in der Sektion hatte man sich darauf bereits gefasst gemacht: In den finsteren Wochen zu Beginn des Unabhängigkeitskrieges gab es Tote in jeder Einheit, überall im Land. Die hoffnungsvolle kleine Welt, die von den Juden *Eretz Israel* genannt wurde, war gerade dabei, ausgelöscht zu werden.[24]

Gamliel und die andern hatten ihr Metier noch in den ruhigeren Jahren vor dem Krieg gelernt. In den arabischen Städten rund um Palästina gingen sie ein und aus, übten Dialekte, merkten sich, worauf die Leute hereinfielen und worauf nicht, und sammelten häppchenweise Informationen aller Art für den Nachrichtendienst der Haganah – denn die Juden trafen Vorbereitungen für den bewaffneten Konflikt, den ihre vorausschauenden Anführer bereits heraufziehen sahen. Manchmal lieferten die Agenten Erkenntnisse von militärischem Wert, etwa Pläne für einen bewaffneten Überfall in Nablus, oder das Zitat eines arabischen Milizenführers, der sich mit Worten wie diesen an das Volk wandte:

Unabhängigkeit bekommt man nicht geschenkt, man nimmt sie sich mit Gewalt. Wir müssen der Welt zeigen, dass wir in der Lage sind, unsere Unabhängigkeit aus eigener Kraft zu erkämpfen![25]

Manchmal waren es auch nur Impressionen der arabischen Zivilgesellschaft, Stimmungsbarometer, kurz: die Art Material, die man in England während des Zweiten Weltkriegs im Rahmen des Programms „Mass Observation" erhoben hatte, als Bürger-Spione Gespräche und Gerüchte aufzeichneten, um Tendenzen der öffentlichen Meinung abschätzbar zu machen. So konnte ein Sektionsagent zum Beispiel die Zusammenfassung einer Predigt abliefern, die er während der Freitagsgebete in einer Dorfmoschee mitgehört hatte:

> *Kein einziger Satz der Predigt handelte von Politik. Es ging bloß darum, dass man den Armen Almosen geben und den Zehnten der Jahresernte abtreten soll.*[26]

Oder eine Notiz über die Beliebtheit des ägyptischen Musikfilms *Die Abenteuer von Antar und Abla*[27]:

> *Dieser Film hat ihre Herzen tief berührt und die Lieder daraus sind in aller Munde.*[28]

Oder die Momentaufnahme eines von der arabischen Führung in Haifa ausgerufenen Streiks gegen politische Bestrebungen der Juden im Sommer 1947, wenige Monate vor Ausbruch des Unabhängigkeitskrieges:

> *Ich habe eine Gruppe von zwanzig bis dreißig Kindern mit sechs ‚Anführern' im Alter von etwa 25 oder 30 Jahren beobachtet, die durch das Viertel zogen und dabei schrien: ‚Wer hier seinen Laden aufmacht ist ein Hurenbock!' Etwa anderthalb Stunden trieb ich mich in der Gegend herum; jedes Mal, wenn ein jüdischer Bus vorbeifuhr, schlugen sie mit Stöcken darauf ein. War der Bus etwas weiter weg, bewarfen sie ihn mit Steinen und zerbrachen ein paar Scheiben. Die Anführer versuchten diesen Vandalismus zu verhindern. Als die Gruppe die Ecke Lucas Street/Mountain Way erreichte, bemerkten sie ein gepanzertes Polizeifahrzeug und gaben Fersengeld.*[29]

Manchmal brachten sie auch Material, das mit „Nachrichten" gar nichts zu tun hatte. So gab zum Beispiel der Ausbilder Sam'an, der ein Faible für arabische Sprichwörter hatte, seinen Männern den Auftrag, möglichst viele davon zu sammeln; besonders gute wurden dann mit einer Flasche Mineralwasser oder einem dienstfreien Vormittag belohnt. Besonders für Isaac wurde die Sprichwortjagd zum Steckenpferd; viele Jahre später hat er hunderte davon in einem kleinen Büchlein[30] veröffentlicht:

Esh-shab'an ma ya'ref shu fi bi-'alb el-ju'an.
(Der Satte hat keine Ahnung, was der Hungernde im Herzen trägt.)

Lama bi'a el-jamal bi-yeketro es-sakakin.
(Wenn das Kamel stolpert, vermehren sich die Messer.)

Bei Gamliels Rückkehr Anfang Februar 1948 müssen solche Dinge wie in weiter Ferne liegend und geradezu frivol gewirkt haben; nach zehn Wochen Krieg war das Leben im Lager kaum wiederzuerkennen. Die bedrängten jüdischen Armeeeinheiten schickten nachrichtendienstliche Anfragen schneller, als die noch lebenden Männer der Sektion handeln konnten. Fieberhaft versuchten sie am Puls der Ereignisse zu bleiben und lieferten Berichte wie den folgenden aus Jaffa:

Privatwagen Nr. 6544 steht im Dienst des [Arabischen] Nationalrats.
An die Eltern werden Flugblätter verteilt, die es Kindern unter 15 untersagen, während des Streiks außer Haus zu gehen.

> *Familien verlassen das Manshiyeh-Viertel mit all ihren Habseligkeiten.*
>
> *In einem Gespräch mit einem Araber äußerte dieser die Ansicht, dass es bald zu einem Gewaltausbruch kommen wird.*
>
> *19:00, Salameh Street: 25 junge Männer in Khaki-Uniformen teilen sich in fünf Einheiten zu je fünf Mann auf.*[31]

Zwischen diesen dürren Zeilen mag die Vision aufscheinen, wie einer unserer Männer in einem billigen Café hockt oder auf der Treppe eines Postamts eine raucht, sich umsieht und so beiläufig wie möglich einen Passanten fragt: Was meinst du, wird bald noch mehr Blut fließen?

Gamliel blieb nicht lang im Lager, bald nach seiner Rückkehr verließ er es für immer. Wie es scheint, machten sich die verbleibenden Männer kaum Gedanken um ihn, nachdem er weg war. Bis Beirut zum Hauptschauplatz der Operationen wurde, würde es noch Monate dauern, und es ist nicht einmal sicher, ob sie überhaupt wussten, dass er dort war. Die Truppe war für eine formelle Aufteilung in Untereinheiten zu chaotisch, allerdings hatte jeder Anweisung, seine Aufträge und Legenden für sich zu behalten. Innerhalb Palästinas war die Lage ernst genug, und sie verschlimmerte sich zusehends; der Rest der Arabischen Sektion hatte schlicht Wichtigeres zu tun. Der Krieg von 1948 war natürlich kein Schachspiel; aber wenn wir es uns für einen Moment so vorstellen, dann wäre Gamliel der Läufer, der von einer Ecke des Bretts in die andere gezogen wird, in der Hoffnung, dort später noch nützlich zu sein.

3. Kfz-Reparatur[32]

Ungefähr zu der Zeit, als Gamliel sich wieder in die libanesische Hauptstadt absetzte, wurde Isaac zu Fuß quer durch Haifa geschickt, um sich von seinem jüdischen Viertel aus durch die befestigte Grenze in den arabischen Sektor zu schleichen. Er hatte einen Hinweis auf einen Laden bekommen, in dem arabische Kämpfer ihre Waffen reparieren ließen.

Er steckte seinen auf den Namen Abdul Karim ausgestellten Ausweis ein und ging zunächst die Nazareth Street hinunter, eine Industriemeile parallel zur Küste, entlang dem großen islamischen Friedhof. Die Stadt war voll von Arbeitern, die, angezogen von dem boomenden britischen Hafen, von überall her gekommen waren, hart schufteten und unter freiem Himmel schliefen. Ein kleiner kräftig gebauter Mann mit Schnauzbart, runder Brille und verdreckten Arbeiterklamotten würde hier nicht auffallen.

Isaac hatte den Laden noch nicht erreicht, als plötzlich etwas ganz Anderes seine Aufmerksamkeit weckte. In einer Kfz-Werkstatt in der Nazareth Street stand ein Lastwagen, halb verdeckt mit einer Plane, auf der rote Kreuze im Stil britischer Armee-Krankenwagen frisch aufgemalt waren. Isaac wunderte sich, warum jemand rote Kreuze auf einen Lastwagen malte und warum dieser Lastwagen in einer arabischen Werkstatt stand. Er ließ seinen ursprünglichen Auftrag fallen und ging zurück in den jüdischen Sektor, um Bericht zu erstatten. Die Nachrichtendienstler gingen ihre Quellen durch und stießen mit etwas Glück auf einen

Hinweis, der sich als viel brisanter erwies als der Erste: Der Lastwagen, den Isaac gesichtet hatte, wurde für den Transport einer Bombe hergerichtet, die in einem gut besuchten Kino im jüdischen Sektor von Haifa hochgehen sollte: im Cinema Ora am kommenden Samstagabend.

Erneut ging Isaac über die Grenze, um sich das Ganze noch einmal genauer anzusehen. Dieses Mal nahm er Yakuba mit, der unter dem Namen Jamil operierte: Er war derjenige, den man immer dann losschickte, wenn bei einer Mission mit dem Einsatz von Gewalt zu rechnen war. Dieser zweite Agent, aufgewachsen mit zwölf Brüdern und Geschwistern in Jerusalem, war in der Grundschule der „Anführer der Schwarzen" gewesen, wie er sagte – in Anspielung auf die dunkelhäutigen Kinder jüdischer Familien aus dem Nahen Osten. Die Gegenseite wurde von einem gewissen Tobinhaus angeführt, dem Sohn eines Fahrers der Nationalen Busgesellschaft, der natürlich der europäischen Zionisten-Elite angehörte. Sie müssen damals ungefähr elf gewesen sein. Tobinhaus war groß, Yakuba klein, aber der Anführer der Schwarzen kannte ein paar Tricks: „Ich konnte mit Steinen werfen, er nicht. Er hatte zwei linke Hände. Außerdem hatte ich noch eine andere gute Waffe: ich biss."[33] Mit siebzehn hatte sich Yakuba dem Palmach angeschlossen, um ernsthaft zu kämpfen. Das folgende Foto[34] vermittelt einen ungefähren Eindruck von seinem Naturell.

Als die beiden Agenten als Araber verkleidet die Nazareth Street entlanggingen, konnten sie sehen, dass die Abu-Sham-Werkstatt aus einem ummauerten Hof mit einem einzelnen Zufahrtstor bestand. Der verdächtige Lastwagen stand neben einem Schuppen, es roch nach frischer Farbe, und den dort stehenden Mann erkannten sie als den Befehlshaber einer Gruppe arabischer Kämpfer, die in Haifa operierte. Sie gingen weiter.

יעקובה

Der Samstag rückte näher, den jüdischen Befehlshabern im Hauptquartier blieb wenig Zeit. Im Februar 1948 verfügten sie noch über keine Flugzeuge oder Artillerie oder überhaupt etwas, das man ernsthaft eine militärische Einheit nennen konnte. Selbst wenn, hätten sie diese kaum einsetzen können: Noch hatten die Briten das Sagen und versuchten, die Lage unter Kontrolle zu halten. Eine verdeckte Operation war zu diesem Zeitpunkt die einzige Möglichkeit. So entschied der Stab, die arabische Autobombe mit einer eigenen Autobombe zu sprengen.

Eine Bombe zu basteln war nicht so schwer. Das größere Problem war, in den arabischen Sektor zu gelangen, dann in die Werkstatt, und dann wieder dort wegzukommen. Der Job wurde den beiden Agenten zugeteilt, die bereits dort gewesen waren: Yakuba würde den Wagen mit dem Sprengstoff fahren, Isaac das Fluchtfahrzeug. Allerdings hatte dieser Plan den einen oder anderen Haken, in erster Linie den, dass Fahrzeuge gar nicht vorhanden waren. Zu der Zeit verfügte die Arabische Sektion ja noch nicht einmal über Funk; wenn für eine Beschattung ein Fotoapparat gebraucht wurde, musste man sich von einem befreundeten Zivilisten eine Minox leihen.[35]

Über die Beschaffung der Fahrzeuge kursieren unterschiedliche Geschichten. Die offizielle Version besagt, dass ein paar Männer in einer Vorstadt von Haifa eines stahlen, es aber wieder zurückgeben mussten, nachdem sich herausgestellt hatte, dass der Eigentümer ein ebenso wütender wie einflussreicher Ölmagnat war. Folgt man Yakubas Version, hatten einige Kämpfer einen Dodge mit Tarnanstrich entführt, der einem britischen Offizier gehörte. Sie ließen den Fahrer laufen, lackierten das Auto schwarz um und tauschten die Kennzeichen aus, doch nachdem Yakuba darauf aufmerksam machte, dass nun wahrscheinlich sämtliche Polizisten der Stadt nach diesem Wagen suchen würden, wurde er dann doch nicht benutzt. Schließlich konnten zwei andere Autos aufgetrieben werden. Das eine, ein Oldsmobile, wurde von einem wohlhabenden jüdischen Bürger rekrutiert, als Kompensation für sein mangelhaftes Engagement bei der Unterstützung der militärischen Anstrengungen seines Volkes. Es sollte das Fluchtfahrzeug sein – sodass für den Eigentümer die Chance bestand, es wiederzubekommen. Im anderen Auto (Marke und Herkunft unbekannt) würde man die Bombe transportieren. Wenn alles glatt ging, blieb von ihm am Samstagnachmittag nichts mehr übrig.

Ein anderer Haken war, dass Isaac, der Fahrer des Fluchtwagens, noch nie Auto gefahren war. In den Gassen von Aleppo war schon ein Fahrrad ein unvorstellbarer Luxus gewesen, wenige Monate zuvor hatte er das erste Mal auf einem gesessen. Aber das durfte kein Grund sein, die Sache zu verzögern. Auf den Straßen rund um das Technion, die Technische Hochschule Haifas, brachte Yakuba ihm Autofahren bei: am ersten Tag Gangschaltung, am zweiten Lenken. Isaac kam mit dem Lenkrad gut zurecht; mit den Gängen weniger.

Unterdessen bauten andere Kämpfer in einem der Unterrichtsräume des Technion die Bombe zusammen und rüsteten das zweite Fahrzeug für die Explosion aus. Zuvor hatten sie das Auto gegen eine Wand gefahren und einen Scheinwerfer zerbrochen, um einen glaubwürdigen Vorwand für eine Reparatur zu schaffen. So würden sie in die Werkstatt hineinkommen und Zeit für ihre Flucht gewinnen. Einen Zünder hatten sie nicht, aber einem der Männer gelang es, ein Provisorium aus einer Ampulle Schwefelsäure zu basteln, die über ein Röhrchen mit einem Kondom verbunden war. Brach man die Ampulle auf, würde sich die Säure in sieben Minuten durch das Kondom gefressen haben und eine Zucker-Pottasche-Mischung zünden, die dann eine Rakete vom Vordersitz in den Kofferraum abschießen würde, wo die Sprengstoffpackungen lagen.

Am Freitagabend, dem Abend vor der Operation, hatten sie so viele Kondome verschlissen, dass sie neue kaufen mussten. Nun war aber Sabbath, alle Apotheken hatten geschlossen. Einer der Kämpfer rief seinen Bekannten, einen Apotheker, an und bekniete ihn wegen Kondomen, worauf der meinte: ob er sich nicht einfach mal zusammenreißen könne (so jedenfalls geht die Mär). Schließlich kam der Apotheker vorbei. Seine Kondome waren allerdings von einem anderen Hersteller als die bisher verwendeten – was eine mögliche Erklärung für das wäre, was später im entscheidenden Moment passieren sollte.

Das am Auto arbeitende Team hatte den Griff des Kofferraums abgerissen, sodass man ihn nicht mehr öffnen konnte. Falls irgendjemand den Kofferraum durchsuchen wollte – sei es ein arabischer Milizionär an einem Kontrollposten, ein argwöhnischer Mechaniker oder ein britischer Soldat auf Patrouille – würde man die Rückbank umklappen müssen. Für diesen Fall war die Bombe so verkabelt, dass sie sofort hochgehen würde – wer auch immer sich in dem Moment im Auto befände. Die Kommandeure hatten entschieden, dass die Mission durchgeführt werden musste, koste es, was es wolle. Was das hieß, war jedem klar, obwohl Yakuba selbst es erst begriff, als das im Technion versammelte Team ihn und Isaac hinausbegleitete und er mitkriegte, dass der eine oder andere Tränen in den Augen hatte.

WÄHREND DER VORBEREITUNG DER BOMBE hatte Yakuba die arabischen Grenzposten ausgespäht, die man auf dem Weg zur Werkstatt würde passieren müssen. Es waren drei. Mehrere Male fuhr Yakuba nah an die Kontrolleure heran, freundlich winkend und Arabisch sprechend, fuhr über die Grenze und wieder zurück. Der Hintergedanke war, die Wachen an sein Erscheinen in der Gegend zu gewöhnen. Grenzpassagen wurden immer heikler, je heftiger sich während dieser Wochen die Kämpfe entwickelten. „Die Verbindung zu den Arabern ist ernsthaft beschädigt", schrieb ein jüdischer Nachrichtenoffizier, auf die mit dem Geheimdienst kooperierenden arabischen Informanten anspielend. „Die Araber wollen das Risiko nicht länger eingehen und brechen die Kontakte ab; die Straßen sind gesperrt; Jaffa und Tel Aviv sind fast vollständig voneinander abgeschnitten. Einige der mit uns verbündeten Araber hat man gefasst."[36] Geheimdienste sind auf von beiden Seiten durchlässige Räume angewiesen; diese Räume aber schwanden nun zusehends.

Eine Folge davon war, dass der Einsatz von Verkleidungen immer üblicher wurde, was die allgemeine Paranoia noch verschärfte. Ein jüdisches Geheimdienstdokument hielt fest, dass arabische Kämpfer britische Militäruniformen benutzen, um in jüdische Gebiete vorzudringen, und warnte: „Wir müssen von der Möglichkeit ausgehen, dass sie sich auch als Juden verkleiden."[37] Was übrigens nichts völlig Neues war: Als die Nazis 1944 ein aus Arabern und Deutschen gemischtes Sabotage-Team in Palästina einschleusten, hatte sich einer der arabischen Agenten als Arabisch sprechender Jude ausgegeben ...[38]

„Jeder Fremde, selbst ein Araber, der in Jaffa, Alt-Jerusalem, Lod, Ramleh und anderen arabischen Gebieten auftrat, geriet in Verdacht und wurde beschattet"[39], schrieb Ausbilder Sam'an in einem internen Dokument mit Blick auf die ersten Monate des Kriegs. Er wusste, dass seine Männer noch nicht bereit waren; eigentlich hatte er mit einer längeren Ausbildungszeit gerechnet. *El-ajleh min esh-shaytan*, pflegte er mit einem arabischen Sprichwort zu sagen: Die Eile kommt vom Teufel. *Et-ta'ani mim errahma*: Geduld kommt vom Barmherzigen. Aber nun kam der Krieg, und es blieb keine Zeit mehr. Der Teufel hatte sich durchgesetzt.

Am Samstagmorgen fuhren die beiden Autos vom jüdischen Sektor in die arabische Unterstadt, vorneweg Yakuba mit der Bombe, dicht an der Stoßstange hinter ihm Isaac, beide Hände ans Lenkrad geklammert, im ersten Gang, da er immer noch nicht mit der Kupplung klarkam.

Am ersten Posten an der Allenby Street wurde Yakuba von den Kontrolleuren wiedererkannt: Sie sagten *Salaam aleikum* und Yakuba sagte auf Arabisch: Der andere Wagen gehört zu mir.

Problemlos passierten sie auch den zweiten Kontrollpunkt und kamen schließlich zum dritten, wo sie von den Wachen angehalten wurden. Yakuba verfolgte stets die Taktik, möglichst laut und als erster zu sprechen, so brachte er seine Gegenüber aus dem Konzept. Er lehnte sich aus dem Seitenfenster.

Was hast du denn hier verloren, schnauzte er den Kontrolleur an. Wo ist der Typ, der sonst hier steht?

Der ist Essen gegangen. Ich vertrete ihn so lang, sagte der Kontrolleur.

Halt die Augen offen, befahl Yakuba, als ob er selbst einer der arabischen Kämpfer wäre, und fügte hinzu: Der hinter mir ist einer von uns.

Sie hatten es geschafft. Als sie bei der Werkstatt ankamen, parkte Isaac vor dem Tor und Yakuba fuhr hinein. Es standen noch andere Fahrzeuge im Hof, und der Krankenwagen war immer noch da, wo sie ihn neulich gesehen hatten, neben dem Schuppen, ein strahlend rotes Kreuz auf der Seite. Yakuba steuerte darauf zu und hielt links daneben. Da tauchten drei Mechaniker auf und schrien auf ihn ein, er solle sofort wieder wegfahren.

Moment mal, was ist denn los, fragte Yakuba und stieg aus dem Auto aus, um Zeit zu gewinnen. Er hatte nicht damit gerechnet, so schnell bedrängt zu werden.

Die Mechaniker wirkten sehr nervös, wollten ihn nicht anhören. Fahr deine Karre hier weg, schrie einer.

Wartet doch mal, ich hab nur eine Frage, ich habe …

Das interessiert uns nicht, fahr erst das Auto weg, dann können wir reden.

Yakuba setzte sich wieder auf den Fahrersitz, fuhr erst ein Stück zurück und dann wieder vorwärts, um nun rechts neben dem Krankenwagen zu parken. Dann stellte er den Motor ab und stieg wieder aus. Sie fuhren fort, ihn anzuschreien, aber er stellte sich dumm und verlangte den Chef zu sprechen. War er da? War er essen gegangen? Konnte man hier in der Nähe etwas essen? So ging es eine Weile hin und her. Aber noch länger würde er das kaum durchziehen können.

Isaac, draußen im Fluchtwagen, konnte nur ahnen, was dort im Hof passierte. Irgendetwas da drin schien schiefzulaufen. Er hatte Befehl, abzufahren, falls sein Partner nicht binnen zehn Minuten zurückkäme. Zehn Minuten waren um.

Die Mechaniker wollten von Yakuba wissen, wo er herkam, er antwortete: Aus Jaffa, wie es die Agenten immer taten, wenn sie in Haifa operierten. In Jaffa sagten sie Haifa. Jetzt fing auch er an herumzuschreien. Aber es war nicht mehr gespielt: Er hatte Angst. Angst, gefasst zu werden; Angst, es zu vermasseln. Dutzende von Leben standen auf dem Spiel. Na, besten Dank auch, brüllte er die Mechaniker an. Geht doch zum Teufel! Lernt euch erst mal benehmen! Er brüllte, was ihm gerade einfiel.

Doch die Mechaniker rückten ihm auf die Pelle, also setzte er sich wieder ins Auto und tat, als wolle er wegfahren. Er wusste nicht, was tun. Da auf einmal zogen sie ab, offenbar im Glauben, sie wären ihn los, und dieser Augenblick reichte aus: Er nahm die Zange aus dem Handschuhfach und knackte die Ampulle. Die Säure tropfte in das Kondom. Sieben Minuten.

Ein letztes Mal öffnete er die Autotür. Kann ich hier irgendwo ein Glas Wasser kriegen, fragte er. Unwirsch zeigte einer der

Mechaniker auf einen Wasserhahn. Yakuba machte ein paar Schritte in die Richtung, rannte dann aber schnell am Wasserhahn vorbei und stürzte durch das Tor auf die Straße. Das Oldsmobile stand noch da, mit laufendem Motor. Der Ehrenkodex des Palmach stellte Kameradschaft höher als Gehorsam, Isaac hatte Wegfahren nie in Betracht gezogen. Er rutschte auf den Beifahrersitz – jetzt war jemand gefragt, der richtig fahren konnte.

Yakuba klemmte sich hinter das Lenkrad, tätschelte Isaacs Knie und gab Gas. Eigentlich sollten sie noch reichlich Zeit haben, doch kaum waren sie angefahren, begann die Erde zu beben. Eine Schockwelle erfasste das Auto, Glassplitter wirbelten durch die Luft. Leute, die oben von den Hängen des Karmelgebirges herabschauten, mussten meinen, in der Unterstadt wäre eine Atombombe hochgegangen. In den Augenblicken ungeheurer Stille, die einer Detonation dieser Stärke zu folgen pflegen, sahen die beiden Agenten im Rückspiegel eine schwarze Rauchwolke aufsteigen und sich langsam auflösen.[40]

4. Der Beobachter (1)

Eines der größten Dramen jener Zeit spielte sich nicht im Land selbst ab, sondern weiter westlich auf dem Meer, wo vom jüdischen Untergrund in Europa ausgeschickte alte Fracht- und Fährschiffe jüdische Flüchtlinge durch die britische Seeblockade zu schleusen versuchten. Die Briten waren vor dem Zorn der Araber eingeknickt und stoppten die jüdische Migrationswelle, indem sie die Passagiere in Internierungslager auf Zypern verbrachten und die Schiffe in ihren Heimathäfen sabotierten. Die *Vrisi* wurde im Hafen von Genua versenkt, die *Pan Crescent* bei Venedig manövrierunfähig gemacht.

Drang doch einmal ein Schiff zur Küste Palästinas vor, wurden die Passagiere dort von jüdischen Kämpfern empfangen und an Land gebracht, bevor britische Soldaten sie verhaften konnten. Manchmal wurden dazu auch Männer der Arabischen Sektion abgestellt – nicht als Spione, sondern als reguläre Palmach-Kräfte. Als der Kapitän der *Hannah Senesh* sein Schiff am späten Weihnachtsabend an den Felsen westlich vor Galiläa ankern ließ, waren auch Gamliel und Yakuba dort. Bei der Bestimmung des Zeitpunkts war man von der Annahme ausgegangen, dass die lokalen britischen Einheiten an diesem Abend zu betrunken sein würden, um einzugreifen. Es dauerte Stunden, bis man die 252 Passagiere an Land geschafft hatte, und das Zusammentreffen dieser Juden aus dem Flüchtlingsschiff, die noch nie in Nahost gewesen waren, mit den Männern der Arabischen Sektion, die noch nie aus Nahost herausgekommen waren, war zweifellos bewegend. Aber für Gefühlswallungen waren sie jetzt zu beschäftigt. Einige der kleinen Boote, die sie benutzten, kenterten; zwei Frauen, die die Nazis überlebt hatten, ertranken in der Brandung zwischen dem Schiff und dem Land Israel. Die übrigen teilten sich in kleine Gruppen auf und huschten davon. Yakuba erinnert sich an die Vorgänge als eine „Horrornacht"[41].

Der berühmteste Hebräisch schreibende Dichter jener Zeit, Nathan Alterman, hat diese Nacht in einem Gedicht verewigt, das beschreibt, wie die jungen Männer des Palmach die Überlebenden auf ihren Schultern durch die Wogen tragen. Mit einem spöttischen Seitenhieb auf die Briten besingt der Dichter die Ankunft dieses einen leckgeschlagenen Schiffs mit seinen ausgemergelten Passagieren als großen jüdischen Seesieg: „das Trafalgar der Nation"[42].

Die Menschen auf den Flüchtlingsbooten waren mit ein Grund für die Verzweiflung, die sich damals der Juden Palästinas bemächtigte, einschließlich der Mitglieder der Arabischen Sektion. Sie waren aber auch auf arabischer Seite der Grund mancher Befürchtungen. Ein Plakat der arabischen Führung, das einer der Sektionsagenten in Jaffa dokumentiert hat, warnte vor den Flüchtlingen als einem mächtigen Feind, denn dies waren „Menschen, die dem Tod ins Auge gesehen hatten und sich vor nichts fürchteten".[43]

Im Sommer vor dem Unabhängigkeitskrieg hatte die Royal Navy vor der Küste Palästinas einen alten amerikanischen Vergnügungsdampfer aufgebracht, die „President Warfield". An Bord viereinhalbtausend Überlebende – in den Worten der französischen Tageszeitung *L'Humanité* ein „schwimmendes Auschwitz"[44]. Die Passagiere schlugen mit Knüppeln und Flaschen auf die Entermannschaft ein, drei von ihnen wurden von britischen Seeleuten getötet, dutzende verwundet, ehe das Schiff unter Kontrolle gebracht und im Hafen von Haifa vertäut werden konnte. Später wurde es in *Exodus from Europe 1947* umbenannt.

Umgeben von einem Schwarm Journalisten, sahen UN-Mitglieder von den Docks aus der Löschung der jammervollen Fracht zu, während sie über die Zukunft Palästinas diskutierten. Sie sahen, wie britische Soldaten die Überlebenden auf drei Schiffe verteilten, die sie nach Deutschland zurückbringen würden. Die *Exodus* blieb als britisches Desaster in Erinnerung. Es war eines der Ereignisse, die die UN-Kommission dazu veranlasste, die Gründung eines jüdischen Staates zu forcieren.

Unter den Augenzeugen dieses Tages waren auch die Männer einer Arbeitscrew, die mit dem Herunterkratzen von Rost und Seepocken von den Schiffsrümpfen beauftragt war. Viele Hilfsarbeiter im Hafen waren Syrer aus der verarmten Houran-Region; jene Mannschaft aber setzte sich aus überwiegend palästinensischen und einigen wenigen ägyptischen Arabern zusammen. Sie waren alle um 5 Uhr morgens aufgewacht, in einer billigen Pension oder auf dem Boden eines Ladens, den der Eigentümer über Nacht als Schlafplatz vermietete; um 6 Uhr schlugen sie am Hafen auf, um ihre Barkasse zu erreichen. Den Tag verbrachten sie unter sengender Sonne beim Gedröhn ihrer Hämmer, machten Mittag mit Pita, Tomaten und Zwiebeln und einem Stück salzigem Käse und arbeiteten dann weiter bis zum Spätnachmittag. Die Aufregung um die *Exodus* war eine willkommene Unterbrechung ihres Alltagstrotts. Staunend begafften sie das Schiff, das vor ihren Augen in den Hafen einlief.

Was genau sie sahen, wissen wir, weil einer von ihnen, Ibrahim, eine Art Tagebuch führte. Die Arbeiter waren „schwer beeindruckt von der Beharrlichkeit, der Energie und dem Wohlstand der Juden", notierte er. Was sie sahen, war nicht ein Schiffsbauch voll elender Gestalten, deren Familien man gerade ausgelöscht hatte und deren Zukunftsperspektiven so düster waren, dass ein feindlicher Brückenkopf mitten in der arabischen Welt das Beste war, auf das sie hoffen konnten. Stattdessen sahen sie den raffinierten Schachzug eines mächtigen Gegners. Laut Ibrahims Bericht sagte einer der Arbeiter, als er die *Exodus* in den Hafen einlaufen sah: „Woher haben die Juden so viel Geld?" Ein anderer antwortete: „Den Juden gehört doch ganz Amerika!"

Nach Feierabend verbrachte Ibrahim seine Zeit in einem arabischen Arbeitersportklub, wo er als ganz manierlicher Boxer bekannt war. Bei der Dokumentation der Beobachtungen, die er im Klub, im Hafen und in den ärmlichen Straßen rund um die Docks sammelte, war Ibrahim stets akribisch, selbst wenn etwas auf den ersten Blick unwichtig schien.[45] So hatte er zum Beispiel eines Tages mitbekommen, wie zwei Männer blutend aus dem Café Victor herausgezerrt wurden: Ein Streit beim Kartenspiel war in eine Schlägerei ausgeartet, und ringsherum liefen Leute zusammen, um die Streithähne gegeneinander aufzuhetzen, bis die britische Polizei erschien und der Sache ein Ende bereitete. An den Stühlen klebte Blut, vermerkte Ibrahim, auf dem Tisch mit den Spielkarten, auf dem Fußboden. Das Wort „Café" hatte in dieser Gegend nicht die Bedeutung einer ruhigen Oase von Kultur und gutem Kaffee; solche von den Angehörigen bürgerlicher Schichten frequentierten Orte gab es hier zwar auch, in den Cafés jedoch, die Arbeiter wie er aufsuchten, ging es kaum ordentlicher zu als auf den chaotischen Straßen. Die Böden wurden selten gewischt, überall summten Fliegen herum. Frauen gab es hier wenige, und wenn doch einmal zufällig eine draußen vorbeiging, war sie verschleiert (sofern sich das Café nicht gerade im Rotlichtbezirk befand).

Wer einen Hafenjob oder überhaupt Arbeit hatte, gehörte zu den Begünstigten. Aber Ibrahims Job war hart, und dass auch jüdische Arbeiter zu den arabischen Crews gehörten, machte es für ihn nicht leichter. Einige von jenen schienen einen seiner ägyptischen Freunde besonders auf dem Kieker zu haben: „Sie schubsten ihn herum und zerrissen seine Kleider", berichtete Ibrahim, „und er nahm alles mit einem Lächeln hin." Ihm und den palästinensischen Arabern gegenüber gaben sie sich freundlicher, doch kriegte er einmal mit, wie sie ihn (im Glauben, er verstünde sie nicht) auf Hebräisch einen „räudigen Hund"[46] nannten und sich darüber mokierten, dass er Läuse hatte.

Im Sportklub schloss sich Ibrahim den jungen arabischen Männern an, die dort, umringt von Athletenfotos, ihr Boxtraining absolvierten. Einmal unterhielt er sich mit einem Klubmitglied über die zunehmende Gewalt; das politische Klima in Palästina heizt sich immer mehr auf, und jeder wusste, dass Araber und Juden nun gleichermaßen zu den Waffen griffen und sich zum Kampf bereit machten. Die Juden waren aber Feiglinge, erklärte ihm der andere: Sie operierten aus dem Hinterhalt im Schutz der Dunkelheit, während die Araber den Kampf Auge in Auge suchten. Er könne es kaum erwarten, zu kämpfen, meinte er.

Ob er denn glaube, dass die Araber für einen Krieg gut genug vorbereitet wären, fragte Ibrahim; von den Jungs hier im Sportklub hatte ja offensichtlich keiner eine Ahnung von Waffen. „Ich zum Beispiel wüsste nicht, wie man ein Gewehr bedient."

„Ich schon", sagte der andere.

„Wer hat dir das denn beigebracht?", fragte Ibrahim.

Sein älterer Cousin sei Soldat in der britischen Armee gewesen, sagte der Mann, und immer wenn er auf Urlaub war, hatte er die Kinder mit seiner Waffe spielen lassen. Und dann sei auch einmal ein Freund von ihm mit einer Tommy-Knarre in den Klub gekommen und habe allen einen Crashkurs gegeben.

„Aber wir haben doch gar keine Waffen", sagte Ibrahim.

„Waffen sind genug da", versicherte ihm der andere. „Die Lagerhallen von Al-Najada[47] sind voll mit Waffen. Al-Najada ist kampfbereit, die Juden sollen nur kommen."

Das Gespräch wurde durch das beginnende Abendtraining beendet, aber am Wochenende begann Ibrahim das in einem anderen Sektor der Unterstadt gelegene Al-Najada-Gebäude zu bespitzeln. Es steht dort noch heute: ein einfaches dreistöckiges Haus an einer Hauptverkehrsstraße neben der Rushmiyeh-Brücke. Mittlerweile beherbergt es eine Synagoge, und ein Schild weist darauf hin, dass hier einst die arabische Miliz untergebracht war und dass am Tag, als die Stadt fiel, hier auch Kämpfe stattfanden. Ansonsten sieht es noch exakt so aus wie vor 70 Jahren, als Ibrahim es aufsuchte.

Er gelangte ohne Schwierigkeiten hinein. Drinnen fand er Backgammon-Spielbretter und Tischtennisplatten vor. Es gab auch einen Aushang, gezeichnet vom örtlichen Militärkommandeur, mit einer Anweisung an die Offiziere, am folgenden Abend zu erscheinen, und zwar in Uniform. Ibrahim richtete es so ein, dass auch er an dem Abend da war. Und da sah er sie: ein Dutzend Männer, alle sehr ordentlich, sorgfältig rasiert mit polierten Schuhen. Nach einer kurzen Besprechung teilten sie sich in Gruppen zu zwei und drei auf und machten sich auf den Weg in die Stadt. Ihnen zu folgen, wagte der Arbeiter nicht.

5. Der Tiger

Der arabische Teil Haifas,[48] die Zone rund um das Hafenviertel, war aufgeteilt zwischen Christen und Muslimen; zwischen Wohlhabenden und Mittellosen; zwischen den politisch Gemäßigten einschließlich einem Häufchen moderater Kommunisten hier und den religiös und politisch Radikalen dort. Letztere waren typischerweise dem Mufti von Jerusalem hörig, dem Erzfeind der Juden, der im Zweiten Weltkrieg die Nazis unterstützt hatte in der Hoffnung, Palästina würde Briten und Juden auf einen Streich los, nachdem jene den Nahen Osten erobert hätten. Infolge der Einwanderung aus anderen Teilen Palästinas und der arabischen Welt waren die einheimischen Familien mittlerweile in der Unterzahl, und mit der zwischen 1947 und Anfang 1948 zunehmenden Gewalt wurde das Vielvölkergemisch auf den Straßen der Unterstadt von Haifa noch um ausländische arabische Kämpfer bereichert.

Einer der einflussreichsten Führungspersönlichkeiten der Stadt war ein Prediger namens Sheikh Muhammad Nimr el-Kathib. In den Geheimdienstakten firmiert er schlicht als Nimr: auf Arabisch „Tiger". Der Einfachheit halber werde auch ich ihn mit diesem Namen bezeichnen. Im Regionalverband der Muslimbrüder war Nimr ein hohes Tier, ein Kampfgenosse des Mufti. Anfang 1948 war der Prediger hauptsächlich mit der Organisation und Bewaffnung neuer Kämpfer beschäftigt; eine Zeit lang operierte das örtliche militärische Hauptquartier in Haifa von seiner Wohnung aus.

Als der Abzug der Briten näher rückte und die Spannungen im Land zunahmen, nutzte Nimr die Kanzel der Großen Moschee, um zum Heiligen Krieg aufzurufen. Unser Wissen darüber verdanken wir der Tatsache, dass unter den Gläubigen, die mit hochgerecktem Kinn auf ihren Teppichen hockten und dem vor ihnen stehenden Redner lauschten, ein paar Leute waren, die eigentlich nicht dorthin gehörten.

Um Stimmungslage und Gewaltbereitschaft auf arabischer Seite einzuschätzen, brauchte der Nachrichtendienst Augen und Ohren in den Moscheen, die nachverfolgten, was die Prediger lehrten. In den Büros, wo solche Dinge entschieden wurden, hörte sich das vielleicht einfach an, doch bis einer der Agenten draußen im Feld das Wagnis unternahm, seine Schuhe auszuziehen und ein islamisches Gebetshaus zu betreten, dauerte es seine Zeit.

Einer der Agenten hat uns einen Bericht hinterlassen, wie er zum ersten Mal an einem Freitagsgebet in Jaffa teilnahm.[49] Am Anfang sei er sich seiner Sache noch sicher gewesen, meinte er, aber nach dem ersten Kniefall, als es galt, mit an den Knien angelegten Händen aufzustehen und dann die Hände mit nach oben zeigender Innenfläche zu heben, rutschte ihm das Herz in die Hose. Um ihn herum waren 700 echte Gläubige. Gewalt lag damals überall in der Luft; wenn ihm irgendetwas misslang, konnte ihm niemand helfen. „Als ich bei diesem Teil des Rituals ankam, fing ich am ganzen Leib an zu zittern", erinnert er sich. „Es dauerte einige Sekunden, bis ich mich wieder gefasst hatte und mich nach den Leuten in meiner Umgebung umsehen konnte." Niemand schien von ihm Notiz zu nehmen. Der Agent kam ungeschoren davon. Sein Name taucht indes in den Akten nur flüchtig auf, er war vielleicht nicht ganz der Richtige für diesen Job.

Unter denen, die Nimr predigen hörten, war auch Gamliel, bevor er zu seiner Mission nach Beirut aufbrach. Nimr war ein „fanatischer Einpeitscher"[50], notierte Gamliel; er hatte ein Charisma, das bei jedem seiner Auftritte volle Moscheen garantierte. Ein Prediger, der „mit schneidender Stimme sprach, kraftvolle Worte benutzte und damit große Wirkung erzielte". Gamliel, der „intellektuellste" der vier Spione, verabscheute Blutvergießen; den Sektionskommandeuren hatte er einmal sogar die ungewöhnliche Zusage abgerungen, dass er niemals gezwungen würde, zu töten. Als er jedoch die Aufrufe zum Angriff auf die Juden anhören musste, fiel es ihm doch schwer, unter den echten Muslimen ruhig sitzen zu bleiben. Bisweilen überkamen ihn in der Moschee düstere Fantasien: Hätte er doch eine Granate dabei oder sonst eine Waffe! Aber er war ja nur zum Zuhören gekommen.

Die Spione hatten den Prediger seit dem Sommer vor dem Krieg im Blick. Bereits damals taucht der Name Nimr in einem fünfseitigen Bericht über eine Versammlung der Muslimbruderschaft auf. Auch diesen Bericht hatte Gamliel verfasst.[51] An der Versammlung als „Yussef" teilnehmend, sah er, wie sich der Prediger mithilfe von ein paar Schlägertypen, offenbar seinen Leibwächtern, einen Weg durch die Menge bahnte. Die Ansprachen von Nimrs Vorrednern zogen sich noch eine Weile hin, berichtete der Agent; sie beschworen den Kampfgeist der Araber für den kommenden Krieg und forderten einen Boykott jüdischer Waren. Doch als Nimr an der Reihe war, machte er es kurz und hielt eine nur siebenminütige Rede.

Er begann mit der Beschwörung zweier Namen. Der erste war „der selige Held Sheikh Izz el-Din" (hier notiert Gamliel in seinem Bericht tosenden Applaus). Izz el-Din el-Qassam war ein in Haifa hochangesehener Djihadist, der zehn Jahre zuvor bei einem

Gefecht mit den Briten getötet worden war. (Viel später noch sollte er zu einer Inspirationsquelle für die islamistische *Hamas* werden, die ihren militärischen Arm und eine Rakete nach ihm benannte.) „Der zweite Geist", fuhr der Prediger fort, „ist der unseres Helden und Führers, des tapferen Muhammad Amin el-Husseini." Als der Name des Mufti von Jerusalem fiel, zogen zwei erregte junge Männer ihre Pistolen und feuerten Schüsse in die Luft ab. Nimr schloss mit dem Aufruf, jeden zu boykottieren, „der an Juden Land verkauft, mit ihnen Kontakt hält oder Waren von ihnen kauft oder an sie verkauft". Um 13 Uhr löste sich die Versammlung auf.

NIMRS EIGENE DARSTELLUNG DES KRIEGES in seinem Buch *Fragmente der Katastrophe* ist ein bedeutendes, heute weitgehend in Vergessenheit geratenes Zeitdokument. In einem ebenso dichten wie leidenschaftlichen Arabisch schildert der Text detailliert Nimrs Bemühungen zur Anbahnung militärischer Aktionen, zur Organisation von Verteidigungstruppen und zum Ankauf von Waffen. Letztere waren Mangelware, denn die Leute pflegten, sich auf eigene Faust zu bewaffnen und trieben damit die Preise für Gewehre und Pistolen auf dem Schwarzmarkt in die Höhe. Nimr wandte sich darum an benachbarte arabische Staaten, die über eigene Arsenale verfügten, doch sie lieferten kaum mehr als ein paar alte Gewehre mit der falschen Munition.

Der Prediger hoffte darauf, den britischen Soldaten, die in der Stadt stationiert waren und von denen manche mit der arabischen Sache sympathisierten, Waffen abkaufen zu können, musste dann aber feststellen, dass die wohlhabenden Araber, die dafür hätten bezahlen können, bereits mit ihrem Geld aus der Stadt flohen, um den Krieg an einem sichereren Ort auszusitzen. Lokale und auswärtige arabische Räuberbanden terrorisierten die Bevölkerung; die Leute machten schon Hamsterkäufe. „Tag für Tag", schrieb Nimr, „hatten die Araber viele Tote zu begraben, und die Sicherheitslage wurde immer schlechter."

Nimrs Memoiren schildern seine Unternehmungen in einem wütenden und zugleich enttäuschten Ton: Der Text wurde post festum geschrieben, als man nach Erklärungen verlangte, warum so vieles schief gegangen war. Im Februar 1948 hingegen liefen die Dinge gar nicht so schlecht. Die arabische Seite gewann die Oberhand, und in den Ohren der Spione klang die Stimme des Predigers kriegerisch und siegessicher.

Den Juden war klar, wie lebenswichtig der Hafen von Haifa für sie war, und dass der Moment der Entscheidung unmittelbar bevorstand. „Solange wir nur Tel Aviv und die Städte an der Küste unter Kontrolle haben, werden wir nicht viel mehr als eine Art Kanton bleiben, ein Autonomiegebiet, ein Ghetto", schrieb kurze Zeit später der Herausgeber einer Zeitung. „Wird Haifa unser, werden wir ein Staat sein."[52]

Die obersten jüdischen Kommandeure kamen zu dem Schluss, dass die Zeit reif war. In den Militärakten findet sich ein Dokument mit der Überschrift „Operation Starling", das aus einer einzigen auf Hebräisch getippten Seite besteht. Der Text lautet:

„Auftrag: Nimr töten."[53]

6. Isaac

Offenbar war es Gamliel, der Intellektuelle, der im Vorfeld der Operation Starling die meiste Zeit mit der Beobachtung des Predigers zubrachte. Als jedoch der Liquidierungsbefehl kam, war er verschwunden. Den Auftrag bekam Isaac, der durch die Absperrung schlüpfte und sich irgendwie in die Zone unten am Hafen durchschlug.

Außer seiner üblichen Arbeiterkleidung und seinem auf den Namen Abdul Karim ausgestellten Personalausweis nahm er eine Tüte Sonnenblumenkerne mit, um etwas zu haben, womit er sich beim Beobachten beschäftigen konnte. Und da saß er nun auf dem Bordstein in der Nähe von Nimrs Wohnung und knabberte. So wurde er wieder der arabische Straßenjunge von früher, und es war, als hätte er nie ein anderes Leben gelebt, als wäre er nie fortgelaufen, um sich zu verwandeln, seinen Namen zu ändern, als Agent rekrutiert zu werden und nochmals einen anderen Namen anzunehmen. Es war, als wäre er nie von zuhause weggekommen.

Wir sind mit unserer Geschichte so weit gekommen, wie es ging, ohne mehr über die Protagonisten und ihre Intentionen zu sagen. Dieses Buch will keine Monographie über den Unabhängigkeitskrieg sein, auch keine Geschichte der jüdischen oder arabischen Welt oder der jüdischen Enklave[n] im Palästina jener Tage. Zu diesen Themen liegen bereits ausgezeichnete Bücher vor. Ich werde mich hier auf das beschränken, was wir brauchen, um den Beitrag zu ermessen, den die Spione zu jenem brisanten Ereignis der Gründung Israels geleistet haben, und um ihnen auf ihrem sie immer tiefer in die Kriegswirren hineinziehenden Weg folgen zu können.

Der Bordstein einer arabischen Straße hatte für Isaac nichts Fremdes. Er war ein Kind solcher Straßen:[54] jener labyrinthischen Welt krummwinklig geduckter Gassen, die sich um die Zitadelle von Aleppo schlängeln. Mit den Augen eines Kindes blickt er zurück auf das harte Leben im *hosh* – dem Hinterhof, den sie sich damals mit einem Dutzend anderer Familien im jüdischen Viertel teilten, mit allem Dreck und Elend und den fürchterlichen Nachtwanderungen auf die von Mäusen befallene Außentoilette. Aber es gibt nicht nur schlimme Erinnerungen. Er denkt auch an die heimatliche Küche – nicht an die Tamarinden-Gerichte der reichen Leute, sondern an den Reis und das Fladenrot, geröstet über offenem Feuer, das auf von „Zigeunern"[55] verkauftem Kuhmist brannte.

Tatsächlich war Isaac in Aleppo einer von ganz unten. Er führte ein Leben auf der niedrigsten Stufe einer Gemeinschaft, die im Islam traditionell als zweitklassig eingestuft wurde und die unter der muslimischen Bevölkerungsmehrheit ein Schattendasein führte. Ein Engländer, der die Stadt im Jahr 1756 besucht hat, berichtet von jüdischen Männern mit langen Bärten und Frauen in lila Pantoffeln, die besser Arabisch konnten als Hebräisch. Für die Muslime seien „Juden noch verachtenswerter als Christen", und die jüdischen Armen seien „von allen Leuten dort die schäbigsten und schmutzigsten".[56]

Zwar hatte sich die Lage der Juden seit Beginn der französischen Kolonialherrschaft nach dem Ersten Weltkrieg etwas verbessert; Isaacs Vater jedoch konnte sich noch an Zeiten erinnern, als jeder beliebige arabische Passant einem Juden befehlen konnte, beiseite zu treten und in der Mitte der Straße durch den Abwasserkanal zu gehen. Isaacs Vater war Hausmeister, er arbeitete an einer jüdischen Schule, wo er putzte und die Kohlepfannen herrichtete, mit denen im Winter die Klassenzimmer beheizt wurden. In Aleppo aber war das Wort „Hausmeistersohn" nicht bloß eine Beschreibung: es war eine Vorhersage. Alles, was man über Gegenwart und Zukunft eines Kindes wissen musste, war mit diesem Wort gesagt. Es gibt noch ein Foto des dreizehnjährigen Isaac auf seiner Bar Mizwa, dem wichtigsten Tag in seinem jungen Leben. Es zeigt Isaac zusammen mit einigen seiner jüngeren Geschwister; er trägt ein weißes Hemd und steckt barfuß in Secondhandschuhen.[57]

Isaacs Flucht aus Aleppo begann damit, dass ein Abgesandter aus Eretz Israel auf seiner Schule erschien. Dieser Abgesandte war einer jener Botschafter, die seit der Jahrhundertwende von der zionistischen Bewegung in die jüdischen Gemeinden der arabischen Welt geschickt wurden, um junge Menschen zur Rückkehr in das Land der Väter zu bewegen. Jerusalem, Bethlehem und die Berge und Täler des Landes waren Isaac und den anderen Kindern bereits aus der Heiligen Schrift bekannt, wo diese Orte beschrieben sind: Sie hatten die Verse auswendig lernen müssen, und zwar sowohl auf Hebräisch, der Sprache des Bibelstudiums und des Gebetes, als auch auf Arabisch, ihrer Muttersprache. Erst von diesem Abgesandten jedoch erfuhren sie, dass es all das wirklich gab und nicht nur irgendwo im Himmel: Er hatte es mit eigenen Augen gesehen! Man wandelte unter einem steinernen Tor hindurch und stand in der heiligen Stadt. Der Berg Tabor, wo einst Prophetin Deborah und Heerführer Barak ihre Truppen gegen die Kanaaniter gesammelt hatten, war ein echter Berg. Man konnte hinaufklettern. Isaac, der nie aus Aleppo herausgekommen war, hatte das bisher für ganz undenkbar gehalten.

Außerdem erzählte der Abgesandte den Kindern etwas über eine Sache namens „Kollektiv". Das war etwas, womit man Kräfte und Mittel bündeln und so die Lebensqualität vieler Menschen verbessern konnte. Dieser Gedanke faszinierte Isaac. Er allein konnte sich Säge, Hammer oder Nägel nicht leisten, aber vielleicht würde er zusammen mit ein paar Freunden diese Dinge kaufen und ein Kollektiv von Zimmerleuten machen können. Der Abgesandte musste mit seinen Worten behutsam umgehen: Zionismus war hierzulande eine riskante Angelegenheit, die Stellung der Juden unter den Arabern war prekärer denn je. Es war 1941, eben erst hatte in Bagdad – einer Stadt mit einem Drittel jüdischer

Bevölkerung – ein arabischer Mob fast 200 jüdische Mitbürger niedergemetzelt. In einem Europa der Nationalismen blieb für die auf diesem Kontinent beheimateten Juden kein Platz mehr, sie wurden nach Palästina abgedrängt. Die jüdische Enklave wiederum heizte den arabischen Nationalismus auf, sodass auch in der arabischen Welt für die Juden immer weniger Platz blieb und schließlich auch sie nach Palästina abgedrängt wurden. Man war dem Wirken von Kräften ausgesetzt, die man weder verstehen noch beherrschen konnte, und so wählte der Abgesandte seine Worte mit Bedacht.

Isaac aber hatte verstanden. Offenbar gab es einen Ort, an dem Juden und Arbeiter erhobenen Hauptes einhergehen konnten, und so machte er sich auf. Er war sechzehn als er weglief – jedenfalls glaubte er das; sein genaues Geburtsdatum kannte er nicht. Später stellte sich bei der Durchsicht des Registers der von Aleppoer Rabbinern durchgeführten Beschneidungen heraus, dass er immer zwei Jahre älter gewesen war, als er dachte. Seinem Vater sagte Isaac nichts davon, dass er weggehen würde; seiner Mutter konnte er es ohnehin nicht mehr sagen, da sie gestorben war, als er noch klein war.

Für die europäischen Juden war Eretz Israel ein Land in weiter Ferne. Nicht so für einen Jungen aus Aleppo. Eine Fahrt von dort nach Haifa würde heute laut Google Maps gerade einmal neun Stunden und vier Minuten dauern. Isaac bezahlte einen Schleuser und schlich sich bei Nacht über die Grenze.

Zuhause, unter den Kindern des jüdischen Viertels, gab es ein Getuschel über ihn, den Hausmeistersohn: Er hatte es wirklich getan, war abgehauen zu den Zionisten. Er war ein Held.

Angekommen in Eretz Israel jedoch kauerte Isaac 1942 auf einer Marktstraße in Tel Aviv und bot aus einem Korb grüne

Pfefferschoten feil. Frühmorgens kaufte er sie nach Gewicht ein, tagsüber verkaufte er sie pro Stück und steckte den Gewinn ein. Er verdiente gerade so viel, dass es fürs Essen reichte. So lernte er das neue Land aus der Froschperspektive kennen: gesäumte Kleider und Damenstrümpfe europäischen Stils, geflickte blaue Arbeitshosen, weiße Gewänder, britisches Khaki aus Textilfabriken in Manchester.

Tel Aviv war eine unfertige Stadt, kaum dreißig Jahre alt. Displaced Persons[58] füllten die Straßen mit ihren fremdartigen Erscheinungen. „Die Masten auf den Dächern damals / war'n gleich den Masten von Kolumbus' Schiffen", schrieb die hebräische Dichterin Leah Goldberg, „und von den Krähen, die auf ihren Spitzen hockten / kräht' jede eines andern Ufers Kunde."[59] Sie erinnerte sich an die russischen und deutschen Klänge unter der grellen Sonne: „die Zungen ferner Länder alle, / wie kalte Messerklingen stechend / in einen Ozean aus Sonnenglut". Was hätte die Dichterin wohl gesehen, wenn sie ihren Blick auf Isaac gerichtet hätte? Ein Stück menschliches Treibgut, angespült in den 1940er Jahren, eins von Millionen. Kein Fremder indes, sondern einer, der aus jenem sonnenglühenden Ozean selber gekommen war. Ein arabischer Junge mit einem Korb grüner Pfefferschoten.

Am Resopaltisch in Isaacs Küche versuchte ich, die gealterte Imago dieses Jungen dazu zu bringen, von seiner Anfangszeit in jenem Land zu erzählen. Den Markt in Tel Aviv gibt es noch heute, und es ist immer noch ein Ort, an dem man sich den Teenager Isaac mit seinem Korb in einer Ecke hockend gut vorstellen kann. Von seiner Wohnung dorthin sind es mit dem Auto zwanzig Minuten. Der Kontrast dieser Nähe zu den gewaltigen Entfernungen, die er in seinem Leben seit damals hatte zurücklegen müssen, war frappant. War er je wieder dort gewesen? Manchmal, sagte er –

viel mehr aber auch nicht. Ich glaube, er wollte in jener Zeit nur eine Art Vorspiel sehen zu dem, was danach kam. Seine Geschichte, davon war er überzeugt, war die eines Mannes, der es geschafft hat, das Weltgeschehen ein klein wenig zu beeinflussen, und der sein Schicksal selbst in die Hand genommen hat, so wie sein Volk das seine. Sich darüber auszulassen, wie hoffnungslos seine Ausgangslage war, hatte er offensichtlich keine Lust.

Die Rettung kam von einer der zionistischen Jugendbewegungen in Gestalt eines Betreuers, der sich vor Ort um Jungen wie ihn kümmerte: Neuankömmlinge aus arabischen Ländern, die irgendwelchen Plunder verhökerten oder auf die schiefe Bahn geraten waren. Der Betreuer war Sozialist und stammte aus einer jemenitischen Familie. Die Jugendbewegung besaß ein Klubhaus: einen dieser Orte, an denen es Backgammon-Bretter gab, vielleicht auch eine Tischtennisplatte, Bilder von Theodor Herzl und Karl Marx sowie ein paar Exemplare von *Autoemanzipation*[60] und *Der Judenstaat*[61], vermutlich mehr bei Vorträgen und Diskussion in der Luft geschwungen als tatsächlich gelesen.

So wurde Isaacs zionistisches Bewusstsein geweckt, und so landete er schließlich bei einer Gruppe syrischer Jungen in einem Orangenhain weit außerhalb der Stadt auf einem Kibbuz namens Na'an, und trug Düngersäcke durch die Gegend – nicht, weil er musste, sondern weil es die Mission der jüdischen Nation war, die hier auf den Schollen der Vorväter wiedererstehen sollte. Es war das Leben der *chaluzim*, der Pioniere: der Avantgarde, die die Felder roden, Wohnungen bauen und für die nachfolgenden jüdischen Massen eine Heimstätte erschaffen würde. Die Zionisten hatten stets eine Neigung, das Erniedrigende zum Ideal zu verklären. Man war verarmt? Gepriesen sei die Armut! Man war aus seinem Heimatland vertrieben worden? Auch gut, war doch die wahre

Heimat seit jeher Eretz Israel; man hatte sowieso vor, irgendwann dorthin zurückzukehren. Flüchtlinge? Nein: Pioniere! Kurzum, ein brillanter narrativer Zaubertrick, der die Juden in diesem grausamen Jahrhundert davor bewahrte, in die Falle der Opferrolle zu gehen, und der letzten Endes ihre Schicksalswende herbeiführte.

Und Teil dieser Geschichte war nun auch Isaac, beziehungsweise Zaki Shasho, wie er immer noch hieß, als er anfing, Düngersäcke zu schleppen. Es kam damals in Mode, sich zum Zeichen auch seiner individuellen Wiedergeburt einen neuen hebräischen Namen zuzulegen. So hatte sich auch der Pole David Gruen aus Płońsk in den Anführer David Ben-Gurion verwandelt: „Sohn des Löwenjungen". Es war eine Phase der Selbsterfindung. Warum auch nicht? So glanzvoll war die Vergangenheit schließlich nicht gewesen. Wie schon Charles Dickens wusste, besitzen Namen eine große Macht: „Heimat ist ein Name, ein Wort, und zwar ein sehr starkes; stärker als die Beschwörungen eines Magiers und stärker als alles, womit je ein Geist ihnen geantwortet hat."[62] Ein neuer Name konnte einen verwandeln, eine neue Heimat sein.

Isaac fand ein hebräisches Wort, das ähnlich wie sein bisheriger Nachname klang: *shoshan*. Es bedeutet „Lilie". Auch benutzte er von nun an seinen vollständigen hebräischen Vornamen – allerdings nicht, wie bei den Juden aus Aleppo üblich, französisch ausgesprochen: *Ie-sak* (wovon die Koseform „Zaki" lautet), und auch nicht auf arabische Art: *Is-sak*, sondern mit dem Hebräisch der Pioniere: *Jitz-chak*. Dies war nicht mehr der Name eines Jungen aus einem arabischen Großstadtghetto, sondern der eines hebräischen Kämpfers oder einer Gestalt aus der Bibel. Und zwei Jahre vor dem Unabhängigkeitskrieg war er nun dieser Jizhak, als eines Tages zwei Fremde im Kibbuz auftauchten, die es gerade auf seine frühere Identität abgesehen hatten.

DIE BEIDEN BESUCHER erwarteten die syrischen Jungen in einem schmucklosen Gemeinschaftsraum. Man schickte sie herein und forderte sie auf, sich auf die Bänke zu setzen. Bei der Feldarbeit waren die zuvor schon dunkelhäutigen Jungen noch dunkler geworden. Ihre Haare trugen sie vorne lang, im Stil der Sabras, der autochthonen Juden des Landes Israel. Noch immer hatte ihr Hebräisch einen arabischen Akzent, aber es war schon besser geworden. Sie setzten sich.

Die Besucher sahen älter aus, waren vielleicht um die dreißig. Einer von ihnen war der Ausbilder Sam'an, der andere der schon damals legendäre Benny Marshak, der dem Palmach als eine Art Prophet und Politkommissar diente und ein Springquell begeisternder Erzählungen und Parabeln in der Tradition der großen Rabbiner war (allerdings ohne Gott: die Palmach-Leute waren Atheisten). Eine seiner Geschichten ging so: Nach einer gewagten Nacht-und-Nebel-Aktion in der Wüste musste eine Gruppe von Palmach-Kämpfern fliehen und kam schließlich an den Fuß eines Steilhangs. Irgendwie mussten sie da hinauf, und zwar schnell, aber es gab nichts, woran sie sich hochhangeln konnten, keinen Vorsprung, keine Absätze, nicht einmal ein aus einer Felsspalte hervorsprießendes Grasbüschel. Was also machten sie? Sie *fassten den Gedanken* – und rauf ging's![63] So war die Moral vieler dieser Geschichten.

Die jungen Männer hatten schon Gerüchte gehört, dass der Palmach den größten Teil seiner Männer und Frauen aus der Kibbuz-Bewegung rekrutierte. Wie sie gelernt hatten, verhielt es sich nämlich so: Wenn der Kibbuz die Elite des Zionismus war, dann war der Palmach die Elite des Kibbuz. Fragte man indes genauer nach, hieß es, man solle den Mund halten. Briten und Araber hatten ihre Ohren überall.

Der Palmach war die einzige Vollzeit-Kampftruppe unter den Freiwilligen der paramilitärischen jüdischen Streitkräfte, der

Haganah. Palmach war ein hebräisches Akronym für „Kampftruppen"[64]. Allerdings erforderte diese Bezeichnung einige Fantasie, wie das zionistische Unternehmen jener Zeit insgesamt. Mit etwas, das echte Militärs als „Truppe" erkannt hätten, hatte der Palmach wenig zu tun. Nichtsdestotrotz sahen die Juden in ihm die Avantgarde ihrer Armee. Die junge Generation der Juden in Palästina „war dazu erzogen worden, zu glauben, dass es *nichts* gab, was sie *nicht* konnten", schreibt die Historikerin Anita Shapira. „Ihr Selbstbewusstsein, genährt von einer Mischung aus Unwissen, Arroganz und der Kühnheit einer Jugend, die davon überzeugt ist, für Großes geschaffen zu sein, war letzten Endes die vielleicht stärkste Waffe im Arsenal des Palmach."[65] In der Anfangszeit war dieser Geist auch eine der wenigen Waffen überhaupt.

Heute ist der Palmach ein Mythos, Stoff für Filme, Bücher und Lieder. In Tel Aviv gibt es ein Palmach-Museum. Mit dem Namen verknüpft ist das Bild einer Gruppe junger Männer und Frauen mit Rucksäcken und schlechtsitzenden Khaki-Uniformen, verteilt entlang eines Wadis in der Wüste im blauschwarzen Dämmerlicht, in aufrechten und voranstrebenden Haltungen, nicht mehr vor der Mehrheitsgesellschaft sich duckend wie ihre Vorfahren in der Diaspora. Titos Guerillakämpfer und die Rote Armee waren ihre Vorbilder, sie selbst nannten sich gern Partisanen und sahen sich als Anführer der jüdischen Front innerhalb der internationalen Arbeiterrevolution. Sie glaubten, dass in einer sozialistischen Zukunft auch die Araber im Land Israel von britischem Imperialismus und arabischem Feudalismus befreit würden – was etwas Rührendes hat und natürlich der arabischen Sicht auf die Dinge in keinster Weise entsprach. Sie hatten auch ihren eigenen Stil und ihren eigenen Slang. Es war nicht nur eine Armee, vielmehr eine eigene Welt – eine Welt der Starken unter sich.

Und da stand nun Marshak, der Abgesandte dieser Welt, vor Isaac und den anderen syrischen Jungen und sah ihnen in die Augen.[66] Er sei gekommen, weil das jüdische Volk Freiwillige für spezielle Aufgaben brauchte, sagte er. Der oberste Palmach-Kommandeur, Yitzhak Sadeh, verglich in seinen Ansprachen an die jungen Juden Palästinas manchmal die Gegenwart mit einer großen Waage: Auf der einen Waagschale ihre winzige Nation, auf der anderen die gewaltigen Mächte, die sich gegen sie versammelt hatten. „Werft euch in die Waagschale", pflegte Sadeh seinen Hörern zuzurufen, „und tut es energisch und mutig!"[67] Würde die Gruppe einwilligen, aus ihren Reihen Freiwillige zu stellen, fragte der Palmach-Gesandte Marshak nun die Jungen. „Die Gruppe" galt damals als höchste Instanz. Dass der Einzelne etwas für sich selbst entschied, war undenkbar.

Die Gruppe antwortete mit Nein. Ihrer Meinung nach waren sie untereinander noch nicht genug zusammengeschweißt. Der Kibbuz brauchte ihre Arbeitskraft, und auch wenn manche, wie etwa Isaac, schon ein paar Jahre hier waren, sie waren immer noch dabei, sich erst die Grundbegriffe des Landes Israel anzueignen. Einige konnten noch nicht einmal hebräische Zeitungen lesen. Hinzu kam ein ideologisches Argument, das auf den Stellenwert kommunaler Belange gegenüber den großen nationalen Aufgaben abzielte. War der Militärdienst etwa wichtiger als die gemeinsame Feldarbeit mit den Kameraden? Diesen Einwand hatte Marshak mit seiner Erfahrung aus solchen Treffen natürlich vorhergesehen, und wir können davon ausgehen, dass er die Diskussion auslaufen ließ, bevor er seinen entscheidenden Punkt machte.

Der Leichnam Nazideutschlands war noch nicht kalt, erklärte Marshak den Jungen, und schon drohte der nächste Krieg – dieses Mal ein Überlebenskampf gegen die gesamte arabische Welt.

Die Neuzugänge aus arabischen Ländern waren ein großes Geschenk, ohne sie musste der Palmach scheitern. Jeder einzelne von ihnen wog „ein ganzes Bataillon Infanterie" auf, wie es in Beschreibungen der Arabischen Sektion immer wieder heißt – eine Phrase, die die „Neuzugänge" anscheinend ziemlich oft gehört hatten, vielleicht auch auf sich selbst anwendeten.

So wurde Isaac in sein Undercover-Leben hineingezogen. Ein junger Mann mit einer runden Brille: ein Bataillon Infanterie.

AUF DEM BODEN Gebetsmatten; eine Stimme ruft den Gläubigen zu: „Eilet herbei zum Gebet!"

Das Folgende ist eine Erinnerung aus der Zeit vor dem Unabhängigkeitskrieg.[68] Freitagnachmittag: In der islamischen Welt ist es die Stunde der kollektiven Huldigung.

„Gott ist groß. Es gibt keinen anderen Gott außer Gott." Ein kleines Transistorradio überträgt die arabischen Worte aus der Al-Aqsa-Moschee in Jerusalem.

„Wudu!", sagt der Mann vor dem Zelt. Waschung.

Es gibt kein fließendes Wasser, also benutzen die Huldigenden ihre Fantasie. Sie nehmen einen Schluck imaginäres Wasser in den Mund und spucken es drei Mal aus. Sie ziehen es die Nase hoch und schnäuzen es drei Mal heraus. Einige haben Sorgenperlen dabei. Sie heben ihre Hände auf Schulterhöhe, die Handflächen nach außen zeigend, dann führen sie die rechte Hand im Rhythmus des Vorbeters über die linke hinweg zum Solarplexus. Sie knien nieder auf den Matten, drücken die Stirn zu Boden. Isaac hat sich all das so tief eingeprägt, dass er mir noch siebzig Jahre später in seiner Küche den kompletten Wudu vormachen kann – Hände, Mund, Nasenlöcher, Gesicht –, um dann mit dem Gebet zu beginnen, als ob er sich an diesem Morgen in einer Moschee befände.

Sam'an, der Vorbeter im Zelt, führt sie in den Islam und in arabische Sitten und Gebräuche ein. Ein anderer Palmach-Ausbilder kommt dazu, der Umgang mit Sten und Parabellum[69] demonstriert und ihnen beibringt, wie man die Waffen auseinandernimmt und wieder zusammensetzt, das Ganze stets im Schutz heruntergelassener Zeltlappen, gegen neugierige Augen. Ein dritter hält einen Kurs über Sprengstoffe ab: besondere Eigenschaften von Plastikzündern und solchen des Typs, den man Seife nannte, genaue Angaben der zur Beseitigung eines Elektrizitätsmasts oder einer Brücke benötigten Menge. Nachdem sie ein paar Kugeln aufgetrieben haben, üben sie Zielschießen an einem versteckten Ort außerhalb des Kibbuz-Geländes. Wenn sie nicht beim Waffentraining sind, sitzen sie auf Bänken um einen Tisch im Zelt, den Ausbilder Sam'an umringend wie einst Isaac und die anderen Schulkinder in Aleppo den Rabbi, der sie auf Hebräisch und Arabisch Torah-Verse lehrte.

Die Sektion war eine bunt gemischte Truppe aus Menschen der unteren Gesellschaftsschichten der arabischen Welt. Anders der Ausbilder. Er war in Bagdad in einem von der britischen Kolonialmacht beeinflussten und dementsprechend gebildeten bürgerlichen Milieu aufgewachsen. Hier ein Porträt Sam'ans als junger Mann aus der irakischen Hauptstadt.

Spätere Fotografien[70] aus dem Lande Israel zeigen ihn glattrasiert in Palmach-Uniform – etwa dieses, auf dem er im Mittelpunkt einer Gruppe Auszubildender zu sehen ist.

Seine Lehrlinge beschrieben den Ausbilder als schüchtern. Er soll so außerordentlich höflich gewesen sein, dass er sogar Hemmungen hatte, laut zu lachen; stattdessen lächelte er nur und krümmte sich vor und zurück, während ihm die Tränen in die Augen schossen. Auch Sam'an hatte einen hebräischen Namen, den aber niemand benutzte; der arabische passte besser zu ihm. Die meisten Palmach-Kommandeure waren Anfang 20, und von den Kämpfern waren einige noch im Pennäleralter; der Ausbilder jedoch war zu Beginn des Unabhängigkeitskrieges bereits 32 und wirkte damit alt. „So war Sam'an", erinnerte sich Yakuba, „und wir verehrten ihn mehr als jeden anderen Menschen."[71]

Später wurde Sam'an zu einem der angesehensten Agentenausbilder im israelischen Geheimdienst. Sein berühmtester Schüler war auch der berühmteste Spion Israels, Eli Cohen[72], der aus einer syrischen Familie in Ägypten stammte. Anfang der 1960er Jahre konnte er als Geschäftsmann namens Kamal Amin Thabet bis in die höchste Führungsebene des syrischen Regimes vordringen. Im Frühjahr 1965 wurde Cohen in Damaskus gefasst und erhängt. Wahrscheinlich hatte Sam'an noch weitere Schüler, deren Los aber weniger grausam war und deren Namen wir eben darum nicht kennen. Der Ausbilder war sein Leben lang schweigsam gewesen, und Schriftliches von ihm taucht ausschließlich in internen Dokumenten des Palmach auf. Wie es scheint, hat er selbst nie auch nur ein einziges Wort veröffentlicht.

Traditionell setzte der jüdische Geheimdienst auf Netzwerke von Arabern, die bereit waren, mit den Juden zu kooperieren, entweder des Geldes wegen oder weil sich ihnen so die Möglichkeit bot, ihren politischen Feinden zu schaden. Die Informationen waren kostspielig und oft wenig verlässlich, außerdem widersprach ein solches Vorgehen dem zionistischen Ideal, alles aus eigener Kraft zu leisten, vom Orangenpflücken über das Pflastern der Straßen bis zum bewaffneten Kampf. Die Idee indes, mit sich als Araber ausgebenden Juden effektiv Spionage zu betreiben, stieß in der Anfangszeit der Sektion bei manchem Geheimdienstoffizier auf Skepsis.[73] Die alte Strategie der bezahlten Kollaborateure hatte sich bewährt; was Sam'an da aufbaute, muss zunächst ein bisschen wie Spinnerei ausgesehen haben.

Beim Ausbruch der Feindseligkeiten 1948 jedoch zeigte sich, dass die Sektion eine der wenigen wirklich effektiven geheimdienstlichen Mittel war, über die die Juden verfügten. Die frühen Geheimdienste waren ihrer Aufgabe größtenteils nicht gewachsen, wie die Historiker Benny Morris und Ian Black schreiben; die jüdischen Anführer hatten keine klare Vorstellung davon, wie man auf der arabischen Seite dachte, man traf Entscheidungen auf gut Glück. Die Arabische Sektion war hier die singuläre Ausnahme: eine Truppe, die „wirklich nützliche Informationen über die arabische Kampfmoral und -bereitschaft lieferte".[74] Dieser Meinung war auch Dror, der Verfasser der offiziellen Sektionsgeschichte, als er Jahrzehnte später schrieb, dass „der Ursprung der Art und Weise, wie wir Spionage betreiben, in ‚The Dawn' liegt".[75] Von nun an mussten die Juden für ihre arabischen Agenten nicht mehr bezahlen – sie würden welche *sein*. Und die Sektion entwickelte ihre ureigenen Methoden: „Wir hatten sie von niemandem gelernt, von keinem Lehrer, auf keiner Schule. Wir waren die Schule", erinnert sich einer von ihnen. „Wir improvisierten, schauten, was funktionierte, und wendeten es dann an." Das ganze Lehrgebäude des israelischen Geheimdienstes, so der Agent, „wurde auf unseren Schultern errichtet".[76]

Eine der merkwürdigsten Eigenheiten der Arabischen Sektion war es, dass die Männer sich weigerten, sich selbst als Agenten oder Spione zu bezeichnen. Sie sahen in diesen Begriffen etwas Ehrenrühriges. Stattdessen bevorzugten sie ein spezielles Wort, das es nur im Hebräischen und Arabischen gibt, ohne Entsprechung im Deutschen. Man kann dieses Wort – *mista'arvim* im Hebräischen bzw. *musta'arabin* im Arabischen – in etwa als „welche, die wie Araber werden [geworden sind]" umschreiben. Es war ein altertümlicher Ausdruck, den man zum Beispiel in Isaacs Gemeinde in Aleppo zur Bezeichnung von Juden benutzte, die schon immer in der Stadt gelebt hatten und die nach der Eroberung durch die Araber (637 n. Chr.) deren Kultur übernommen hatten. Die Bezeichnung diente der Abgrenzung vom anderen Teil der Gemeinde, den Sephardim, die erst nach der Vertreibung aus Spanien 1492 dazugekommen waren. Das seltsame Wort *mista'arvim* aber spielt in unserer Geschichte eine so wichtige Rolle, dass ich es gern in seiner Bedeutung erhalten würde. Darum werde ich es, seiner Uneleganz zum Trotz, wörtlich übersetzen: Die Wie-Araber-Werder.

Das heute gebräuchliche hebräische Wort für Juden aus der islamischen Welt lautet *Mizrachim*, was ungefähr dem deutschen „Orientalen" entspricht, während die Juden aus dem okzidentalen Kulturraum unter dem Namen *Aschkenasim* bekannt sind (nach einem alten hebräischen Wort für „Deutschland"). Beide Begriffe sind grob vereinfachend, lassen sich aber manchmal nicht umgehen.

Ausbilder Sam'an war also auf der Suche nach Mizrachim. Der ideale Geheimagent musste „in erster Linie der Sohn einer östlichen jüdischen Gemeinde sein, aus einem der benachbarten arabischen Länder oder aus Nordafrika stammen, Arabisch als Muttersprache sprechen und in seinem Heimatland mit der arabischen Bevölkerung Kontakt gehabt oder in ihrer Nähe gelebt haben", schrieb er einmal. Dementsprechend war der Pool, aus dem er seine Wie-Araber-Werder schöpfen konnte, anfangs recht überschaubar: In den 1940er Jahren hatten neunzig Prozent der Juden in Palästina europäische Wurzeln.[77]

Dass Sam'an noch dazu keinen Lohn anbieten konnte, machte die Sache nicht leichter. Nicht genug, dass der Palmach keine Gehälter zahlen konnte: Die Organisation konnte oft nicht einmal die Kosten für ein Busticket oder einen bescheidenen Teller Hummus zum Mittagessen erstatten, und bei mehr als einer Gelegenheit mussten die Agenten eine Mission abbrechen, weil sie kein Geld für die Übernachtung in einer Pension hatten.[78] Die Kämpfer nannten den Palmach manchmal auch die „Barfuß-Armee". Es war eine Armee, die ausschließlich auf der Basis von Phantasie und Willenskraft funktionierte – eben durch *den Gedanken*. Was die Sektion brauchte, waren Männer, die idealistisch genug waren, um ihr Leben unbezahlt aufs Spiel zu setzen, zugleich aber verschlagen genug, um gute Spione abzugeben. Viele gab es nicht, die einem solchen Anforderungsprofil entsprachen.[79] Die meisten derer, die sich als Bewerber gemeldet hatten, blieben nicht lang.

Sam'ans Interesse galt nicht nur den Höhenflügen der islamischen Theologie (worüber man auch Bücher lesen konnte), sondern auch der volkstümlichen Religiosität der einfachen Leute. Die „Fünf Säulen des Islam" konnte jeder lernen: davon künden, dass Mohamed Gottes Prophet sei; Gebete; Wohltätigkeit; den Ramadan feiern; die Pilgerfahrt (Hadsch) nach Mekka machen. Aber was genau machten die Hände beim Beten? Welche Koranverse durfte man in ein alltägliches Gespräch einstreuen? Wie wurde man ein Araber, der von einem Araber für einen Araber gehalten wurde?

Die Rekruten stammten aus der islamischen Welt, doch über die Bedrohung hinaus, die die Mehrheitsreligion für Leute wie sie darstellte, hatten sie zuhause wenig von dieser mitbekommen. Nun lernten sie Gesetze, Schrift, Aberglaube und Redewendungen. Und da ihre Zeit unter den Aschkenasi-Pionieren Spuren hinterlassen hatte, musste man ihnen auch Manieren beibringen. „Die *Sabras* sind für ihre komplette Missachtung von Stil und Umgangsformen berüchtigt", hält der Nahost-Experte S. D. Goitein in den 1950er Jahren bedauernd fest, indem er auf die kulturelle Kluft zwischen seinen israelischen Zeitgenossen und ihren arabischen Nachbarn anspielt. „Gute Manieren und Höflichkeit sind ihnen suspekt. Umgekehrt ist das komplette öffentliche Leben bei den Arabern von einer penibel einzuhaltenden Etikette bestimmt. Ein Araber wird sein Gegenüber immer mit ausgesuchter Höflichkeit behandeln, selbst wenn er den andern zum Teufel wünscht, während junge israelische Männer oft selbst dann noch ungehobelt auftreten, wenn sie allen Grund hätten, höflich zu sein."[80] Sollten die Rekruten als Araber durchgehen, musste diesem Missstand dringend abgeholfen werden.

Sie lernten den Anfangsvers des Koran auswendig (*Im Namen Allahs, des Gnädigen und Barmherzigen*), dazu einige der kürzeren

Suren. Sie erfuhren alles über die nächtliche Reise des Propheten nach Jerusalem auf dem Rücken eines mystischen Tiers namens al-Buraq und über seine Begegnung mit dem Engel Jibril (arabisch für Gabriel) in einer Höhle in der arabischen Wüste. Ein paar Jahre später, nach der israelischen Staatsgründung, würde all das in Lehrprogrammen kodifiziert und strukturiert werden, an denen professionelle Ausbilder ihren Unterricht orientierten. Sam'an hingegen entwarf sein Lehrprogramm, indem er lehrte. Das Ganze kulminierte in einem neuartigen und hochspeziellen Wissensgebiet, das auf Hebräisch *torat ha-hista'arvut* hieß, was treffend zu übersetzen wäre als „Lehre von der arabischen Tarnung", oder auch „Torah des Wie-Araber-Werdens".

Man zog vom Lager aus, um auf arabischen Märkten, in Barbershops und Restaurants Feldpraxis zu sammeln. Man brach in Bussen Gespräche vom Zaun. Gemischte Städte wie Jerusalem und Haifa waren gute Übungsplätze: Wer hier aufflog, konnte schnell in ein jüdisches Viertel oder auf eine britische Polizeiwache entwischen. Die diversen arabischen Dialekte konnten Sekte, Sozialschicht und Herkunftsregion eines Sprechers verraten und waren damit potentielle Fallstricke. Man mochte vielleicht ein Wie-Araber-Werder sein – aber welche Sorte Araber sollte es werden? Bauer? Arbeiter? Einer aus Galiläa, Nablus, Bethlehem? Es galt zu beachten, dass es statt *ma biddi*, womit man im syrischen Dialekt etwas ablehnte, in Palästina *biddish* hieß. Man musste sich die Namen von Gewürzen, von Werkzeugen, von Fleischstücken in den Metzgereien merken, die alle von Ort zu Ort abweichen konnten.

Viele Juden in Palästina glaubten, sie könnten Arabisch. Aber sie konnten es nicht wirklich. Viele glaubten auch, die arabische Kultur zu kennen. Aber sie kannten sie nicht wirklich. Der ideale Kandidat war, mit Sam'ans Worten, „nicht einfach ein junger Mann mit dunkler Hautfarbe und Schnauzbart, der Arabisch spricht, mal kurz in einer arabischen Gegend aufkreuzt und Kaffee trinkt und dann wieder verschwindet." Um zu bestehen, schrieb Sam'an, musste man vielmehr

> *in wirklich jeder Hinsicht arabisch erscheinen: Aussehen, Redeweise, Benehmen, wo man wohnte und wo man seine Freizeit verbrachte, einschließlich passender Legende, Papiere, Lebensgeschichte und sozialem Background. Man musste über genug Schauspieltalent verfügen, um seine Rolle 24 Stunden am Tag zu spielen, eine Rolle, die eine ständige geistige Anspannung verlangte und die einen an den Rand des Wahnsinns treiben konnte.*[81]

Was sich an jenem Freitagmittag in besagtem Zelt abspielte, war also etwas äußerst Kompliziertes, und was genau es war, ist im Einzelnen immer noch schwer zu sagen. Wer waren diese Männer? Muslime gewiss nicht, darum mussten sie ja „Islamisch lernen". Aber waren es Araber? Sie selber hätten das bestritten, wie auch die Mehrzahl der Araber. Und doch waren sie in der arabischen Welt nicht weniger heimisch als gebürtige Araber. War das Kriterium für die Zugehörigkeit zur arabischen Nation die Sprache (wie arabische Nationalisten behaupteten), dann gehörten auch sie dazu. Waren sie also im Begriff, „wie Araber zu werden" – oder waren sie einfach Araber? Taten sie so, als wären sie Araber – oder gaben sie vor, jemand zu sein, der kein Araber ist, der aber vortäuscht, einer zu sein?

Isaac und die anderen waren ihrem Schicksal in der arabischen Welt entronnen, um sich den Pionieren anzuschließen, die aus Europa gekommen waren, um an einer neuen jüdischen Zukunft zu arbeiten. Und nun saßen sie da mit Sorgenperlen in der Hand und drückten ihre Stirnen auf Gebetsmatten. Sie hatten Zugang zum innersten Heiligtum dieser faszinierenden neuen Gesellschaft bekommen, eine Chance, die sich den meisten ihresgleichen nie im Leben bieten würde. Aber das hatte einen einzigartigen Preis: Sie mussten sich dafür in genau die Leute verwandeln, vor denen sie weggerannt waren.

EINE DARSTELLUNG der Arabischen Sektion in der Phase der Kriegsvorbereitung bliebe unvollständig ohne die Erwähnung der berühmten Freudenfeuer. Havakuk pflegte an diesen Abenden die Flöte zu spielen, ebenso Ezra (der, der an sich selbst die Folter „trainierte" – und der später tatsächlich gefoltert werden würde). Isaac steuerte seinen Gesang bei; seine Brillengläser blitzten im Schein der flackernden Flammen. Manche Lieder begannen in schleppendem Tempo, dann griffen die (aus großen Olivendosen gemachten) Trommeln den Rhythmus auf, und rund um das Feuer formierte sich ein Kreis, wobei jeder einen Arm um die Schultern seines Nebenmanns legte. Eine denkwürdige Schilderung zeigt uns „den bebrillten Isaac Shoshan, wie er mit einem Seil in der Hand Menaskeh Abayov, der in einem Sack mit einem Schwänzchen steckt, einen Affentanz vollführen lässt."[82] Ein zentrales Festritual war der Kaffee: Man hielt den *finjan*, den kleinen langstieligen Zinntopf, über die Flammen, bis die Flüssigkeit aufkochte, ließ das Gebräu dann immer wieder abkühlen und wiederholte das Ganze genau sieben Mal. Erst dann durfte ausgeschenkt werden.

Auf den Festen erschienen die unterschiedlichsten Leute. Die regulären Palmach-Kämpfer, fast alle osteuropäischer Herkunft, hegten für die Araber ihrer Fantasie eine naive Verehrung: edle Nomaden, Söhne der Wüste. Sie würzten ihr Hebräisch mit arabischen Brocken und wickelten sich karierte Kopftücher um den Hals. Sie bewunderten die Wie-Araber-Werder für das Zauberkunststück, in beliebiger Richtung die Grenzen überschreiten zu können, die sonst die Menschen im Land unüberwindlich voneinander trennten. Auch Männer wie Palmach-Kommandeur Yitzhak Sadeh oder auch Yigal Allon, Offizier und späterer General, einer der Gründer der Sektion, wurden von den Freudenfeuern angezogen.

Während die Sektion in der Umgebung des Kibbuz Alonim in einem Lager in Galiläa untergebracht war, konnte man unter den Besuchern auch eine hübsche Kämpferin namens Mira sehen, damals siebzehn Jahre alt. Ein Foto[83] zeigt sie, wildgelockt in Shorts, mit den beiden unabdingbaren Requisiten jeden Palmach-Fotos: Gewehr und zuversichtliches Lächeln.

Mira kam aus dem Kibbuz Alonim, wo sie heute noch lebt. Damals kam sie herübergewandert zu den Lagerfeuern, um zu sehen, was das dort für Männer waren. Sie waren etwas Besonderes, denn sie waren „schwarz", erinnert sie sich. Mira selbst war die Tochter jemenitischer Eltern, sie passte also gut ins Bild. An den Abenden setzte sie sich zu den Männern ans Lagerfeuer und sang mit. Auf Havakuk, den Flötenspieler, hatte sie ein Auge geworfen, wie auch er auf sie, und so kamen sie zusammen.

Viele Lagerfeuerlieder[84] waren arabische Liebeslieder, an die sich die jungen Männer von zuhause erinnerten. Sie handelten von der schönen Nachbarstochter, die „modern" wird, ihr Vaterhaus verlässt und ihre einfache *abaya*[85] gegen ein modisches Kleid eintauscht. Oder vom alten Hadschi Mohamed und seinem Pferd. Ein anderes hieß „Jinantini" („Du hast mich verrückt gemacht"). Die große Popularität der Lagerfeuer beim Palmach, sowie die zentrale Bedeutung des Palmach selbst für die Entstehung Israels, machten die Zusammenkünfte mit der Zeit zu einer Art Portal, durch das Versatzstücke der arabischen Welt in die Kultur des neuen jüdischen Staats Eingang fanden. Eine Anthologie von Palmach-Liedern, zusammengestellt von zwei berühmten Dichtern, die damals ihren Dienst ableisteten, enthält auch eine Liste arabischer Wörter, die über den Slang der Kämpfer ins moderne Hebräisch gelangten, wie *halas, ya'ani, mabsut, mabruk, sahbak* und Dutzende weitere, die heute noch allgemein gebräuchlich sind. Die Anthologie enthält auch die arabischen Lagerfeuerlieder, von den Autoren „Lieder eines Nachbarvolks, eines Brudervolks, in dem wir keinen Feind sehen wollten" genannt. Während meiner eigenen Militärzeit fünfzig Jahre später wurde der Kaffee immer noch sieben Mal aufgekocht.

Das beliebteste Lagerfeuerlied hieß „Von jenseits des Flusses" und wurde Hebräisch auf eine wehmütige Melodie diffus orientalischen Charakters gesungen:

Von jenseits des Flusses kamen wir her,
wandernd durch endlosen Wüstensand.
Mit unsren Zelten und der großen Herde
Mit unsren Zelten und der großen Herde;
In dies Land der furchtbaren Hitze,
wo noch des Nachts die Flammen lodern.

Die Ballade war ein Extrakt des Gedichts *Arabische Nacht* von Saul Tschernikowski[86]. Doch war es ein mitreißendes Lied, besonders wenn es so dargeboten wurde wie in jenen Nächten. Damals hat niemand eine Aufnahme davon gemacht, doch es gibt eine rekonstruierte Version von einer Unterhaltungstruppe aus der Frühzeit der israelischen Armee, die die wesentlichen Züge des Originals erkennen lässt: Zunächst wird von einzelnen Stimmen die Phrase „Vorwärts, immer vorwärts" repetiert, mit der sich der Song auf seinen beschwörenden Rhythmus einschwingt; dann fallen die anderen Stimmen mit der Strophe ein und das Tempo zieht immer mehr an, bis es niemanden mehr auf seinem Sitz hält und alle sich in Ekstase tanzen. Jüdische Jungen aus arabischen Städten, die ein von einem Russen geschriebenes Nomadenlied singen: ein bezeichnendes Bild für die verwirrende Gemengelage jener Zeit.

Jahre später im Staat Israel, als sich im politischen Bewusstsein der Mizrachi-Juden eine kritischere Sicht auf die aschkenasischen Staatsgründer und ihre offiziellen Narrative entwickelte, kamen auch andere Erinnerungen hoch. Yehuda Nini diente in einer aus jemenitischen Jugendlichen bestehenden Haganah-Einheit, die im

Unabhängigkeitskrieg aufgerieben worden war: „Es gibt Truppen, die davon erzählen, wie viel Verluste sie hatten – in dieser konnte man die Überlebenden zählen", schrieb er 1971 in einem bedeutenden Aufsatz. Dessen Thema war aber nicht eigentlich der Krieg. Vielmehr versuchte Nini, auf die allgemeine Diskriminierung der Mizrachi-Juden aufmerksam zu machen, auf die Art und Weise, wie der jüdische Staat sie an den Rand der israelischen Gesellschaft drängte. Er begann mit einem Rückblick auf die Abende, als seine Truppe, genau wie die Arabische Sektion, im Beisein aschkenasischer Zuschauer aus anderen Einheiten ihre Lagerfeuer mit Kaffee und leidenschaftlichen arabischen Liedern veranstaltete. „Wenn solch ein Lagerfeuer in der Morgendämmerung zu Ende ging, empfand ich immer eine Demütigung", schreibt er,

> *und diese Demütigung bestand darin, dass sie immer gerne kamen, um sich von unserer Fröhlichkeit anstecken zu lassen, unseren Liedern zu lauschen, unser Brot zu essen und unseren starken würzigen Kaffee zu trinken, den wir nach alter Tradition zubereiteten – sieben Mal aufkochen, sieben Mal setzen lassen und einmal anstoßen mit dem Teufel, Gott verfluche ihn. Sie nahmen ihre Freundinnen mit, als ob es zu einer Zirkusvorstellung ginge. Ihre Hände waren es nicht, die vom Ruß geschwärzt wurden, ihnen trieb nicht der Rauch die Tränen in die Augen, und wir gaben ihnen und ihren Mädchen auch noch unsere Decken als Sitzkissen. Wenn sie fertig mit Essen waren, verschwanden sie wieder im Dunkeln. The Show was over.*[87]

Dafür, dass jemand aus der Arabischen Sektion ähnlich empfand, konnte ich keinen Beleg finden. Möglich, dass in der Palmach-

Elite eine andere Atmosphäre herrschte als in einer regulären Einheit wie der, von der in dem Aufsatz die Rede ist. Denkbar auch, dass das spätere Leben der Spione in Israel ihnen nicht so viel Grund zu einem „Blick zurück im Zorn" gab. Im Nachhinein verstehen wir, dass unsere Männer es geschafft hatten, in einen der wenigen Bereiche der zionistischen Bewegung vorzudringen, wo sie aufgrund ihrer Identität wertgeschätzt wurden. Einzig in Gamliels mündlichen Erinnerungen klingt ein leichter Sarkasmus an, wenn er die Freudenfeuer als eine Art Show zu Ehren der für die Finanzierung des Palmach zuständigen Kommandeure beschreibt. „Sie kamen, und wir zogen unsere Araber-Gewänder an, um bei den hohen Tieren Eindruck zu schinden, weil wir das Geld brauchten, um unsere Aufträge zu erfüllen", erinnerte er sich. „Manchmal kauften wir ein kleines Schaf, machten ein Lagerfeuer, sangen unsere arabischen und hebräischen Lieder und schlachteten dann das Schaf." Gamliel hasste das Töten, er hatte sogar ein Herz für das Schaf: „Siehst du: Irgendwer ist immer das Opfer, sogar auf einem Freudenfest."[88]

Überwiegend jedoch geraten die Spione im Gedenken an diese Abende geradezu ins Schwärmen. „Manchmal kam es mir in diesen Nächten vor, als würde jeder von uns mehr Funken versprühen als das Lagerfeuer selbst", schrieb einer, „Funken, die aus diesem unermesslichen Speicher von Kraft und Entschlossenheit kamen, in dem wir miteinander lebten."[89]

Aus dieser eigentümlichen kleinen Welt heraus brach Gamliel, der Intellektuelle, im Januar 1948 zu seiner Mission nach Beirut auf, und Isaac, der Hausmeistersohn, den Monat darauf nach Haifa – mit einer Tüte Sonnenblumenkerne und dem Befehl, den als Nimr bekannten Muslim-Prediger zu beschatten, der zum Tod durch die Operation Starling bestimmt war.

Das Bild von Isaac auf jenen Straßen weckt Erinnerungen an eine Figur, die zwei andere jüdische Jungs sich ein paar Jahre zuvor im fernen Cleveland, Ohio, ausgedacht hatten. Wie Clark Kent[90], erregte Isaac bei den Leuten, die an ihm vorbeigingen, keinerlei Aufmerksamkeit. Für sie sah er aus wie einer von tausenden armen Arbeitern. Aber er war nicht, wofür sie ihn hielten. Mit seiner früheren Identität oder der seines Vaters oder Großvaters, die weggeduckt in ihrem Schatten gelebt hatten, hatte er nichts mehr zu tun. Er verfügte über eine geheime Superkraft.

7. Operation Starling

Jeden Morgen, wenn die Zielperson ihr Haus in einer der Straßen des Hafenviertels verließ, saß Isaac/Abdul Karim mit abgewendetem Blick auf dem Bordstein, Nimr aus dem Augenwinkel beobachtend. Er zerbiss seine Kerne zwischen den Zähnen, schmeckte das Salz und spuckte die Schalen zu Boden. Wenn der Geistliche in seinem Talar und dem konischen Hut, sich mit seinen Leibwächtern durch Eselskarren und Strichjungen hindurch drängend, den Hamra Square überquerte, folgten ihm Isaacs Blicke vom anderen Ende des Platzes. Der Prediger war Inhaber einer Buchhandlung für islamische Literatur; Isaac behielt das Schaufenster im Auge, prägte sich Nimrs Hin- und Rückwege ein und richtete sein besonderes Augenmerk auf Kunden, die offensichtlich nicht gekommen waren, um Bücher zu kaufen.[91]

Nach dem ursprünglichen Plan sollten zwei Zweierteams von Killern zu Fuß die innerstädtische Demarkationslinie überschreiten und vor Nimrs Haus auf ihn warten, um ihn auf kurze Distanz zu erschießen und dann in einem von einem anderen Agenten gesteuerten Taxi wieder über die Grenze zu entkommen. Am Einsatztag jedoch fiel eines der Teams krankheitsbedingt aus. Das andere zog trotzdem los, doch nachdem sie der Zielperson eine Dreiviertelstunde aufgelauert hatten, ohne dass diese erschien, schöpften die Nachbarn Verdacht, und sie mussten abbrechen.

Tags darauf unternahmen sie einen zweiten Versuch und starteten 36 Minuten später.

Da es zu riskant war, dreimal hintereinander nach demselben Plan vorzugehen, heckten sie einen neuen aus: Von einem befestigten Posten in einem Haus an der Grenze zum arabischen Sektor sollte ein Scharfschütze Nimr niederstrecken. Doch dann würde die britische Armee als Strafaktion den jüdischen Posten zerstören, sobald sie die Feuerquelle identifiziert hatte. Jetzt, wo das Ende der Besatzung näher rückte, riskierten es die Soldaten der britischen Garnison zwar seltener, ihre Standorte zu verlassen, doch sie schritten immer noch ein, wenn eine der beiden Seiten den Bogen überspannte. Außerdem konnte der befestigte Posten überlebenswichtig sein, wenn es zum Endkampf um Haifa kam; man durfte ihn nicht so leichtfertig aufs Spiel setzen. Der Planungsstab gab die Idee wieder auf.

Die Diskussionen liefen noch, als Isaac feststellte, dass die Zielperson verschwunden war. Ohne zu ahnen, dass er schon zwei Mal am Rand des Todes gestanden hatte und dass die Einzelheiten für das dritte Mal gerade besprochen wurden, war der Priester nach Damaskus abgereist,[92] um mit der syrischen Regierung über Waffenlieferungen zu verhandeln.

Ein jüdischer Spion, der in der Telefonzentrale von Haifa saß, fand das Datum von Nimrs Rückkehr und seine Reiseroute heraus: die Schnellstraße die libanesische Küste hinunter. Planänderung: Zwei Autos würden Nimr nördlich von Haifa an einem Kreisverkehr auflauern, wo sein Fahrer würde abbremsen müssen. Im ersten Auto säße das Exekutionskommando, im zweiten ein Spotter[93] der Arabischen Sektion, um Nimr zu identifizieren. Der Spotter war Isaac. Zwei Menschen, die dieselbe Sprache sprachen und nicht weit voneinander geboren waren – ein islamischer Kleriker und ein Judenjunge aus dem Ghetto – würden auf einer Straße in Palästina aufeinanderprallen, weil die Geschichte ihrer Völker einen konfrontativen Verlauf genommen hatte.

Der Gewaltakt, der sich nun abspielte, ist von den Beteiligten selbst aus unterschiedlicher Perspektive dokumentiert worden, wobei die Abweichungen bemerkenswert geringfügig sind. Am besten überlässt man ihnen selbst das Wort:

> ISAAC: *Früh morgens machten wir uns auf den Weg zum Ort des Attentats. Ich saß im Wagen und sah mir jedes Auto an, das den Kreisverkehr aus nördlicher Richtung ansteuerte. Ich hatte keine Information darüber, welche Marke der Scheich fahren würde ... Es bestand auch die Möglichkeit, dass sich der Scheich verkleidet hatte, um unerkannt zu bleiben. Ich musste aber hundertprozentig sicher sein, dass er es war. Der geringste Irrtum konnte den Tod Unschuldiger bedeuten.*
>
> *Mehrere Stunden hatte ich die in den Kreisverkehr einfahrenden Autos beobachtet; allmählich fing alles an, vor meinen Augen zu verschwimmen. Manchmal glaubte ich den Scheich zu erkennen, war mir aber nicht sicher. Es gab zu viele Leute, die ihm ähnlich sahen. Meine Nerven lagen blank.*[94]
>
> NIMR: *Mit dem Auto kamen wir zügig voran. Wir ließen Akkon*[95] *hinter uns; und siehe: Vor uns lag Haifa. Wie schön du bist, Haifa, Braut des Ostens, Kleinod der ganzen Welt! Dein sind der Berg und das Tal, Ebene und Meer liegen dir zu Füßen, und der Fluss schmiegt sich an deine Seite. Verwoben bist du mit all dem wie die Sterne mit dem Himmel.*[96]
>
> ISAAC: *Gerade als die ersten Zweifel mich beschleichen wollten und ich zu fürchten begann, der Scheich wäre schon*

durchgerutscht, erschien ein Wagen mit fünf Insassen. Ein Blick genügte: Einer von ihnen war der Scheich. Nach all den Stunden, die ich in den letzten Monaten damit zugebracht hatte, ihn zu beschatten, war er mir vertrauter als mir selbst bewusst war. Ich konnte ihn an seinem Gang erkennen, an der Neigung seines Kopfes, an seinem Bart.[97]

PALMACH-BERICHT: *Um 10h fuhr der Wagen vorbei, und der Spotter erkannte darin Nimr. Unsere beiden Fahrzeuge nahmen unverzüglich die Verfolgung auf. Es herrschte dichter Verkehr, und zwei in entgegengesetzte Richtung fahrende britische Militär-Konvois machten es uns schwer, zu Nimr aufzuschließen. Dem Wagen des Spotters gelang es, ihn zu überholen und zum Abbremsen zu zwingen und zugleich dem anderen Wagen ein Zeichen zu geben, dass dies das Ziel war.*[98]

ISAAC: *Ich gab das Signal: Ich ließ ein Taschentuch aus dem Fenster hängen, wie um es im Fahrtwind zu trocknen.*[99]

NIMR: *Während der Wagen voranpreschte, schaute ich auf Haifa: mal hinauf zum Berg, der mir gegenüber lag, dann wieder hinab auf die grünen Ebenen zu meiner Seite … Wahrlich, dies ist das Land der Glückseligkeit, die Gefilde des Basilikums und der trägen Narzisse.*
Und da, gerade wie ich so hellwach tagträumend in diesen Anblick versinke, saust plötzlich blitzschnell ein verräterisches Judenauto an uns vorbei …

ISAAC: *Wir fuhren vorbei, bremsten ab und zwangen damit das Auto des Scheichs, dasselbe zu tun. Im Rückspiegel sahen wir den Wagen des Exekutionskommandos rasch näherkommen und dann auf der linken Spur neben dem Auto des Scheichs herfahren. Wir sahen die Läufe der Tommy-Gewehre aus den Fenstern ragen ...*[100]

NIMR: *... und kurz bevor sie an uns vorbeizogen, feuerten sie aus ihren mitgeführten Schnellfeuerwaffen wohl an die tausend Kugeln auf uns ab. Ein wahrer Bleiregen prasselte auf uns nieder.*

MALINKI, SCHÜTZE IN WAGEN I: *Wir feuerten ein paar Salven auf das Auto ab, trafen es, und es geriet ins Schleudern. Wir rasten davon.*[101]

NIMR: *Grundgütiger Gott! Ich sandte einen sinnlosen Schreckensruf zu – O dem Gütigen, dem Behüter! Und so offenbarte sich der Gütige in seiner Güte, der Behüter in seiner Hut und Gnade.*
Unser Wagen kam zum Stillstand, komplett zerschossen, die Kugeln hatten die Splitter der Scheiben überallhin zerstreut. Ich schaute hinter mich. Aus dem Kopf unseres Kameraden el-Majdoub schoss das Blut in Fontänen, eine Kugel hatte seinen Schädel durchbohrt. Möge Allahs Gnade mit ihm sein. Ich sah zum Fahrer, Muhsen. Das Blut strömte aus seinem Kopf, seinem Gesicht, seiner Brust. Dann betrachtete ich mich selbst und sah, dass ich an der linken Schulter und der rechten Hand blutete ... Meine rechte Hand hatte sich starr zusammengekrampft ...
Ich stieß heftig gegen die Tür, zog meine Pistole aus der Tasche und ließ mich zu Boden gleiten. „Was habt Ihr vor, Herr", schrie der Fahrer.

„Ich will zurückschießen", sagte ich.
„Herr", sagte er, „die haben geschossen und sind weg. Soll ich nicht lieber schnell wegfahren und uns in Sicherheit bringen?"
„Schaffst du das denn?" fragte ich.
„Ich versuch's", sagte er. ...
Der Wagen fuhr wieder an, allerdings sehr langsam. Ich schaute nach vorn und nach hinten, konnte aber keine anderen Fahrzeuge sehen, die Straße war völlig frei. Dabei ist der Verkehr auf dieser Straße sonst nicht eine Minute unterbrochen, nicht einmal eine Sekunde. Ich begriff, dass dieser Anschlag nach einem wohldurchdachten Plan erfolgt war. Der Wagen fuhr weiter, hinter uns in seinem Blut schwimmend der Tote – wie sanft ist seine Seele, heißt es doch. Der Leichnam gab noch ächzende und pfeifende Geräusche von sich.
Wir fuhren, bis wir an eine Kreuzung kamen, an der ein Kreisverkehr drei Straßen miteinander verbindet: die nach Balad el-Sheikh, die von Akkon nach Beirut und die nach Haifa. Ich riskierte einen kurzen Blick nach draußen, und da sah ich diese kriminellen Juden auf dem Posten lauern, auf der anderen Seite des Kreisverkehrs, wo es nach Balad el-Sheikh geht. Einer von ihnen reckte seinen Kopf aus dem Wagenfenster.

ISAAC: Ich wollte mit der Pistole aussteigen um auszuführen, was sie heute „bestätigte Tötung"[102] nennen. Aber die anderen meinten Nein, das reicht.[103]

NIMR: Ich weiß nicht, was sie daran hinderte uns zu töten, jetzt wo auf der Straße niemand mehr zu sehen war, und was sie davon abhielt, zu schießen, als sie nur wenige Meter von uns entfernt waren!

Es war die Wachsamkeit Allahs, der uns nicht eine Sekunde verlassen hatte. Unser Wagen fuhr langsam weiter, der Fahrer sagte: „Ich bin am Ende, ich habe zu viel Blut verloren." Ich sprach ihm Mut zu und sagte: „Da schau, Haifa liegt nur noch wenige Meter vor uns. Wir sind gleich an den Stadttoren." … Und wahrlich, er war tapfer und gab nicht auf, und er war geduldig und furchtlos, verlor nicht die Nerven und blieb bei Sinnen. Ich selber zweifelte nicht daran, dass ich im Sterben lag. Ich sah mein Blut fließen. Ich dachte, die Kugeln wären in meinen Körper eingedrungen und ich hätte nur noch Atem für ein paar Minuten oder Stunden in mir. Wir fuhren weiter, während ich dem Fahrer Mut zusprach, sein Durchhaltevermögen lobte und mein sehnliches Verlangen zum Ausdruck brachte, unser Ziel zu erreichen – bis er fast das Bewusstsein verlor und nicht mehr fahren konnte.

PALMACH-BERICHT: *Der Wagen mit dem Spotter, der zurückgeblieben war, um das Geschehen zu beobachten, schloss zu Wagen I auf, und als sie die Information bekamen, dass Nimrs Wagen weiter Richtung Haifa fuhr, hielten sich die Männer aus Wagen I am Straßenrand bereit, um ihn erneut anzugreifen. Aber sie konnten den Wagen nicht ausmachen. Erst als er vorbeifuhr, erkannten sie ihn und Nimr selbst wieder und nahmen die Verfolgung auf, doch er tauchte in einem belebten arabischen Viertel unter. Unsere Männer kehrten zur Basis zurück, ohne einen zweiten Angriff zu unternehmen.*

NIMR: Wir hatten schon die Nazareth-Straße erreicht, die erste Straße Haifas, wo ich ein Grüppchen Araber sah, denen ich Handzeichen machte. Sie kamen herbeigerannt. Als sie das Auto mit der zersplitterten Windschutzscheibe und all dem zersiebten Blech sahen, begriffen sie, was die kriminellen Juden getan hatten.

Die jungen Männer fingen an herumzuschreien, sie strömten aus allen Richtungen zusammen. Schnell brachten sie mich zu einem anderen Wagen. Ich sagte ihnen, sie sollten sich um den Fahrer und um den Märtyrer kümmern.

Am nächsten Morgen war in der arabischen Tageszeitung *El-Difaa* zu lesen:

SEINE EMINENZ SCHEICH MUHAMMAD NIMR EL-KATHIB BEI HINTERHÄLTIGEM ATTENTAT VERWUNDET
Herr Omar el-Majdoub wurde tödlich verletzt, Herr Muhammad Muhsen Fakhr el-Din leicht verwundet. Der Scheich wurde von drei Kugeln in die Schulter getroffen, befindet sich aber außer Lebensgefahr. Die Verwundeten wurden unverzüglich in die Notaufnahme des El-Amin-Krankenhauses überführt, seine Eminenz Scheich Muhammad Nimr wurde ins Regierungs-Krankenhaus gebracht.[104]

NIMR: Was dann passierte, weiß ich nicht mehr. Ich wachte auf vom Lärmen der Menschenmassen, die gekommen waren um zu erfahren, was an der Nachricht Wahres war. Ich sah nichts als Tränen von Getreuen, fühlte nichts als brüderliche Küsse, aus allen Richtungen erklangen Gebete ...

Einige der ‚Brüder'[105] kamen zu mir, blutbefleckt und bewaffnet. Sie bekannten sich zu ihrem Eid und verlangten unerbittlich nach Rache.

8. Deckname: Zeder

Der verwundete Prediger wurde aus Palästina ins sichere Beirut gebracht. Für ihn war der Krieg vorbei; die Schlacht um Haifa würde ohne ihn entschieden werden. Er kam nie zurück. Ohne es zu ahnen, hielt er sich eine Zeit lang zugleich mit einem anderen Neuankömmling aus Palästina in der libanesischen Hauptstadt auf: Yussef el-Hamed, der ebenfalls vor den Kampfhandlungen geflohen war – angeblich zumindest.

Der andere war ein Mann von 25 Jahren. Er war ohne Familie gekommen, schien aber über genügend Mittel zu verfügen, um neben dem Salwa-Kino ein Geschäft für Damenbekleidung zu eröffnen. Allerdings hätte die Herkunft seines Vermögens einer seriösen Überprüfung kaum standgehalten, falls jemand auf so eine Idee gekommen wäre.

Gamliel/Yussef hatte Anweisung, sich in Beirut niederzulassen und erst einmal abzuwarten. Das war alles. Als er Palästina verließ, überschlugen sich die Ereignisse, sodass niemand Genaueres sagen konnte. Hielten die Juden Stand, würden später vielleicht weitere Agenten nachkommen. Es war die Rede von ein paar Monaten – unsinnigerweise, denn das Tempo der Entwicklungen wurde zu jener Zeit eher in Stunden gemessen als in Monaten. Weder war klar, wer nachkommen würde, falls überhaupt jemand, noch, wann das sein würde, falls überhaupt jemals.

Solange die Männer der Arabischen Sektion innerhalb Palästinas operierten, wussten sie, dass sie jederzeit über die Grenze in ein jüdisches Viertel entkommen oder sich der Gnade der britischen Polizei ausliefern konnten, falls sie einmal in Verdacht gerieten. Dann konnte die jüdische Führung intervenieren oder der Palmach versuchen, sie herauszuholen. Mitten im Libanon würde das nicht funktionieren. Hier konnte niemand Gamliel helfen, und die Angst begleitete ihn ständig auf seinem Nachhauseweg. So etwa, als eines Tages im Bus ein Streit ausbrach und er mit ansehen musste, wie ein anderer Fahrgast von ein paar Männern auf die Straße gezerrt wurde, der, wie es hieß, irgendwie komisch ausgesehen und ein seltsam gefärbtes Arabisch gesprochen hatte. Man argwöhnte, es könne ein jüdischer Spion sein; allerdings stellte sich kurz darauf heraus, dass es sich nur um einen nach Südamerika ausgewanderten Libanesen handelte, der auf Besuch in der Heimat war, und sie ließen ihn laufen. Neben Gamliel/Yussef saß ein redseliger Mann, der sich nun ihm zuwandte. Nachdem er ihm erst eine Banane angeboten und ihn dann über seine Herkunft ausgefragt hatte, ließ er durchblicken, dass er Yussef selbst für einen Zionisten hielt. Anscheinend war etwas an Gamliels Art, sich zu geben, womit er immer wieder die Aufmerksamkeit der Leute weckte, mit denen er es zu tun bekam. Er kam aber nicht dahinter, was es war, folglich wissen auch wir es nicht. Natürlich stritt er den Vorwurf ab. Aber er war verunsichert. Einmal mehr war ihm vor Augen geführt worden, auf welch dünnem Eis er sich bewegte.

In ihren eigenen Schilderungen jener Zeit bauschen die Männer ihre Aktionen nicht zu Heldentaten auf, stellen sie vielmehr als Selbstverständlichkeiten hin. Indes wäre es ein Fehler, ihnen darin zu folgen. Für einen gewöhnlichen Soldaten gibt es die Hierarchie, das Protokoll, die Kameraden als Puffer gegen einzusteckende Schläge. Nun war zwar Gamliel eine Art Soldat, aber er hatte weder mit Vorgesetzten zu tun noch trug er eine Uniform, und seine

Kameraden waren weit weg. Gut, so ist das nun mal bei Spionen. Aber als Agent der CIA hast du immerhin dein Langley[106] und dein Land, die Vereinigten Staaten. Vielleicht kannst du sie von deiner Straßenecke oder deinem Hotelzimmer aus gerade nicht sehen, aber du weißt, dass sie existieren, und ihre Macht hat etwas Beruhigendes. Für unsere Männer gab es nichts Derartiges. Sie waren Spione ohne Land: Israel war zu Beginn des Jahres 1948 noch ein Wunschtraum, keine Realität. Wenn sie verschwanden, bedeutete das für sie das Ende. Niemand würde sie finden, wahrscheinlich würde nicht einmal nach ihnen gesucht werden. Ihre Zukunft hing in der Luft. Und trotzdem waren sie losgezogen in dieser hochbrisanten Zeit – ganz auf sich gestellt.

Weil Gamliel in Libanon war, bekam er den Decknamen Zeder, getreu der damals bei den Juden üblichen Praxis, Codes zu benutzen, die jeder durchschnittlich intelligente Drittklässler knacken konnte. Die für die illegale Einwanderung aus Irak zuständigen Agenten[107] etwa benutzten zur Bezeichnung des Landes Israel den „Codenamen" *artzi* (das Wort bedeutet „mein Land"). Und ein Mitglied des Kommandostabs der Haganah, der Franzose war, lief eine Zeitlang unter dem Decknamen „Franzose".[108] Welchen Decknamen indes Gamliel hatte, war in den ersten Monaten des Jahres 1948 ziemlich egal: Er bekam ohnehin keine Gelegenheit, ihn anzuwenden.

Gamliels Laden befand sich in Ouzai, heute ein Plattenbauslum in der Nähe des internationalen Flughafens von Beirut, damals jedoch ein verträumtes Stadtviertel am Rand eines schönen Strands, abseits vom Rummel des Zentrums. Es stellte sich heraus, dass der Küstenstreifen nachts gut befahrbar war (ein großer Vorteil), und dass der Sand hier weich genug war, um rasch verbuddeln zu können, was immer rasch verbuddelt gehörte. Weniger glücklich war Gamliel bei der Wahl seiner Branche gewesen; Damenbekleidung war hier anscheinend nicht sehr gefragt, jedenfalls nicht die Art, die er anbot. Sein Laden blieb die meiste Zeit leer, was nicht nur deswegen ein Problem war, weil er das Geld brauchte, sondern auch, weil ein geöffnetes Geschäft ohne Kunden die Frage aufwerfen konnte, wovon der Besitzer eigentlich lebte. Er verlegte sich auf Süßigkeiten.

Er hielt die Ohren offen nach ihm nützlich scheinenden Informationen und versuchte sich einen Begriff von Geographie und Demographie der Stadt zu machen. Allerdings verfügte er über kein Mittel, seine Erkenntnisse weiterzuleiten. Seine Erinnerungen an diese Zeit handeln größtenteils vom Sich-Einarbeiten ins Süßigkeiten-Business: Wie viel ein Kilo Zucker im Einkauf kostete, wo er die Ausstattung kaufte; dass einer seiner Geschäftspartner Schiit war, ein anderer hingegen Druse, und so weiter. Es gab ein paar heikle Gespräche, etwa das mit dem Besitzer des kleinen Lebensmittelladens um die Ecke, offenbar ein ganz gewiefter Kerl. Gamliel erinnert sich, wie der Mann eines Tages anfing: Hör mal, du hast bis jetzt noch kein Wort über deine Familie verloren. Nicht *ein* Wort!

Eine ganz unschuldige Frage, und doch war sie wie ein Pistolenlauf an der Schläfe. Ein Gefühl, das Gamliel nun schon kannte.

Mein Herz ist betrübt – was kann ich über sie erzählen, antwortete Gamliel, indem er die übliche Strategie der Arabischen Sektion für den Umgang mit dem Thema Familie befolgte. Alles was ich weiß, ist, dass meine ganze Familie ausgelöscht wurde, keiner hat überlebt, ich selber bin mit knapper Not davongekommen, und jetzt halte ich mich gerade so über Wasser. Mehr kann ich dazu nicht sagen.

Es schien zu funktionieren: der Mann ließ ihn in Ruhe. In Beirut gab es viele Leute mit solchen Geschichten.

Dass der erste Agent, der auf eine Auslandsmission geschickt wurde, Gamliel, der Kundschafter, war, ergab Sinn: Anders als die andern, die eher als Arbeiter auftraten, war er in der Lage, eine Mittelklasse-Legende durchzuhalten, und vor dem Krieg war er anscheinend auch derjenige, den man immer dann einsetzte, wenn ein Auftrag gute Sprachkenntnisse und ein höher entwickeltes politisches Bewusstsein verlangte. Bis dahin hatte Gamliel einige der besten Geheimdienstberichte der Sektion verfasst: den über die Versammlung der Muslimbruderschaft[109], wo er Nimr gesehen hatte; einen über eine eher harmlose Zusammenkunft arabischer Kommunisten[110], deren Leiter gerade von einem Treffen mit Genossen in London zurückgekehrt war; einen über eine Versammlung nationalistischer Schlägertrupps[111], bei der Geld für den Krieg gegen die Juden gesammelt wurde. Doch Gamliels politisches Problembewusstsein bezog sich nicht nur auf die Gegenseite, sondern auch auf die eigene.

Gamliel war mitten im Zweiten Weltkrieg nach Palästina gekommen, nachdem er aus dem Judenviertel von Damaskus geflohen und über die Grenze geschlichen war.[112] Dass er als Jude unter Arabern keine Zukunft hatte, stand für ihn fest; er wollte sich den Zionisten anschließen und Pionier werden. Dort wo er aufgewachsen war, lebte man im Bewusstsein, „eines schönen Tages" nach Eretz Israel zurückzukehren. Die Juden beteten drei Mal täglich „Mögen unsere Augen Deine Rückkehr nach Zion sehen in Erbarmen"[113], und Gamliel weiß noch, wie sich bei den Passah-Sedern seiner Kindheit jeder ein Stück ungesäuertes Brot auf die Schulter legte, als ob er eine schwere Last trüge wie ein Sklave Pharaos. Dann mussten ihn die anderen auf Arabisch fragen: „Woher kommst du?"

„Aus Ägypten."

„Und wohin gehst du?"

„Nach Jerusalem."

Darauf sagten alle, die um den Tisch saßen, „Inshallah" (so Gott will) – denn wenn die Juden von Damaskus arabisch sprachen, benutzten sie wie alle anderen das arabische Wort für Gott. Nun aber, unter den außergewöhnlichen Bedingungen Mitte des 20. Jahrhunderts, wollte Gott es auf einmal tatsächlich, und so fand sich Gamliel 1944 in einem Kibbuz im Lande Israel wieder und tat was er konnte, um einer jener wiedergeborenen Hebräer zu werden, wie sie den Vorstellungen der zionistischen Bewegung entsprachen: ein Bauer und ein Kämpfer, befreit aus der Knechtschaft der Diaspora.

Bald jedoch erkannte Gamliel, dass er anders war als die anderen jungen Leute im Kibbuz Ein Harod: Er sprach wie ein Araber und sah auch so aus; der Sabras-Gedanke war ihm ganz fremd. Er nannte sich nun mit seinem hebräischen Namen *Gamliel*, statt mit dem arabischen *Jamil*, wie er als Kind geheißen hatte, aber damit war das Problem nicht gelöst. Seine Musik war die von Oum Kalthoum, der großen ägyptischen Chanteuse, oder die des Oud[114]-Virtuosen Abd el-Wahab; hier im Kibbuz aber gab es nur Platten mit europäischen Symphonien. Das Essen war fade, es fehlten die heimischen Gewürze. Einmal bat er die Betreiberin der Gemeinschaftsküche um etwas Öl, um für sich und ein paar andere junge Syrer ein orientalisches Gericht zu kochen, aber sie sagte Nein: Sie hätten gefälligst zusammen mit allen anderen im gemeinsamen Speisesaal zu essen. Hielten sie sich etwa für etwas Besonderes?

Manchmal blieben er und die anderen jungen Syrer abends unter sich und sprachen Arabisch miteinander. Aber dafür war er ja nicht ins Land Israel gekommen. Er freundete sich mit Aschkenasim an und saß mit ihnen zusammen, wenn sie über ihre Kinderfreundschaften sprachen oder über die hübschen Mädchen, die sie kannten. Er dagegen konnte über sein früheres Leben in

Damaskus nicht sprechen: Es interessierte sie nicht. „Klar: *ich* war es ja, der zu *ihnen* gehören wollte, nicht umgekehrt", erinnert er sich. „Ich war der ungehobelte Klotz, dessen Kanten geschliffen werden mussten, um passend gemacht zu werden für dieses gnadenlos rotierende Räderwerk." Später konnte er von seinen hier erworbenen Fähigkeiten profitieren. Gamliel stellte fest, dass man als Spion „den Instinkt von jemandem braucht, der sich anpassen kann, der seine Ecken und Kanten zu kaschieren und sich in die Gesellschaft einzufügen versteht".[115] Damals jedoch, als er noch kein Spion war, nur ein stolzer junger Mann, der sensibel genug war, um zu spüren, wenn man ihm mit Herablassung begegnete, empfand er dieses Kantenschleifen als verletzend.

Für die Arabische Sektion wiederum wurde er aufgrund genau des Andersseins ausgewählt, nach dessen Überwindung er strebte. Dem Ruf des Palmach aber, seiner Nation zu dienen, konnte Gamliel sich schlecht verwehren, und so wechselte er vom Kibbuz ins Feldlager der Sektion – um festzustellen, dass das, mit seinen Worten, „ein Zurück zu den alten Verhältnissen war, in die Welt der Araber, der Orientalen": jener Welt, die er eigentlich hatte hinter sich lassen wollen.[116]

Palmach-Trupps waren üblicherweise in Kibbuzim untergebracht, aber bis sich einer bereitfand, speziell diese Einheit aufzunehmen, dauerte es ungewöhnlich lange, sodass die Männer in den Jahren vor dem Krieg ständig von einem Ort zum anderen herumgeschoben wurden. Die übliche Begründung für diesen Mangel an Gastfreundschaft war die Abwesenheit von Frauen in der Sektion: im Vergleich mit den anderen, egalitär zusammengesetzten Palmach-Einheiten ein ungewöhnlicher Umstand. Die meisten jüdischen Eltern aus der arabischen Welt hielten noch an traditionellen Sitten fest; dass eine unverheiratete Tochter sich mit fremden Männern abgab, galt als ehrenrührig. Mangels weiblicher Kämpferinnen jedoch konnte die Sektion im Kibbuz bei den typischerweise von Frauen verrichteten Arbeiten in der Küche oder den Kinderheimen keine Hilfe sein. Die Einheit besaß damit für die Gastgeber, die den Kämpfern Kost und Logis gegen Arbeit boten, einen geringeren Nutzwert.

So jedenfalls lautete die offizielle Begründung, an die Gamliel indes nicht glaubte. „Sie hatten einfach Angst. Es gab allerlei Bedenken, und zwar hauptsächlich deswegen, weil wir aus Gemeinden des Orients kamen", schrieb er später. „Gemeinden des Orients" meinte: Juden aus der islamischen Welt. Er erinnert sich noch an einen Kibbuz, dessen Bewohner, noch während die Männer der Arabischen Sektion mit dem Aufstellen ihrer Zelte beschäftigt waren, per Abstimmung entschieden, dass sie nicht bleiben konnten – eine Demütigung, die er nie vergessen würde. Mancher seiner Kameraden weiß noch, wie die Kibbuznik ihren Töchtern einschärften, sich nur ja von den „Schwarzen" fernzuhalten. Wie es aussieht, waren solche Warnungen nur partiell erfolgreich, aber sie versetzten ihnen doch einen Stich.

Besonders bitter war es für Gamliel, als einmal zwei Gruppen unbegleiteter Flüchtlingskinder in dem Kibbuz ankamen, der die Sektion vorübergehend beherbergte. Die eine Gruppe kam aus Europa, die andere aus Syrien. Als man im Kibbuz eine Versammlung einberief, um die Kinder auf Adoptivfamilien zu verteilen, gingen alle Hände für die Aschkenasi-Kinder hoch, aber nicht eine für die syrischen. Es wurde argumentiert: Vielleicht wissen wir zu wenig über ihre Mentalität; vielleicht haben sie noch gar keinen Begriff von Disziplin und können sich in unsere Familien nicht einfügen. Nachdem Gamliel das alles mit angehört hatte, schrieb er für die Kibbuz-Zeitung einen wütenden Artikel, der die Bewohner mit Nazis verglich. Als er sich weigerte, den Tenor abzumildern, wurde der Artikel nicht abgedruckt. Letzten Endes wurden dann doch alle Kinder aufgenommen, aber Gamliels Verärgerung über die Angelegenheit blieb.

An der Sache selbst hatte er trotz allem nie Zweifel, weder damals noch später. Ihm war klar, dass die Juden einen eigenen Staat brauchten, und was sie noch würden durchstehen müssen, bis sie ihn bekamen, wusste er besser als die Ankömmlinge aus Europa. Sein Enthusiasmus für jenen mitreißenden Sog, der von der Welt der Pioniere ausging, ließ nie nach. Eine der eindrücklichsten Erinnerungen aus jenen Monaten vor seiner Abreise nach Beirut ist die an den kleinen Ausflug, den er während eines Kurzurlaubs von der Truppe unternahm, als er Freunde besuchte, die unter dem weiten Himmel der Wüste Negev einen neuen Kibbuz aufbauten. Sie führten ein karges Leben, sprachen Hebräisch und schufen ein Gemeinwesen aus dem Nichts: ein zionistischer Traum, den auch Gamliel geträumt hatte, als er neu in das Land gekommen war – bis seine Lebensgeschichte einen etwas komplizierteren Verlauf nahm.

Er begleitete sie auf dem Weg von ihren Hütten auf ein nahegelegenes Feld, um zu sehen, wie der Weizen gedieh, den sie dort angepflanzt hatten. Die Saat war aufgegangen! Nichts hätte sie glücklicher machen können. Das war alles, was sie wollten: ein Stück Ödland zum Grünen bringen. Land war Land, Regen war Regen, Weizen war Weizen.

Damals wusste er es noch nicht, aber Gamliel von der Arabischen Sektion – einst der kleine Jamil Cohen aus dem Judenviertel in Damaskus, später der muslimische Ladenbesitzer Yussef el-Hamed in Beirut – standen noch lange Jahre falscher Identität bevor. Die Tarnung, mit der er als israelischer Agent unterwegs war, ging so weit, dass er seine Hochzeit nach jüdischem Ritus an einem geheimen Ort irgendwo in Europa feiern musste. Eine seiner Töchter trug in ihren ersten Lebensjahren einen arabischen Namen, Samira; erst nach dem Ende der Mission war es ihr möglich, wieder auf ihren hebräischen Namen, Mira, zurückzugreifen. All das sprengt den Rahmen dieses Buches. Aber einfacher – so einfach wie Weizen und Regen – wurden die Dinge für Gamliel nie.

Seine engste Freundin aus der Kibbuz-Gruppe, eine junge Frau namens Batsheva, hatte Verständnis für seinen inneren Zwiespalt und schickte ihm zur Aufmunterung ein Buch. Es handelte von Hannah Szenes, einer Dichterin, die aus Ungarn nach Eretz Israel gekommen war, sich dann aber freiwillig meldete, um von der britischen Armee 1944 per Fallschirm über Jugoslawien abgeworfen zu werden, hinter den Frontlinien der Achsenmächte. Sie war 23 Jahre alt, als man sie in Ungarn verhaftete, folterte und erschoss. Batsheva hatte eine Widmung in das Buch geschrieben:

Gamliel –
wenn für uns die Stunde der härtesten Prüfung schlägt, werden wir alle standhalten an dem Platz, den das Schicksal uns bestimmt hat?[117]

Gamliel wollte längst nicht mehr „wie ein Araber sein". Doch als die junge Dichterin hineingesprungen war in den Himmel über dem okkupierten Europa, wusste sie, welchen Platz das Schicksal ihr bestimmt hatte. Und er würde das auch wissen.

NACH GAMLIELS RÜCKKEHR nach Beirut Mitte Februar verschärfte sich der Krieg in Palästina zusehends. Die Briten zählten die Tage bis zum Ende des Mandats und bekamen die kämpfenden Parteien nicht mehr unter Kontrolle. Bald nach ihrem Abzug würden die Armeen der arabischen Staaten einmarschieren. „Es scheint, dass sich die Kräftebalance jetzt sehr zugunsten der Araber verschoben hat"[118], stellte der britische Hochkommissar fest. Konnten kleine jüdische Erfolge wie die Ausschaltung des Predigers schon der Schlacht um Haifa keine entscheidende Wendung geben, wie dann dem Krieg insgesamt. Der Entsatz Jerusalems scheiterte an den Attacken der Kampfeinheiten des Heiligen Djihad unter ihrem gut geschulten Kommandanten Abd el-Qadr el-Husseini. Die Juden in der Stadt waren am Verhungern. Während er sich in Beirut außer Reichweite befand, starb einer von Gamliels Freunden, Poza[119], bei einem Rückzugsgefecht zusammen mit einigen Dutzend weiterer jüdischer Kämpfer, was Gamliel indes erst viel später erfahren sollte.

Unterdessen gab er sein Bestes, die Rolle eines palästinensisch-arabischen Patrioten zu spielen. Im April traf die Nachricht von einem der ersten größeren Rückschläge ein, die die arabische Seite einstecken musste – allerdings nicht auf dem Schlachtfeld, sondern bei einer Personenverwechslung. Sie betraf ebenjenen Kommandanten des Heiligen Djihad, el-Husseini, der mit jüdischen Streitkräften um das Dorf Qastel an der Jerusalemer Straße kämpfte.[120] In der nebligen Morgendämmerung nahm der Kommandant zwei seiner Männer und rückte mit ihnen zur Frontlinie vor, wo sie der jüdische Wachtposten, in der Annahme, es handle sich um Juden, mit „Hallo Jungs" begrüßte. Der Posten hatte auf Arabisch *marhaba ya jama'a* gerufen – nicht etwa, weil er die Gestalten für Araber hielt, sondern weil die jüdischen Kämpfer untereinander gern arabische Wendungen benutzten.

Dem arabischen Kommandanten war offenbar nicht ganz klar, wo er war; seltsamerweise antwortete er nun seinerseits auf Englisch: „Hello boys!", wahrscheinlich im Glauben, die Soldaten gehörten zu den unter seinem Kommando dienenden britischen Deserteuren. Der jüdische Posten erkannte den Irrtum zuerst, eröffnete das Feuer und tötete den Englisch sprechenden Offizier, der sich dann als der arabische Kommandant persönlich entpuppte. Daraufhin töteten el-Husseinis aufgebrachte Kämpfer den Arabisch sprechenden jüdischen Posten und nahmen das Dorf ein, das sie allerdings tags darauf schon wieder verließen, um der Beerdigung ihres Kommandanten beizuwohnen, sodass die Haganah es wieder unter Kontrolle bringen konnte. Später würde das Dorf mit kurdischen Juden wiederbesiedelt werden.

Zunächst aber schien der Tod des großen el-Husseini seinem Landsmann Yussef el-Hamed eine Reaktion abzuverlangen – worauf der Spion ein Poster des Märtyrers ins Schaufenster seines Ladens in Beirut hängte.

Ansonsten war hier vom Krieg eher wenig zu spüren. Gamliel beobachtete und horchte und war auf der Hut. Er „schlüpfte" in sein neues Leben hinein, wie er es gelernt hatte, und siehe da, die Rolle des Arabers fiel ihm mit der Zeit immer leichter. Er merkte, wie er nach und nach die Wesenszüge der Leute um sich herum übernahm und anfing, die Dinge mit ihren Augen zu sehen. Derartige Erfahrungen haben viele gemacht, manche im wirklichen Leben, andere im Roman. In *Der Spion der aus der Kälte kam*, wo er Alec Leamas' doppeltes Spiel in Ostdeutschland beschreibt, erinnert uns John le Carré daran, dass sich Balzac auf dem Sterbebett nach dem Wohlergehen der von ihm erschaffenen Figuren erkundigt haben soll.[121] „Auf ganz ähnliche Weise war Leamas, ohne dass sein Erfindungsreichtum nachließ, eins geworden mit dem, was er erfunden hatte", schreibt le Carré. „Selten nur kam es vor, dass er sich, so wie beim Zubettgehen an diesem Abend, den gefährlichen Luxus leistete, sich einzugestehen, dass sein Leben eine einzige große Lüge war."[122]

9. Der Beobachter (2)[123]

Irgendwo auf den Hängen des Karmel, an einer Stelle mit guter Übersicht über das Gewirr der arabischen Straßen am Hafen von Haifa, wurde ein kleiner Blechzylinder in ein Metallrohr gestopft. Mit einem Knall schoss er wieder heraus und stieg auf in den Himmel, der am östlichen Horizont blassrosa und orange dämmerte. Auf dem Scheitelpunkt der Flugbahn machte die Schwerkraft ihren Einfluss geltend; für einen Moment verharrte der Zylinder über der umkämpften Stadt und der stahlgrauen Oberfläche der Bucht, dann stürzte er hinab in Richtung der Lagerhallen am Hafen, vorbei am ottomanischen Uhrenturm, an den rotgeziegelten Dächern, an Zypressenwipfeln und Kalksteinwänden, und krachte schließlich auf den Asphalt – direkt vor Ibrahim, dem arabischen Hafenarbeiter, dem wir zuletzt begegnet sind, als er das Miliz-Gebäude infiltrierte, und der zusammen mit seinen Kameraden von der Reinigungs-Crew die Ankunft der *Exodus* mitbekommen hatte. Als die Granate einschlug, konnte Ibrahim sehen, wie ein anderer Mann von der Druckwelle in die Luft gehoben und gegen eine Wand geschmettert wurde.

Es war der 22. April 1948, zwei Wochen nach dem Tod el-Husseinis, zwei Monate nach dem Anschlag auf die Autowerkstatt und dem Mordversuch an dem Prediger: Tag der Entscheidung in Haifa und sicher nicht die beste Zeit, um dort zu sein. Der ersten jüdischen Granate folgten weitere; Ibrahim rannte zurück zum El-Nil, der billigen Pension, in der er sich mit anderen Arbeitern ein Zimmer teilte. Über seine Erlebnisse an diesem Tag wissen wir Bescheid, weil er selbst sie kurz danach detailliert aufgeschrieben hat.

Der Granatbeschuss kam für Ibrahim nicht völlig überraschend; der gestrige Tag hatte schon eine Vorwarnung enthalten. Gerade hatte er einen der mit Schlackeblöcken und Fässern befestigten jüdischen Posten passiert, als er das Knattern von Gewehrfeuer hörte und rasch Deckung suchte, und als er seine Mütze abnahm, zeigte sie einen sauberen Durchschuss. Er bewahrte diese Mütze für den Rest seines Lebens auf, sie bezeugte die Macht der göttlichen Vorsehung. Doch diese Macht sollte sich als begrenzt erweisen und der Rest seines Lebens als kurz.

Am Abend, wieder in der Pension, wo er mit den anderen Gästen um ein Radio geschart saß, hörte er auf Arabisch eine Warnmeldung des jüdischen Propagandasenders: Die Araber in Haifa sollten Frauen, Kinder und alte Menschen in Sicherheit bringen. Die Zuhörer lachten über diese leeren Drohungen. Die Araber standen unter Waffen und waren kampfbereit – was glaubten die Juden wohl, was geschehen würde?

Um Mitternacht wachte Ibrahim von dem Granathagel auf, der von den Karmelbergen herab auf die arabischen Viertel der Unterstadt niederprasselte. Er blieb eine Zeitlang wach und sah in den östlichen Randbezirken in der Nähe der Rushmiyeh-Brücke Feuer und aufsteigenden Rauch. Was genau da los war, wusste niemand, aber jetzt lachte auch niemand mehr. Er schaffte es, noch ein paar Stunden zu schlafen und ging dann vor Sonnenaufgang wieder auf die Straße, wo ihn die Granate knapp verfehlte.

Als es langsam hell wurde, liefen mehr Menschen zusammen. Es hieß, die Juden hätten Hamra Square, den großen Platz im Herzen Haifas, eingenommen und rückten immer weiter vor.

Hatten die Gewalthandlungen des Vortags noch wie eine bloße Fortsetzung der üblichen Angriffe und Vergeltungsschläge ausgesehen – das hier war etwas Anderes. Plötzlich und vorzeitig hatten die Briten den größten Teil ihrer Truppen aus Haifa abgezogen; die Soldaten waren es leid, ständig zwischen die Fronten zu geraten. Sie zogen sich in ihr Truppenlager am Hafen zurück und überließen das Schicksal der Stadt den jüdischen und arabischen Milizen. Unmittelbar danach griffen die Araber jüdische Stellungen an und wurden zurückgeschlagen.

Die Kampfeinheiten der Haganah, die jetzt wie eine richtige Armee operierte, stießen aus entgegengesetzten Richtungen in den arabischen Sektor vor, von der Küstenebene herauf und über eine der die Karmelhänge hinab zur Unterstadt führenden Stiegen. Rund um das Najada-Gebäude, wo Ibrahim die uniformierten Milizionäre gesehen hatte, leisteten arabische Kämpfer Widerstand; sie hatten eine jüdische Kampfeinheit im Inneren des Gebäudes festgenagelt, töteten vier Männer, verwundeten zehn weitere und hielten so den jüdischen Vormarsch auf. Der ANC hatte Plakate aufhängen lassen, die die Menschen dazu aufriefen, nicht zu weichen und die Hoffnung nicht aufzugeben:

> *An das kämpferische Volk:*
> *Wichtige Nachricht des Nationalrats von Haifa: Der Plan, Euer Land zu zerteilen und Euch einen Teil Eurer Heimat zu entreißen, ist gescheitert. Der Traum des Feindes, auf Euren Ruinen einen Staat zu errichten, ist geplatzt. ... Es lebe das arabische, unabhängige, freie und vereinigte Palästina!*[124]

Um 10 Uhr jedoch herrschte auf den Straßen der Unterstadt Chaos. „Die vor den vorrückenden Kolonnen fliehenden Menschen liefen in der Altstadt zusammen", beschreibt ein palästinensischer Historiker das Szenario, „Kinder in Schlafanzügen, Männer in Unterwäsche und altmodischen Nachthemden, Frauen, die Säuglinge und Bündel von Haushaltsgegenständen schleppten."[125]

Anstatt sich direkt zurück zur Pension zu begeben, nachdem er in den Granatbeschuss geraten war, stoppte Ibrahim in einem Restaurant, das gedrängt voll mit Männern war, die auf Arabisch wild durcheinanderredeten. Etwas Besseres fiel anscheinend niemandem ein, obwohl alle hören konnten, wie das Gewehrfeuer und die Detonationen näher rückten. Unaufhörlich stürmten neue Leute in das Lokal, die gleich umringt und ausgefragt wurden: Was hatten sie gesehen? Wo waren die Juden?

Da auf einmal platzte ein Mann mit einer aufwühlenden Verkündung herein: „Jubelt, O Araber, die Arabische Legion hat die Juden auf dem Berg umzingelt und reibt sie von oben herab auf!" Die Arabische Legion, das war die von den Briten angeführte und ausgerüstete Armee Transjordaniens – die beste, die es in der arabischen Welt gab. Gute Neuigkeiten also.

Doch falls der Mann mit Jubel gerechnet hatte, wurde er enttäuscht. Niemand glaubte ihm. Kurz darauf stürzte ein anderer durch die Tür und meinte, von der Arabischen Legion sei weit und breit nichts zu sehen.

Der nächste war ein junger Mann, der direkt vom Kampfschauplatz kam. Wie Ibrahim sehen konnte, war er „bewaffnet, völlig erschöpft und unter Schock". Man brachte ihm schnell einen Kaffee und drängte ihn zu reden. „Ich komme gerade aus Halisa", erzählte der Kämpfer, eines der Viertel nennend, wo jüdische Einheiten auf dem Vormarsch waren. „Ich war unter den letzten, die noch herausgekommen sind. Ich war in Stellung mit ein paar anderen Männern; wir verpassten ihnen eine Bleidusche, sie antworteten mit

Mörsern. Das Geschrei der Frauen und Kinder hat uns fast wahnsinnig gemacht, wir mussten sie zum Schweigen bringen. Dann wurde unsere Stellung von einer Granate getroffen und wir wurden zum Rückzug gezwungen. Wir sind bis zu euch hierher gerannt."

Und die Arabische Legion? fragte jemand. Würden die arabischen Streitkräfte Haifa nicht zu Hilfe kommen? Der junge Kämpfer antwortete „mit einigen derben Flüchen" und verschwand. Kurz darauf warf der Lokalbetreiber alle hinaus, verriegelte die Tür und ergriff die Flucht.

Eines der Plakate der arabischen Führung enthielt den dringenden Aufruf:

> *Bleibt in euren Häusern. Verstärkt eure Stellungen. Schlagt die Angriffe des Aggressors zurück!*[126]

Mittlerweile rannte aber die Führung selbst davon, einschließlich des Militärkommandeurs von Haifa persönlich. Ihre Truppen befanden sich in Auflösung, suchten Deckung hinter den über die Straßen verstreuten Leichen. Die Juden hatten Transportfahrzeuge mit Lautsprechern ausgerüstet, die neben der zerlumpten Infanterie herfuhren, ein Ansatz zu psychologischer Kriegsführung, und die Einwohner hörten verzerrte Stimmen, die auf Arabisch den Tag des Gerichts verkündeten. Alle Zugänge zur Stadt waren unter jüdischer Kontrolle, rief es aus den Lautsprechern. Es kam keine Verstärkung mehr. Gebt auf.

Nachdem Ibrahim das Restaurant verlassen hatte, traf er auf einen Freund aus Akkon. Ibrahim war als Hardliner bekannt; dass man den Juden den Sieg schenkte, indem man davonlief, ging ihm gegen den Strich. Sein Freund teilte diese Ansicht. Im Zuge des Blutvergießens der letzten Monate waren schon zu viele aus Haifa weggelaufen – nach den Arbeitsmigranten aus anderen Ländern der arabischen Welt, die einfach nur nach Hause gehen konnten, und den reichen Familien, die es sich leisten konnten, sich zu Verwandten oder in ihre Sommerhäuser zurückzuziehen, nun auch Normalbürger, die das Risiko der alltäglichen Gewalt scheuten. Das war Feigheit gewesen. In der jetzigen eskalierenden Lage jedoch beschlossen die beiden, selbst einen Weg heraus aus Haifa zu finden. Noch hielten die Briten den Hafen, und das per Schiff in einer Stunde erreichbare Akkon war fest in arabischer Hand. Es herrschte die Überzeugung, dass der Einmarsch arabischer Armeen in Kürze erfolgen und die Juden besiegt werden würden. Eine vorübergehende Flucht machte von daher Sinn, wie viele glaubten. Diesen Notfallplan im Kopf, schlugen sich die beiden Männer durch einen Eukalyptushain zum Ufer durch. Den Anblick, der sich Ibrahim dort bot, sollte er [später] als „traurig und furchtbar" bezeichnen: Es war ein Bild, das einmal zum Symbol schlechthin der palästinensischen Tragödie werden würde, nachdem deren ganzes Ausmaß und ihre unabsehbare Dauer offenbar geworden war.

Hunderte Menschen hatten die Docks gestürmt, um auf eines der kleinen von Haifa ablegenden Boote zu gelangen. Diese transportierten die Flüchtenden durch die Bucht nach Akkon; viele aber hofften darauf, noch weiter nach Norden zu gelangen, in den Libanon, in sicherer Entfernung von den Kampfhandlungen hinter arabischen Grenzlinien. Bald erreichte die Zahl der Menschen auf den Quais die Tausend. Nimr, der verwundete Prediger, hielt sich damals im Exil auf, doch die Meldungen aus seiner Heimatstadt erreichten ihn. In seinen Memoiren beschreibt er das Szenario so: „Die Menschen trampelten sich gegenseitig nieder, Mütter ihre eigenen Kinder. In den Booten am Kai häufte sich die lebende Fracht, eine Fracht, wie solche Boote sie nie zuvor geladen hatten."

In der Nähe wurde geschossen, jüdische Kampftruppen trugen ihren Angriff in die Unterstadt vor, einige der britischen Soldaten, die die Tore zum Hafen bewachten, wurden von Kugeln getroffen. Bald darauf meldete der jüdische Nachrichtendienst, dass im arabischen Hauptquartier niemand mehr ans Telefon ging. „Die arabischen Krankenhäuser sind überfüllt mit Toten und Verwundeten", so der Berichterstatter. „Die Straßen sind übersät mit Leichen und Verwundeten, die nicht mehr weggeschafft werden, weil es an Logistik und Verbandsmaterial fehlt; auf den arabischen Straßen herrscht Panik."[127]

Weder Ibrahim noch sonst jemand konnte damals die Bedeutung dessen, was hier zu sehen war, begreifen. Noch stand Palästina unter britischer Herrschaft. Es gab keinen jüdischen Staat. Dass die Invasion der arabischen Armeen in wenigen Wochen bevorstand, galt als ausgemachte Sache, und obschon die Juden gegen die palästinensisch-arabischen Freischärler eine erstaunliche Standhaftigkeit bewiesen hatten, gab es an ihren Chancen gegen die regulären Soldaten erhebliche Zweifel. Ein Massenexodus wie dieser war noch am Morgen unvorstellbar gewesen. Der jüdische Bürgermeister von Haifa war zum Hafen gekommen,[128] um die Menschen zum Bleiben zu bewegen, es würde ihnen nichts geschehen. Die wenigen, die ihm zuhörten, waren unversehrt, aber was konnte man zu dem Zeitpunkt schon wissen. Gerüchte über feindliche Gräueltaten kursierten, von denen einige sogar stimmten, und die Auswirkungen des Granatbeschusses waren spürbar. Die Menschen fürchteten um ihr Leben.

Mit seiner Novelle *Rückkehr nach Haifa* hat der palästinensische Schriftsteller Ghassan Kanafani dem Ereignis ein literarisches Denkmal gesetzt. „Der Himmel loderte; von nah und fern waren Schüsse und Detonationen zu hören", schreibt er. „Es war, als dränge der Kampflärm die Menschen zum Hafen."[129] Inmitten des Ansturms auf das Ufer begegnen sich ein Mann und seine Ehefrau:

> *Die Menschenströme um sie herum warfen sie von einer Seite auf die andere und schoben sie vor sich her zum Wasser. Doch sie waren beide zu keinem Gefühl fähig – erst als die von den Rudern aufgespritzte Gischt sie besprühte und sie auf die Küste blickten, wo Haifa im dunklen Nebel des Abends und der Tränen entschwand ...*[130]

Ibrahim verfolgte die Entwicklung der Ereignisse auf den Docks. Die Geschäfte waren geschlossen, und das einzig Essbare, das er hatte erschnorren können, war eine Obstkonserve, die er nun hastig leerte, während die Menschen auf der Straße an ihm vorbei Richtung Ufer rannten. Er sah einen verwirrten alten Mann, der auf einer Treppe saß und schluchzte. Als Ibrahim ihn fragte, ob er Hilfe brauche, sagte der Mann, seine Frau und seine sechs Kinder seien irgendwo in diesem Wahnsinn verlorengegangen. Der Arbeiter ging zusammen mit dem alten Mann zurück ins El-Nil, wo er feststellen musste, dass der Wirt einschließlich der meisten Gäste geflohen war.

Der alte Mann legte sich auf Ibrahims Pritsche, und nachdem er sich beruhigt hatte, erzählte er, dass sein ältester Sohn bei der Miliz sei und gegen die Juden kämpfe. Die Sorge um den Sohn brachte ihn fast um. Ibrahim versuchte ihn zu beruhigen und meinte, wahrscheinlich habe sich sein Sohn wie die anderen Kämpfer schon zurückgezogen. Da der Mann kein Geld hatte, gab ihm Ibrahim zwei Pfund. Darauf schlief der Alte ein.

Am nächsten Morgen, einem Freitag, waren die arabischen Straßen der Unterstadt verwaist. In den Gesichtern der wenigen Menschen, die noch unterwegs waren, stand nicht nur der Schmerz, sondern auch die Scham. Was geschehen war, schien einfach unfassbar. Als Ibrahim seinen Freund beim Kofferpacken antraf, fühlte der sich zu einer Erklärung genötigt: Guck dir diese ganzen Effendis an und die Reichen, die alle schon abgehauen sind, sagte er. Warum soll ich hierbleiben? Ibrahim gab ihm Recht und begleitete ihn hinunter auf die Straße, wo sie zu guter Letzt doch noch auf den Feind trafen.

Die Juden waren Männer in Khaki-Uniformen, Strickmützen und einer wilden Mischung ziviler Schuhe; sie trugen Waffen, die in illegalen Werkstätten hergestellt worden oder noch vom Weltkrieg übrig waren. Sie hatten gerade an einer Straßenkreuzung Stellung bezogen. Einer der Soldaten nahm den Mann aus Akkon beiseite, ein anderer richtete seine Aufmerksamkeit auf Ibrahim, und wenn der Mann aus Akkon seinerseits aufmerksam gewesen wäre, hätte er Zeuge einer sehr merkwürdigen Interaktion werden können.

Hier lang, Kumpel, sagte der Soldat zu Ibrahim. Es klang eher überrascht als feindselig, und er sagte es auf Hebräisch.

Doch da schien dem Soldaten etwas einzufallen, und plötzlich änderte sich sein Benehmen. *Ta'al hon, irfa idek*, herrschte er Ibrahim auf Arabisch an. Hierher, die Hände nach oben.

Ibrahim gehorchte. Und wenn sein Freund aus Akkon genau hingesehen hätte, wäre ihm nicht entgangen, wie Ibrahim dem ihn zu Boden drückenden jüdischen Kämpfer heimlich etwas zuraunte. Doch wir wissen nicht, was der Mann aus Akkon sah, denn als die Juden die beiden wieder laufenließen, verabschiedete er sich von Ibrahim, und sie sahen sich nie wieder.

Ibrahims Freiheit währte nur kurz, denn wenige Minuten später, auf der Stanton Street, hielt ein weiterer Ruf ihn auf: *Waqef.* Halt. Wieder richtete ein Soldat seine Waffe auf ihn und winkte ihn heran. Er wurde durchsucht und dann einem Häufchen arabischer Gefangener zugeteilt, die etwas abseits, geduckt unter den Gewehren ihrer Bewacher, auf dem Boden kauerten.

Als sich Ibrahim zu den Männern gesellte, erfuhr er von ihnen, dass man auf den Kommandanten warte, der dann entscheiden würde, was mit ihnen geschehen solle. Kurz darauf wurde Ibrahim von der Gruppe wieder getrennt, unter vorgehaltener Waffe weggeführt und dazu aufgefordert, hinten in einen Lastwagen zu steigen.

ZWEITER TEIL:
Beirut

10. Kim

Die Erschaffung eines Agenten, der die anderen davon überzeugen kann, dass er einer von ihnen ist: Das war der anfängliche Grundgedanke. Anfänglich, das hieß für die Arabische Sektion: sieben Jahre vor dem Fall Haifas, im Frühling 1941, der finstersten Phase des Weltkriegs. Das Vorbild war Kim. Kim ist heute nicht mehr so populär wie einst; bei den Sektionsgründern aber war Kiplings Buch um den irischen Waisenjungen, der in den Gassen Lahores aufwächst, dort als Inder durchgeht und schließlich britischer Spion wird, jedem bekannt. Verkleidung, Tarnung, Vortäuschen falscher Identität: Etwas daran schien die Fantasie der Briten auf ganz spezielle Weise anzuregen. Viele echte Spione haben sich von Kim inspirieren lassen, so etwa der Doppelagent Harold „Kim" Philby, der zu genau der Zeit, als die Sektion ins Leben gerufen wurde, sein kompliziertes Maskenspiel als sowjetischer Maulwurf im britischen Geheimdienst begann. Schon Philbys Vater, St. John Philby, hatte seine „Naturalisierung" in Arabien so weit getrieben, dass er zum Islam konvertierte und den Namen Abdullah annahm.

Für die Arabische Sektion war all das Teil ihrer spezifischen DNA, über die wir hier ein paar Worte verlieren wollen, bevor wir unseren Helden in die nächste Phase des Krieges folgen. Dieses Buch handelt vom Krieg zwischen Juden und Arabern. Tatsächlich jedoch war die Arabische Sektion gar nicht für den Kampf gegen die Araber gegründet worden. Ihr ursprünglicher Feind waren die

Deutschen. Auch handelte es sich um kein rein jüdisches Projekt, es war vielmehr das eigentümliche Erzeugnis einer dieser flüchtigen Kohabitationen, die nur in äußerst angespannten oder von Angst und Schrecken beherrschten Zeiten sinnvoll scheinen. Ein Chromosom kam vom Palmach, das andere vom Mittelmeerkontingent der britischen Sondereinsatztruppen (SOE)[131], deren Zusammensetzung, um es mit den Worten des Historikers Antony Beevor zu sagen, „von graecophilen Universitätsprofessoren bis zu gut vernetzten Schlägertypen reichte, mit allen Abstufungen dazwischen, einschließlich einer Handvoll gewöhnlicher Soldaten, Romantiker, Schriftsteller, ‚fahrender Scolasten'[132] und zwielichtiger Abenteurer".[133]

1941: Europa war verloren, noch hielten die Amerikaner sich aus dem Krieg heraus, Rommels Afrikakorps rückte nach Ägypten vor – es war nur eine Frage der Zeit, bis das Dritte Reich sich Palästina und den gesamten Nahen Osten einverleiben würde. Die Lage schien so aussichtslos, dass die Regierenden in Britisch-Palästina Pläne für ein letztes Gefecht in den Karmelbergen ausarbeiteten,[134] ähnlich dem der jüdischen Zeloten in Masala zur Zeit der Römischen Kriege. Die Einsatzkarten existieren noch, samt akkurat eingekreisten Positionen für die letzte Verteidigung. Was das für die Juden der Region bedeutete stand schon fest, als über das Schicksal ihrer europäischen Verwandten noch nichts Genaueres zu ihnen durchgedrungen war.

Inmitten dieser Panik vergaßen die zionistischen Führer ihren Zorn auf die Briten wegen deren Einknicken vor dem arabischen Druck, als sie mit dem berühmten „Weißbuch" von 1939 ihr Versprechen, den Juden eine nationale Heimstätte zu geben, widerrufen, um stattdessen die Flüchtlinge, die nach Palästina strebten, zurückzuweisen im Augenblick ihrer drängendsten Not.

Nun entschlossen sich die Juden zur Kooperation und setzten sich bei den Briten dafür ein, selbst für ihre Sache kämpfen zu können. Die zuständigen Behörden in Palästina hielten die Bewaffnung und Ausbildung der Juden für keine gute Idee; sie hatten Angst, dieselben Leute könnten das von Briten Gelernte, kaum dass der Krieg gegen Deutschland zu Ende wäre, gegen die Briten selber anwenden – womit sie übrigens richtig lagen. Die soeben eingetroffenen Offiziere der SOE, die nicht zu den regulären Streitkräften gehörten, scherte das indes nicht. Ihr einziges Problem war, wie man den Krieg gewinnen konnte; was danach aus der Kolonialverwaltung wurde, war ihnen egal. In der jüdischen Untergrundbewegung sahen sie so eine Art IRA, aber das gefiel ihnen. So etwas konnte man gebrauchen. Und sie begriffen, dass niemand ein größeres Interesse daran haben konnte, gegen die Nazis zu kämpfen, als die Juden, die sie darum „die Freunde" nannten.

Die SOE eröffnete außerhalb von Haifa eine Schule, in der Spione und Saboteure für den Einsatz hinter den feindlichen Linien ausgebildet wurden: Juden, Griechen, Albaner, Jugoslawen und andere Leute aus dem Mittelmeerraum. Einer der Ausbilder war Patrick Leigh Fermor, der begnadete Reiseschriftsteller, der später mit der Entführung eines deutschen Generals auf Kreta zu Ruhm und Ehren kommen sollte.[135] Ein anderer war Nicholas Hammond[136], an den sich die ersten jüdischen Rekruten als ihren loyalsten Verbündeten erinnern. Er war aus seiner Fakultät in Cambridge abberufen worden, weil er Griechisch konnte. Offenbar setzte sich der Stab der unter der Bezeichnung ME 102 bekannten Schule aus lauter Literaten zusammen. Es waren Leute, die, wie der israelische Schriftsteller Yonatan Ben-Nahum in einem Aufsatz über die Entstehungsgeschichte der Arabischen Sektion[137] bemerkt, „aus Kipling zitieren konnten wie aus der Bibel". Mit Kiplings Figur Kim waren auch die jüdischen Rekruten vertraut: „Kim spielen" war in jüdischen Pfadfindergruppen sehr beliebt.

Wie Ben-Nahun richtig gesehen hat, besteht das Problem bei der Erschaffung von Kims darin, dass Kim ein Mythos ist. Er ist nicht realer als Mowgli, und ebenso wie ein Mensch nicht wirklich von Wölfen aufgezogen werden kann, kann er auch nicht wirklich „jemand anderes werden". Personale Identität setzt sich zusammen aus tausend Kleinigkeiten, die Außenstehende niemals komplett erfassen können. Ein Kroate mag sich in Venezuela als Russe ausgeben können, in Russland wird er damit nicht weit kommen. Selbst in ein und demselben Land kann es schwierig werden. So würde wahrscheinlich ein Amerikaner aus Chicago, der im ländlichen Kentucky den Einheimischen geben soll, schnell feststellen, dass er abgesehen von der gemeinsamen Sprache und Staatsangehörigkeit über wenig verfügt, womit er die Leute über einen längeren Zeitraum täuschen kann. Als Leigh Fermor und Hammond vom SOE bei den griechischen Partisanen landeten, um den Widerstand zu organisieren, hatten sie Schnauzbärte, trugen Umhänge aus Schafsfell und sangen griechische Volkslieder. Doch waren sie sich dessen bewusst, dass auf diese Maskerade vielleicht ein deutscher Soldat an einem Kontrollposten hereinfallen würde, aber niemals ein Grieche.

In Palästina jedoch herrschten besondere Bedingungen. Hier gab es einen Fundus von Menschen, die perfekt als Angehörige dutzender Nationen von Bukhara bis Buenos Aires durchgehen konnten. Bei den Juden nämlich ist, wie Ben-Nahum schreibt, „das Spiel mit ethnischen Masken keine militärische Strategie, die von besonders ausgefuchstesten Generälen eingesetzt wird, die um jeden Preis den Krieg gewinnen wollen, sondern Überlebenstaktik verfolgter Nomaden, die zu ihrem eigenen Schutz ihre Herkunft vertuschen müssen".

Um in der Maske eines Deutschen gegen die Deutschen zu kämpfen, hatten die Juden die passenden Leute. 1941, zur Zeit der großen Angst, bildeten SOE und Palmach in einem Waldstück am Rande des Kibbuz Mishmar Ha'emek eine Gruppe Kämpfer aus, deren Aufgabe es sein sollte, eine Okkupation Palästinas durch die Nazis zu verhindern. Einer der Männer erinnert sich: „Jeden Abend saßen wir im Kreis um das Lagerfeuer und sangen deutsche Volkslieder. Unser Lager war ein richtiges deutsches Militärlager. Wir wohnten in einer Höhle, die wir mit deutschen Symbolen und Flaggen geschmückt hatten. Auf unseren Partys haben wir deutsche Theaterstücke aufgeführt."[138] Wenn man sich der Höhle näherte, wurde man von einem Soldaten in Naziuniform angehalten. Alle Soldaten waren deutsche Juden. Das war die „Deutsche Sektion".

Doppelidentitäten gehörten seit jeher zum Leben der Diasporajuden. Sie waren eine Minderheit, die von der Mehrheitsgesellschaft äußerlich oft nicht zu unterscheiden war. Immer galt es da zu bedenken, wann man wie viel zeigen durfte oder verbergen musste, wie „assimilabel" man mit seinen Eigenheiten war oder ob man die eine oder andere nicht besser ganz ablegte. In einigen der ältesten Geschichten, die die Juden über sich selbst erzählen, treten Figuren auf, die in kritischen Situationen ihre Doppelnatur nutzen, um ihrem Volk aus der Bedrängnis durch die mächtigeren Nationen, unter der es lebt, zu helfen. Eine dieser Geschichten handelt von einem Mädchen, das mit hebräischem Namen Hadassah hieß, in Persien aber unter ihrem persischen Namen Esther lebte. Sie gewinnt einen Schönheitswettbewerb und wird gerade noch rechtzeitig Königin, um den Völkermord zu verhindern, den der Wesir des Königs geplant hatte.[139] Esther wurde also – das soll mit der Geschichte gezeigt werden – aufgrund eines für sie selbst undurchschaubaren göttlichen Plans zur richtigen Frau am richtigen Ort. Im Buch Exodus wiederum begegnen wir Moses, der als Sohn eines hebräischen Sklaven als ägyptischer Prinz erzogen wird und so im entscheidenden Moment in den Palast eindringen kann. Und dann ist da noch Joseph, der als junger Mann am Hofe Pharaos heranwächst, dort unter dem Namen Zofnat-Paaneah Beamter wird und im Zuge dessen derart zum Ägypter mutiert, dass er von seinen eigenen Brüdern, als sie vor der Hungersnot in Kanaa fliehen und bei ihm um Nahrungsmittel betteln, nicht wiedererkannt wird. Joseph spielt mit ihnen, beschuldigt sie, ihn betrügen zu wollen und klagt sie schließlich der Spionage an – womit er zugleich einen der verborgenen thematischen Stränge dieser Art Geschichten offenlegt.

In der realen Welt hat diese [jüdische] Eigenart der Idee Vorschub geleistet, Juden würden nach außen hin alle Welt täuschen, während sie insgeheim eine große Verschwörung planten. In gewissem Sinn waren sie alle Spione. Dass Menschen sich vor Menschen, die z. B. aufgrund ihrer Hautfarbe anders aussehen, fürchten oder ihnen misstrauen, kommt häufig vor. Es gibt jedoch noch eine andere Art des Unbehagens, die die Menschen gerade dann befällt, wenn die Anderen *ganz genau so* aussehen wie sie. Denken wir nur an den unglücklichen Alfred Dreyfus, den jüdischen Offizier, der 1894 in Frankreich irrtümlich des Hochverrats beschuldigt wurde. Dreyfus sah sich als Franzose, aber dann stellte sich heraus, dass viele Franzosen der Meinung waren, das sei er ganz und gar nicht, stattdessen vielmehr ein Ausländer, der sich den Schein des Französischen irgendwie erschlichen hatte, und dass diese hinterhältige Bedrohung ihrer Identität mit Stumpf und Stiel ausgerottet gehörte. Über die Jahrhunderte, in denen Juden unter anderen Nationen lebten, waren zu diesem Zweck diverse Methoden entwickelt worden, die effizienteste davon die, der in Europa die Deutschen genau zu dem Zeitpunkt folgten, als sich in Palästina die Arabische Sektion formierte.

Der Fluch, der das Judentum mit seinen multiplen Identitäten und Sprachen immer begleitet hat, führte in der zionistischen Bewegung zu dem Versuch, all das durch eine einzige Sprache, das Hebräische, und jene einheitliche Identität, die man später „israelisch" nennen sollte, zu ersetzen. Die Grundidee war, aus diesem seltsamen Volk ein „ganz normales" zu machen. Für Spione jedoch war diese Anomalie ein Geschenk.

Konfrontiert mit dem Vormarsch der Deutschen 1941, hatten die britischen Sondereinsatzleiter Bedarf nach Agenten, die in Syrien und im Libanon operieren konnten, wo die Kollaborateure des Vichy-Regimes an der Macht waren, sodass man damit rechnen musste, dass diese Länder in Kürze dem Deutschen Reich zufallen würden. Befand sich aber die arabische Welt erst einmal fest in deutscher Hand, würde die Rekrutierung Einheimischer zum Problem. Doch auch hier zeigte sich, dass die jüdischen „Freunde" etwas anzubieten hatten, nämlich Menschen, die in Palästina am Rand der jüdischen Gesellschaft lebten und die zu der Zeit wenig beachtet wurden, weil sie so gar nicht wie Juden aussahen. Sie sahen aus wie Araber.

Der Prototyp der Einheit, die Syrische Sektion, operierte eine Zeit lang unter britischer Leitung. Wenn man nach den wenigen im Palmach-Archiv erhaltenen Fotos geht, erfolgte die Ausbildung anfangs noch ganz im Geiste Lawrence' von Arabien.

In etwas weniger pittoresker Verkleidung wurde eine Handvoll Agenten dann nach Syrien und in den Libanon entsendet, wo sie einige Zeit undercover verbrachten. Doch nachdem man die Nazis bei Al-Alamein zurückgedrängt und damit die Invasionsgefahr

gebannt hatte, wurde die Operation als irrelevant abgebrochen. 1943 gewannen die Alliierten im Krieg die Oberhand; die Panik in Palästina legte sich, und Briten und Juden erinnerten sich wieder daran, warum sie zuvor über Kreuz gewesen waren. Die Syrische Sektion wurde aufgelöst.

Die nun nicht mehr unter britischer Befehlsgewalt, mithin illegal agierenden Palmach-Kommandeure waren klug genug, den Wert der Wie-Araber-Werder zu erkennen. Sie begriffen, dass die Einheit erhalten werden musste, und brachten die Mitglieder (es waren damals wahrscheinlich nicht mehr als 20) in einer Ruine im hintersten Winkel des Karmelgebirges unter. Sam'an, zunächst von den Briten rekrutiert, inzwischen aber als Arabischlehrer tätig, wurde vom Palmach zurückbeordert, um den Posten des Chef-Ausbilders zu bekleiden. Männer, die nicht arabisch genug wirkten (anscheinend gab es davon nicht wenige) musterte er aus und ersetzte sie durch neue Agenten wie Isaac und Gamliel. So erschuf er die Sektion in der Form, wie sie zu Beginn des Unabhängigkeitskriegs und unserer Geschichte bestanden hat.

Und so kam es, dass die Wie-Araber-Werder ihr kompliziertes jüdisches Selbst als Waffe im Kampf um einen Lebensraum einsetzten, in dem dieses Selbst dereinst ein weniger kompliziertes sein würde: ein Land, dessen Kinder nicht mehr „wie" Polen, Russen, Araber oder sonst etwas Anderes sein würden, sondern nur noch wie sie selbst. Und so kam es, dass Anfang Mai 1948 zwei junge Fremde auf einer verwaisten Straße bei den Docks von Haifa landeten, kurz nach dem Fall der Stadt und der Flucht des Großteils ihrer arabischen Bevölkerung, unmittelbar vor der Invasion der fünf arabischen Armeen, die für die Juden eine noch schrecklichere Bedrohung darstellte als die, mit der sie bis dahin konfrontiert gewesen waren.

11. Einmalige Gelegenheit

In den neuerdings freigegebenen Akten des israelischen Militärarchivs findet sich ein Memo, das Anfang Mai 1948 im jüdischen Kommandostab herumging:

> betr.: ‚Morgendämmerung'
> *Ich hatte bis jetzt noch keine Zeit, mit euch über diese Sache zu sprechen.*
> *Wir dürfen die einmalige Gelegenheit, Männer der ‚Morgendämmerung' in den Flüchtlingsstrom einzuschleusen, um sie so dichter an die feindlichen Kräfte, vor allem in den Nachbarländern, heranzubringen, auf keinen Fall verpassen.*
> *Der Rat beantragt dafür ein geringfügiges Budget, ferner Anweisungen bezüglich Ziel, Zweck usw.*
> *Wir müssen unverzüglich handeln ...*
> *Hillel.*[140]

Noch keine zwei Wochen waren seit der Schlacht um Haifa vergangen, schon war der arabische Sektor, mit den Worten eines gewissen Besuchers, „nurmehr das Gerippe einer Stadt".[141] Abgesehen von streunenden Katzen waren die Straßen so gut wie leergefegt.

Ein Grüppchen Frauen, Kinder und ältere Menschen, auf gepackten Bündeln in einer Straße am Hafen hockend, wartete auf den Bus, der sie quer durch die Gefechtslinien zur libanesischen

Grenze und dann nach Beirut bringen würde. Der Bus stand ganz in der Nähe, aber solange nicht weitere Fahrgäste erscheinen oder diese hier bereit wären, einen höheren Preis zu bezahlen, ließ sich der Fahrer nicht blicken; eine derart riskante Fahrt kostete ihren Preis. Da tauchten von irgendwoher diese beiden Fremden auf und setzten sich dazu. Beide waren Anfang Zwanzig, und beide trugen Schnauzbärte. Der mit der runden Brille behauptete, nun käme langsam Bewegung in den Krieg gegen die Juden; er habe vor, sich den Truppen anzuschließen, die sich für die Invasion sammelten. Es war Abdul Karim bzw. Isaac.

Der andere war der Hafenarbeiter mit dem Schussloch in der Mütze, der auch die Ankunft der *Exodus* beobachtet hatte, später von Militärs festgenommen und in einen Lastwagen verbracht worden war. Er nannte sich Ibrahim. Diesen Namen hatte er sich selbst ausgesucht; der, den ihm seine Eltern bei seiner Geburt im Jemen gegeben hatten, lautete Havakuk. Es war der Name des dunkelsten der alttestamentarischen Propheten, von dem auch die folgenden Verse stammen:

Hie stehe ich auf meiner Hut,
und trete auf meine Feste,
und schaue und sehe zu, was mir gesagt werde,
und was Seine Antwort sein solle auf mein Rechten.

Der Herr aber antwortet mir und spricht:
Schreib das Gesicht, und male es auf eine Tafel,
dass es lesen könne wer vorüberläuft;
die Weissagung wird ja noch erfüllet werden zu seiner Zeit,
und wird endlich frei an den Tag kommen, und nicht
ausbleiben.[142]

Der Namensvetter des Propheten in der Arabischen Sektion war ein verlässlicher Gewährsmann, ein Mann mit außergewöhnlich feiner Beobachtungsgabe. Nachdem seine Tarnung beinahe aufgeflogen wäre, als ein Soldat ihn wiedererkannt hatte, war es Havakuk gelungen, zur Sektion zurückzukehren und Bericht zu erstatten, wie er die Eroberung Haifas durch die Juden von arabischer Seite aus erlebt hatte. In seinem Gestus einer lebendigen Schilderung, sachlich und einfühlsam zugleich, ist dieser Bericht eines der mitreißendsten Dokumente des Israelischen Unabhängigkeitskrieges.

Havakuk/Ibrahim hatte im Rahmen zweier ausgedehnter Missionen mehrere Monate in Haifa verbracht. Mehr als einmal wäre er unter der Belastung durch die Einsamkeit und den ständigen Zwang zum Lügen fast zusammengebrochen. Am schlimmsten waren die Freitagnächte, am Vorabend des Sabbats, wenn er allein in seiner Pension saß: „Wenn ich daran dachte, wie all meine Freunde jetzt um ihre Tische saßen, mit freudestrahlenden Gesichtern, singend und ausgelassen feiernd, überkam mich eine düstere Stimmung"[143], erzählte er. Manchmal stahl er sich heimlich davon und suchte nach einem Radio, damit er „Was ihr wollt"[144] hören konnte, eine Wunschkonzert-Sendung auf Hebräisch. Einmal verließ er sogar den arabischen Sektor, stieg die Hänge des Karmelgebirges hinauf und traf sich mit einem Freund aus dem wirklichen Leben, um mit ihm in ein Café zu gehen und Hebräisch zu reden. Das war ein schwerer Regelverstoß, auch wenn es zu dem Zeitpunkt noch gar keine eindeutigen Regeln gab; doch als man im Kommandostab dahinterkam, bekam Havakuk einen Verweis, worauf er das Wagnis kein zweites Mal einging.

Die Männer der Sektion waren es gewohnt, im Rahmen kleinerer Missionen als Saisonarbeiter, Friseure oder Straßenhändler verkleidet in arabischen Vierteln ein und aus zu gehen. Ziel war jedoch, sie dazu zu bringen, viel umfassendere Tarnungen zu entwickeln, mit denen sie sich dauerhaft in der arabischen Gesellschaft etablieren konnten.[145] So kämen sie an Informationen von größerer Relevanz heran, und das gefährliche Hin und Her über die Grenzen bliebe ihnen erspart. Versuchskaninchen wurde der agile Yakuba[146], der zeitweilig als Gastarbeiter aus dem syrischen Houran am Hafen von Haifa eingesetzt worden war, wo er wie die anderen Arbeiter Läuse knackte, die Schikanen der palästinensisch-arabischen Vorarbeiter ertrug, Mandeln und Datteln aus den Säcken stibitzte, die er zu schleppen hatte, um abends auf den versifften Böden der über Nacht abgeschlossenen Fischläden einzuschlafen. Nach ein paar Wochen ging es mit dem Agenten gesundheitlich bergab. Yakuba erinnert sich an „Tage, an denen ich glaubte, das mit dem Palmach und meine Kindheit in Jerusalem wäre ein einziger Traum gewesen. Vielleicht bin ich ja wirklich aus Houran!" Nach drei Monaten brach er zusammen und ersuchte darum, nach Hause gehen zu dürfen. Was Yakuba besonders ärgerte, waren die Vorstellungen der Kommandeure von einer arabischen Legende als etwas Ärmlichem und Dreckigem: „Stroh und Scheiße fressen und schuften wie ein Pferd", um es mit seinen Worten zu sagen. Er empfand das als Karikatur.

Ein anderer Agent, der es in den Chemiewerken am Toten Meer, wo er eingesetzt war, nicht aushielt, musste gleich wieder abgezogen werden. Havakuk in Haifa indes hielt stand bis zum Fall der Stadt, kam zurück und erstattete Bericht. Jetzt wurde er in Begleitung Isaacs noch tiefer hinein ins Feindesland geschickt.[147]

Die beiden sahen abgezehrt aus. Sie waren gerade aus einem Gefängnis entlassen worden, das man behelfsmäßig in einer Höhle außerhalb Haifas eingerichtet hatte; die Haganah hielt darin arabische Verdächtige fest, und zur Bekräftigung ihrer Legende hatte man auch die beiden Spione dorthin verbracht. Einzig der diensthabende Offizier wusste, wer sie waren – nicht die Wärter. Als man sie mit verbundenen Augen hineinführte, wurde Isaac von einem Wärter so brutal ins Kreuz getreten, dass er hinfiel und sich zwingen musste, nicht laut aufzuschreien. Er schwor sich: Sollte sich das wiederholen, würde er sich umdrehen und *yob tvoyu mat*[148] brüllen, den schlimmsten russischen Fluch, den er von den Aschkenasim im Kibbuz gelernt hatte; das würde auf den Wärter bestimmt Eindruck machen. Dass er damit seine Tarnung riskierte, war ihm egal. Aber der Wärter wendete sich ab und ließ ihn liegen.

Zusammengepfercht mit dreißig anderen Männern, mit denen sie sich einen Eimer als Toilette teilten, wohlweislich Rücken an Rücken schlafend für den Fall, dass sie von Mitgefangenen im Dunkeln angesprungen wurden, verbrachten die beiden einige Tage in der Höhle. Sie ließen echte Verhöre über sich ergehen, geführt von zwei Arabisch sprechenden Juden. Als Isaac seine Legende ausbreitete, wandte sich der Fragensteller an seinen Kollegen: „Dieser Hurensohn ist ein Lügner!" Was ja stimmte – und damit die Vermutung nahelegt, die Juden wären damals womöglich im Verhören besser gewesen als bei der Spionage.

Zu guter Letzt verband man ihnen erneut die Augen und brachte sie zu einem bereitstehenden Wagen. Als arabische Gefangene Ibrahim und Abdul Karim rutschten sie auf den Rücksitz, um nach kurzer Fahrt als Havakuk und Isaac von der Arabischen Sektion wieder auszusteigen und sich im *Teltsch House* wiederzufinden: einem ehemaligen Hotel, einst laut Eigenwerbung das „schönste und bestausgestattete"[149] in Haifa, nur sechs Fahrminuten vom Strand entfernt in einem Pinienhain am Westhang des

Karmel gelegen, das mittlerweile jedoch als schnödes militärisches Hauptquartier diente, von dem aus die Gefechte in und um Haifa gelenkt wurden. Hier wartete einer der Sektionskommandeure auf sie.

Es gab keine Abschiedsfeier und keinen Einsatzplan. Im ganzen Land hatte es tausende Tote gegeben, und Tausende mehr würden noch sterben müssen. Die Juden wappneten sich für die Invasion der arabischen Staaten, es regierte die Angst. Einsatzziel der Agenten war nun Beirut, aber sie mussten selbst sehen, wie sie dort hinkamen. Weder verfügten sie über ein Funkgerät noch über sonstige Kommunikationswege. Hielten die Juden stand, würde die Sektion sie schon irgendwie ausfindig machen. Der Offizier drückte ihnen etwas Geld in die Hand und händigte Isaac eine kleine Pistole aus. Viel Glück, hieß es dann – und das war's. Die beiden Spione *fassten den Gedanken*, wie in der alten Palmach-Parabel. Zu Fuß die steilen Straßen zum arabischen Sektor hinabsteigend, nahmen sie wieder ihre arabischen Identitäten an. Es sollte lange dauern, bis sie sich wieder in sie selbst verwandeln konnten.

Als sie die Straßen bei den Docks erreichten, trafen sie dort auf die Flüchtlingsgruppe, die auf die Abfahrt des Busses wartete. Nachdem dieser immer noch keine Anstalten machte, sich in Bewegung zu setzen, ging Isaac den Fahrer suchen. Er fand ihn in Gesellschaft einiger anderer Männer bei einem entspannten Drink um die Ecke.

Warum sitzen diese Leute auf dem Trottoir und können nicht in den Bus? fragte Isaac, auf die Flüchtlinge zeigend. Die Antwort war unbefriedigend. Da nahm er die Hand des Busfahrers und führte sie zum Revers seines Jacketts, dass sie unter dem Stoff das harte L seiner Pistole ertasten konnte.

Ich bin vom Djihad in Jaffa, sagte Isaac/Abdul Karim. Tu mir den Gefallen.

Kurz darauf fuhren sie alle hinaus aus der desolaten Stadt, vorbei an leeren Geschäften und Wohnhäusern, ins galiläische Hinterland. Nicht lange und sie kamen an einen Kontrollposten, besetzt mit Soldaten einer ausländischen Freiwilligentruppe namens Arabische Befreiungsarmee, die bereits in Palästina eingedrungen war, ohne erst den Abzug der Briten abzuwarten. Angeführt wurde diese Armee von Fawzi al-Qawuqji, der angekündigt hatte, die Juden mit einem „totalen Krieg" zu überziehen und „alles zu töten, zu zerstören und niederzuwalzen, was uns in die Quere kommt".[150] Das Symbol der Arabischen Befreiungsarmee war ein von einem Krummdolch durchbohrter Davidstern.

Die Soldaten hielten den Bus an, zwei von ihnen stiegen ein, unterzogen die Insassen einer Gesichtskontrolle und nahmen dann zwei Männer beiseite, die ihnen unter den Fahrgästen aufgefallen waren. Männer im wehrfähigen Alter sollten eigentlich nicht davonlaufen.

Wir haben unsere Häuser, unsere Frauen und Kinder verlassen, um hier mit euch gegen die Juden zu kämpfen, und ihr lasst euer Land im Stich und haut einfach ab? blaffte einer der Soldaten Isaac an.

Der Spion zeigte ihm seine Pistole. Wenn diese Mündung ein Mund wäre, würde der euch schon erzählen, wie viele Juden ich getötet habe, sagte Isaac.

Warum fuhr er dann weg, wollte der Soldat wissen.

Die Juden haben meinen Vater getötet, improvisierte Isaac, und meine Mutter ist mit meinen kleinen Brüdern und Schwestern nach Aleppo. (Isaac pflegte Aleppo in seine Legende einzubauen für den Fall, dass jemand aus seiner Sprache Spuren seines Heimatdialekts heraushörte.)

Ich als Erstgeborener bin für sie verantwortlich, fuhr Isaac fort. Ich muss sicher gehen, dass sie wohlauf sind. Danach komme ich zurück und werde kämpfen!

Die Soldaten winkten sie durch, und der Bus fuhr Richtung libanesische Grenze, zwischen Feldern, die jetzt am Ende der Regenzeit noch immer in sattem Grün standen. Anders als die anderen Fahrgäste aber brachte die Fahrt unsere beiden nicht in Sicherheit – sondern in höchste Gefahr. Weder sie noch die anderen konnten indes wissen, was aus ihnen werden würde und ob sie je wieder zurückkämen.

12. Israels Fall

Als der Bus nordwärts die Grenze von Palästina zum Libanon passierte, wurden die Spione vom alarmierenden Anblick gewaltiger Militärkonvois begrüßt, die in entgegengesetzter Richtung fuhren, um sich für die arabische Offensive zu formieren: Truppentransporter, Artilleriegeschütze und gepanzerte Fahrzeuge.[151] Die einzigen derart hochgerüsteten Truppen, die sie bisher gesehen hatten, waren die der Briten gewesen; die stärksten von ihnen selbst jemals abgefeuerten Waffen waren Gewehre. Gegen das hier nahm sich der Palmach, die beste Streitmacht, die die Juden ins Feld führen konnten, wie ein Witz aus.

Havakuk wird vielleicht an Mira gedacht haben, die Kämpferin, die er hatte zurücklassen müssen. Sie hatte die letzten Monate in einer bewaffneten Eskorte der für Jerusalem bestimmten Versorgungskonvois verbracht, mit ihrer Sten auf Gemüsekisten sitzend, vorbei an den ausgebrannten Fahrzeugen früherer Konvois, die unterwegs in einen Hinterhalt geraten waren. Es war ein gefährlicher Job, und nicht genug damit: Miras Kibbuz in Galiläa, in dem sie wohnte und wo sie und Havakuk sich am Lagerfeuer kennengelernt hatten, war nun auch noch von der Arabischen Befreiungsarmee bedroht. Sobald der Einmarschbefehl kam, würden ihre Truppen sich Richtung Mira bewegen.

Als ich sie traf, war Mira 85 Jahre alt, eine zierliche aber eindrucksvolle Frau mit rauchiger Stimme. Sie lebte immer noch im selben Kibbuz Alonim. Ich fragte sie, ob sie damals im Mai 1948 nicht die Hoffnung aufgegeben habe. Sie sagte Nein. Sie war siebzehn und wusste einfach, dass der Palmach nicht verlieren konnte. „Man konnte gar nicht anders als an diese Leute glauben, die wirklich alles gaben", meinte sie. „Sie hielten zusammen – einer für alle, alle für einen. Sie gingen zusammen los und kamen zusammen wieder zurück."[152] Ihr Freund allerdings war sich da nicht mehr so sicher, als er an der palästinensisch-libanesischen Grenze aus dem Busfenster heraus das arabische Aufmarschgebiet überblickte. Die Palmach-Kämpfer kamen keineswegs immer zusammen zurück – wenn sie überhaupt zurückkamen. Das wusste auch Mira; sie hatte einen Bruder namens Ben-Zion, der im Palmach als MG-Schütze diente und in jenen Wochen in der Schlacht von Nebi Samwil gefallen war.[153] Und auch für sie selbst war der Krieg noch nicht zu Ende.

Der Bus fuhr weiter die Küste hinauf, ließ die Grenze hinter sich, fuhr durch Tyros und Sidon und erreichte schließlich „die unmögliche Stadt" – wie sie die britische Schriftstellerin Jan[154] Morris einmal genannt hatte:

Unmöglich in ihrer zauberhaften Lage im Schoß der zum Mittelmeer sich neigenden libanesischen Berge. Unmöglich in der berauschenden Leichtigkeit ihres Wesens, ihrer sorglosen Fröhlichkeit, ihrer schwülen Nonchalance. Ökonomisch unmöglich, indem sie unter einem System, das ernstzunehmende Theoretiker als durch und durch dysfunktional abtun, unentwegt prosperiert. Wie für die Hummel, die nach aerodynamischen Gesetzen eigentlich nicht fliegen kann, gibt es auch für die Möglichkeit der Existenz der Stadt Beirut weder Regeln noch Beispiele.
Aber da ist sie, wirft das Lockenhaupt in den Nacken und lässt die Rockschöße fliegen, eine Carmen unter den Städten.

...

Hier begegnet man politischen Exilanten im Gespräch über in unvordenklichem Dunkel liegende Verschwörungen, prachtvolle hakennasige Scheichs im vollen Goldglanz ihres arabischen Erbes, wie sie ihre Sorgen-Perlen durch die Finger gleiten lassen und mit Hingabe ihre großspurige Streitsucht zelebrieren. Hier sieht man die libanesischen Ladies in ihren Seidengewändern, schlank und rehäugig, dort die Strandhuren mit lockigem Haar und glutvollen Blicken, semitisch mit einem Hauch Barock.[155]

Morris' Schilderung ist so brillant, dass man nicht umhinkommt, sie zu zitieren, wenn man über das damalige Beirut spricht – obschon wir natürlich wissen, dass unsere Geschichte nicht in der bunten Fantasiewelt einer westlichen Korrespondentin spielt und dass wir hier kaum einem prachtvollen Scheich oder irgendjemand Glutvollem begegnen werden. Beirut war eine über die Jahre von der französischen Kolonialmacht geprägte arabische Metropole, in der eine Atmosphäre des Laissez-faire herrschte. Dem rigiden Moralismus der übrigen Region begegnete man in dieser kleinen Küsten-Enklave selten; der Wind, der hier wehte, war eher mediterran als arabisch.[156]

Die beiden Spione wurden zunächst zusammen mit den anderen Flüchtlingen in einer Schule untergebracht, die sie aber bald wieder verließen, um unangenehmen Fragen über Herkunft und Angehörige aus dem Weg zu gehen. Sie mieteten sich in einem billigen Hotel ein. Man hatte ihnen nur eine einzige Anweisung mitgegeben: nachmittags ein paar Stunden auf der Place des Martyrs im Stadtzentrum herumzuflanieren und dort nach einem bekannten Gesicht Ausschau zu halten: dem Gamliels, ihres intellektuellen Kameraden, der offenbar dieselbe Anweisung erhalten hatte, kurz bevor der Kontakt mit ihm Anfang des Jahres abgebrochen war.

Als sie sich aus dem Hotel heraus und ins Stadtzentrum wagten, stellten sie fest, dass die Straßen der Metropole von Menschen wimmelten, die ebenso orientierungslos und aus ihrer gewohnten Umgebung herausgerissen wirkten wie sie. An der Place des Martyrs ankommend, stießen sie auf ein chaotisches Orthogon, vollgestopft mit Autos und Pferdekarren, herumkurvend um Leute, die gerade von der Arbeit oder von den überfüllten, im Hinterland des Platzes versteckten Marktplätzen kamen: jenen orientalischen Relikten, die die von französischen Architekten vorangetriebene Stadtmodernisierung irgendwie überlebt hatten. Neben gut situierten Bürgern, unterwegs zu ihren Terminen in den Regierungsbüros im Petit Serail auf der Nordseite des Platzes, traf man hier auf die übliche großstädtische Mischung aus Bettlern und Schwarzhändlern. Die Geheimdienstakten des israelischen Militärarchivs bewahren eine Straßenkarte auf, betitelt „Beyrouth Ville", die damals offenbar von den Agenten oder auch im Hauptquartier benutzt wurde. Der folgende Ausschnitt zeigt die Place des Martyrs und Umgebung.

Wenn man sich am Ende eines Arbeitstags auf dem Platz aufhielt, konnte man die Veränderung der Atmosphäre verfolgen: wie die Büros schlossen und die Cafés sich mit Leben füllten, wie die Armen sich in ihre Straßen am Stadtrand verzogen, während Reiche und Besucher in die Cabarets stürmten, etwa das Black Elephant oder den Kit-Kat Club, die, wie man in Samir Kassirs Stadtgeschichte nachlesen kann, „die Festlichkeit der Pariser Nächte nachzuschaffen versuchten, angereichert mit einem Schuss orientalischer Sinnlichkeit".[157] In der über die Ostseite des Platzes

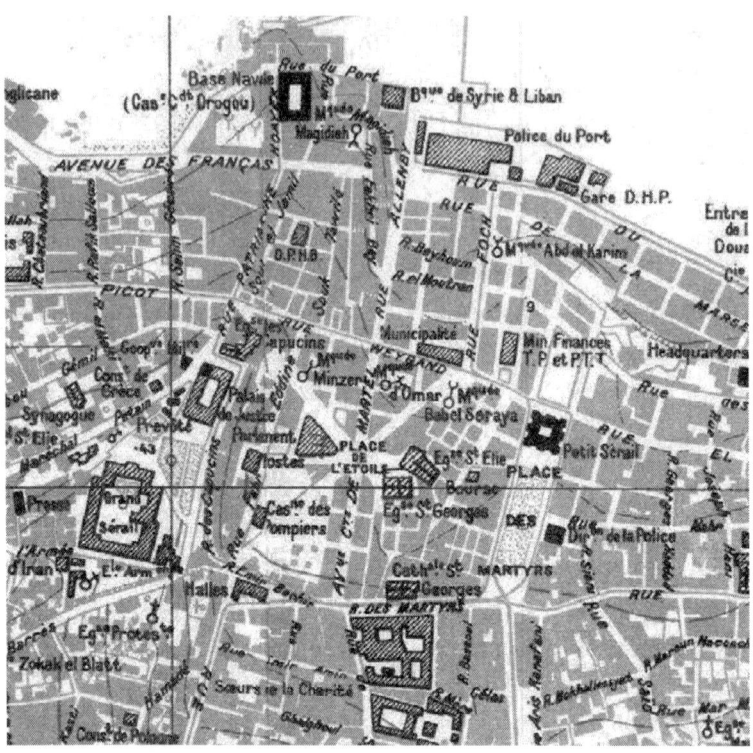

erreichbaren Straße, die nach dem großen arabischen Dichter el-Mutanabbi benannt war, erwachte um die Zeit erst so richtig das Leben. Dort begann der Rotlichtbezirk, der so renommierte Etablissements wie das der griechischen Madame Marika Spiridon barg, deren Salon Lokalpolitiker und Stadthonoratioren zu seinen Stammgästen zählte. Der Bordellbetrieb war legal, und die Sittenpolizei führte wöchentliche Gesundheitsprüfungen durch.

Inmitten des Gewühls auf dem Platz war von dem bekannten Gesicht, nach dem sie suchten, nichts zu sehen. Eine andere Möglichkeit, an Gamliel oder sonst jemand heranzukommen, hatten sie nicht. Zudem hatte der Zustrom von Fremden ganz Beirut in eine

Art Spionagewahn versetzt, der mittlerweile solche Ausmaße angenommen hatte, dass das arabische Wort für Spion, wie Isaac sich erinnert, als Dauergeflüster überall durch die Luft sirrte: *jawasis, jawasis*. Es gab Berichte über einen alten Bettler, der sich als jüdischer Agent entpuppt hatte, und Gerüchte gingen um, denen zufolge man einen Spion an einem Zeichen auf dem Rücken oder im Mund erkennen konnte, etwa einem Davidstern oder einem Weisheitszahn.[158] In Syrien hatten sie solche Leute schon überführt, hieß es. Jeder Fremde war ein Verdächtiger, und es gab jetzt viele Fremde hier.

Als die Beiruter Polizei damit anfing, ein Hotel nach dem anderen nach Spionen zu durchsuchen, hielten Isaac und Havakuk es für klüger, sich Privatzimmer zu besorgen. In einem Immobilienbüro fragten sie nach einem möblierten Zimmer bei einer Familie, worauf sie der Makler erst einmal nach ihrer Konfession fragte. Er machte das diskret, auf die libanesische Art, im Bewusstsein, dass Glaube und ethnische Zugehörigkeit brisante Themen waren, Kräfte, die den Libanon später tatsächlich zutiefst spalten sollten. *Al-hamdulillah muslimin*, antwortete Isaac: Muslimisch, Allah sei Dank!

Der Makler machte sie darauf aufmerksam, dass muslimische Familien selten männliche Logiergäste aufnahmen. Für ein Haus, in dem auch Frauen lebten, wäre das unschicklich. Christen hingegen machten so etwas, meinte der Mann – was dazu führte, dass sie einige Tage bei einer christlichen Frau wohnten, die ihnen ein Loch in den Bauch fragte. Der nächste Umzug führte sie in ein Zimmer, das rückseitig auf einen Hinterhof mit Gemeinschaftstoilette ging – genau die ärmliche Wohnsituation, in der Isaac in Aleppo aufgewachsen war. Das Mietverhältnis endete, nachdem eine Frau, die kurz nach Isaac auf die Toilette gegangen war, dort eine verdächtige Entdeckung gemacht hatte: Dieser Abdul Karim, angeblich palästinensischer Muslim aus der Arbeiterklasse, benutzte Toilettenpapier – eine typisch westliche bzw. Mittelklassen-Sitte! Die Einheimischen benutzten Wasser, so wie Isaac früher auch, bevor er in Eretz Israel ein neues Leben angefangen hatte.

Die Wichtigtuerin ging zu Havakuk/Ibrahim, der bis offenbar dahin kein solch verdächtiges Verhalten an den Tag gelegt hatte, und fragte: Wer ist dein Freund?

Wieso? fragte Havakuk.

Irgendwas stimmt nicht mit dem, sagte die Frau und erwähnte das Toilettenpapier. Vielleicht war er ein jüdischer Spion, meinte sie.

Havakuk beruhigte sie. Er kenne Abdul Karim seit Jahren; sein Freund leide an einem gewissen Gebrechen, das nach ärztlicher Anweisung den Gebrauch von Toilettenpapier nötig machte. Die Frau gab klein bei. Die beiden Spione aber waren so verunsichert, dass sie erneut umzogen.

Mehr als einmal war es schon eng geworden für Isaac; ein Vorkommnis jedoch kam ihn besonders hart an und geht ihm bis heute nach, wenn man danach urteilen kann, wie ausführlich er diese Geschichte erzählte. Detailfreudig berichtete er darüber an unserem üblichen Platz in seiner Küche, mit seiner jegliche Dramatik stets herunterspielenden neunzigjährigen Stimme, und fragte mich auch bei den folgenden Treffen wiederholt, ob er mir diese Story schon erzählt hätte. Schließlich gab er mir sogar eine schriftliche Version davon, die er vor ein paar Jahren von seiner Tochter hatte abtippen lassen.

Der Vorfall ereignete sich kurz vor dem Unabhängigkeitskrieg in einem Beduinenlager am Rand einer abgelegenen Straße, die durch das Hochland westlich des See Genezareth führte.[159] Isaac kam eines Nachmittags mit dem Bus dort an. In der Hand eine arabische Zeitung, im Kopf seine vorbereitete Geschichte, dass er auf der Suche nach Vieh für den Fleischerladen seines Vaters in

Jaffa sei, ging er auf das Lager zu. Nachdem man ihn mit der gebotenen Gastfreundschaft begrüßt, ihm im Hauptzelt Kaffee serviert und mit ihm ein bisschen über Vieh geplaudert hatte, baten ihn die Clanleute (alles Analphabeten), ihnen einen Artikel aus der Zeitung vorzulesen, was er auch tat. Es war ein Artikel über die fortschrittliche Entwicklung der arabischen Frauen, die mittlerweile, wie der Text ausführte, in Politik und Bildungswesen gut vorankamen. Meiner Meinung nach, so der Brille tragende Gast, sich langsam in seine Rolle findend, hat unser Volk mit solchen Frauen eine echte Zukunft!

Seine Gastgeber schienen sich über den gebildeten Besucher zu freuen. Die Qualität des Fleischs, das sie ihm vorsetzten, war allerdings dürftig, es war blass und zäh und wurde zum Aufweichen in Wasser getunkt, bevor man es aß. Aber das focht Isaac nicht an: speisen in dieser Preisklasse war er von früher gewohnt. Kurz vorher hatte er ein paar Tage auf einem Viehmarkt in der Gegend zugebracht, um sich den Jargon und die passenden Fragen zu Kühen und Ziegen anzueignen: Kalbt sie noch? Gibt sie Milch? Wie sind die Zähne?

Nach dem Essen betrat ein Mann mit einem langen weißen Bart das Zelt, dem alle sofort Platz machten. Es war der Clanchef. Er durchschaute Isaac auf einen Blick.

Woher kommst du? fragte der Chef. Jaffa? Wo ist das Geschäft deines Vaters?

Gegenüber der Moschee, sagte Isaac / Abdul Karim. Er nannte auch die Namen von zwei anderen Läden in Jaffa, die er kannte, und meinte, der seines Vaters läge genau dazwischen. Was konnte so ein Beduine vom Land schon über die große Stadt wissen?

Der Scheich stutzte. Ich kenne diesen Teil von Jaffa wie meine Westentasche, sagte er. Da wo du sagst gibt es keinen solchen Laden.

Draußen war es dunkel geworden. Die Clanmitglieder rückten im Kreis um die beiden zusammen; ihr Interesse für Isaac war plötzlich ganz anderer Art. Sich in einer Großstadt unter die arabischen Massen zu mischen war eine Sache – das hier war etwas Anderes. Für ein paar Sekunden erstarrte Isaac zu Eis.

Seht mal, sagte er, indem er versuchte ganz ruhig zu bleiben, wenn ich jetzt sage, dass es diesen Laden gibt, klingt das, als wollte ich behaupten, der alte Mann da, der mein Großvater sein könnte, sei ein Lügner. Da will lieber ich der Lügner sein und er soll Recht haben.

Das war eine gute Antwort, aber der alte Mann redete weiter.

Sohn, sagte er, du stehst hier unter unserem Schutz. Ob du nun vor der Polizei, aus dem Gefängnis, vor deiner Familie oder sonst einem Problem davongelaufen bist, hier bist du in Sicherheit. Wenn du willst, dass wir dich nach Syrien, Libanon, Jordanien schmuggeln, sag es nur – wir haben Pferde. Zwei unserer Leute geben dir Geleitschutz, wo du auch hinwillst. Nur verschone uns um Allahs willen mit dieser Vieh-Story.

Der Mann wusste, dass Isaac log, und Isaac wusste, dass er es wusste. Rückte er aber von seiner Geschichte ab, war er verloren. Kurz darauf brachten ihn einige der Männer in ein anderes Zelt am Rand des Lagers und ließen ihn dort allein. Auf den nahe gelegenen Bergen sah er Lichter blinken – jüdische Dörfer. Er dachte an Flucht, fürchtete aber, die Beduinen könnten ihn mit Absicht in dem Zelt alleingelassen haben, um zu sehen, ob er es versuchen würde, und sich auf ihn stürzen, sobald er den kleinsten Schritt machte. Er tat als schliefe er, aber er lag nur da und fragte sich, was nun geschehen würde. Ein paar Stunden später rüttelte jemand an ihm und verlangte nach seinem Ausweis. Isaac übergab ihm den Wisch, der seine Identität als Abdul Karim Muhammad Sidki bestätigte.

Am Morgen kamen ein paar Clanleute und gaben ihm den Ausweis zurück. Er war frei. Was das Vieh betraf: Sie hatten nichts zu verkaufen. Vielleicht hatten sie ihm zu guter Letzt doch geglaubt. Oder aber (was wahrscheinlicher war), sie wollten ihn einfach nicht gefangen halten oder töten, weil der Stamm dadurch mehr Probleme bekommen hätte, als Isaac wert war. Stattdessen schenkten sie ihm die Freiheit, damit er sich noch einmal die Risiken des Spiels vergegenwärtigen konnte, auf das er sich eingelassen hatte, einschließlich der Tatsache, dass er nicht gut genug darin war.

KEINE ZWEI WOCHEN nach der Ankunft der Spione in Beirut, am 14. Mai, erschien der letzte britische Hochkommissar für Palästina am Hafen von Haifa, schiffte sich auf der HMS *Euryalus* ein und verließ das Land für immer. Nach drei Jahrzehnten britischer Mandatsherrschaft wurde der Union Jack eingeholt, die arabische Invasion begann, und der Krieg ging in seine zweite Phase. Jetzt kämpften die Juden nicht mehr gegen örtliche Guerillatruppen, sondern mit dem Rücken zum Meer gegen ganze Armeen, die aus allen Richtungen anrückten.

Isaac und Havakuk hatten keine Mittel um herauszufinden, was vor sich ging. Ihre einzige Nachrichtenquelle waren die triumphalen Schlagzeilen der arabischen Blätter an den Beiruter Kiosken:

ARABISCHE LEGION EROBERT JERUSALEM,
RÜCKT AUF DAS ZENTRUM VOR UND RÄUCHERT
DIE LETZTEN JÜDISCHEN WIDERSTANDSNESTER AUS

ERSTE RADIOÜBERTRAGUNG DES MILITÄRBERICHTS
IM LIBANON:
EINSATZZIELE DER LIBANESISCHEN ARMEE
ERREICHT[160]

Daneben kursierten noch andere Berichte und Gerüchte: Die Arabische Befreiungsarmee stand vor den Toren Haifas und schickte sich an, die Stadt den Juden wieder zu entreißen. Die Ägypter kamen von der Wüste herauf und machten sich bereit für den letzten Schlag gegen Tel Aviv. *Beirut al-Masaa* servierte ihren Lesern eine Karikatur, auf der eine arabische Axt einer bärtigen jüdischen Schlange mit Hakennase an der Pforte der al-Aqsa-Moschee den Kopf abschlug.[161]

Am Tag des britischen Abzugs wurde der jüdische Staat ausgerufen – will sagen, David Ben-Gurion verlas im Rahmen eines 32-minütigen Festakts in einem stickigen Raum in Tel Aviv vor den dort versammelten Honoratioren eine Proklamation.[162] Draußen tobten heftige Kämpfe, bereits am Morgen hatten sich drei jüdische Siedlungen den arabischen Streitkräften ergeben. Ben-Gurions Deklaration war mehr Ausdruck einer Hoffnung als Feststellung einer Tatsache. Die zionistische Führung hatte in einer Abstimmung beschlossen, ihren Staat Israel zu nennen. Isaac und Havakuk waren in dem Moment also „Israelis" geworden – und somit die ersten israelischen Spione. Nur dass sie selber nicht die leiseste Ahnung hatten, was da geschehen war. Sie wussten nicht, dass sie jetzt einen Staat hatten.

Ein ähnliches Gefühl des Gestrandetseins hat der Schriftsteller Xan Fielding, der im Zweiten Weltkrieg bei der SOE war und sich irgendwann plötzlich allein und völlig isoliert im besetzten Griechenland fand, einmal so beschrieben: „Vom drahtlosen Kommunikationsnetz getrennt zu sein, so wie ich die letzten zwei Wochen und länger, erzeugte ein permanentes Gefühl von Panik und Verlorenheit, als gäbe es keinen Gott mehr. Das Hauptquartier, das unsichtbar und aus weiter Ferne mein Schicksal leitete, war nämlich in meinen Augen zu einer Art göttlichen Macht geworden."[163]

Wobei Fielding, anders als die Männer der Arabischen Sektion, nicht befürchten musste, sein Land wäre überrollt worden und das Hauptquartier nicht nur nicht mehr erreichbar, sondern gar nicht mehr existent. Für sie hatte das Gefühl, Gott verloren zu haben, eine ganz andere Dimension.

In den arabischen Zeitungen verfolgten die Spione die stetige Verschlimmerung der Lage. Gleichzeitig mit der Arabischen Befreiungsarmee waren irakische, ägyptische, transjordanische und syrische Streitkräfte tief in das ehemalige britische Mandatsgebiet vorgedrungen. Ägyptische Kampfflugzeuge bombardierten Tel Aviv. Die Pioniere in den grenznahen Kibuzzim Sha'ar Hagolan und Masada hatten ihre Häuser verlassen und mussten zusehen, wie diese von syrischen Soldaten niedergebrannt wurden.

NACH ARABISCHER ABLEHNUNG VON JÜDISCHEM KAPITULATIONSANGEBOT: ARABISCHE ARTILLERIE FOLGT DER EVAKUIERUNG JÜDISCHER VIERTEL IN JERUSALEM UND TREIBT FLÜCHTENDE VOR SICH HER

SIEDLUNG RAMAT RACHEL IN ARABISCHER HAND – LETZTES HINDERNIS ZWISCHEN JORDANISCHEN UND ÄGYPTISCHEN STREITKRÄFTEN BESEITIGT[164]

Vielleicht würde der Staat nie geboren werden. Vielleicht war er bereits tot. Vielleicht hatten der Ausbilder Sam'an und die ganze Arabische Sektion das Land bereits verlassen. Vielleicht war die zionistische Vision „Eretz Israel" nurmehr ein zerrinnender Traum, und man hatte sie beide, Isaac und Havakuk, in der arabischen Welt zurückgelassen: zwei Flüchtlinge mehr, weiter nichts.

„Sorgenvoll sahen wir einander an, Havakuk und ich. Was wird geschehen?" erinnert sich Isaac. „Was wird aus uns, falls die Araber tatsächlich Haifa, Tel Aviv und Jerusalem einnehmen? Sollen wir in Beirut bleiben? Einerseits haben wie hier gar nichts zu tun; andererseits, wenn wir zurückgehen, gibt es da überhaupt noch etwas, wohin wir zurückgehen können?"[165] Er musste daran denken, wie sie die arabischen Kolonnen Richtung Süden ziehen sahen. Vielleicht stimmte es, was in den Zeitungen stand. Scherzhaft meinte Havakuk, er mache sich gar keine Sorgen, denn für den Fall einer jüdischen Niederlage hatte er einen Plan B: „Dann gehen wir eben als Araber nach Palästina zurück", meinte er.

13. Der Drei-Monde-Kiosk

Eines nachmittags bei einem ihrer Besuche auf der Place des Martyrs fanden sie Gamliel schließlich. Völlig isoliert hatte der nachdenklichste unserer vier Spione monatelang ein einsames Leben als Ladenbesitzer Yussef el-Hamed geführt. Man kann sich vorstellen, wie emotional das Wiedersehen war, aber keiner macht in seinen Erinnerungen eine große Sache daraus. Das Zusammentreffen der drei jungen Männer, unbeachtet inmitten einer Menschenmenge im Beirut des Frühsommer 1948, war der Beginn der ersten geheimdienstlichen Auslandsmission des jüdischen Staates.

Dem anarchischen Geist des Palmach entsprechend gab es innerhalb dieser Kerntruppe keine Hierarchie, aber da Gamliel nun einmal am längsten in Beirut gewesen war, übernahm er die Führungsrolle. Sie hatten immer noch keine Aufträge und wussten nicht, was sie tun sollten; abends gingen sie zusammen aus und aßen Hummus und Bohnen, einfache Gerichte, die man in Arbeiterkneipen bekam. Sie hatten nicht viel Geld und wussten auch nicht, wann sie mehr bekommen würden. Nach den Grundregeln der Aufgliederung sollte eigentlich einer mit dem anderen nichts zu tun haben, aber niemand kannte diese Regeln so genau, und so hingen die drei dann doch immer zusammen.

Wenig später tauchte an der Place des Martyrs ein weiteres bekanntes Gesicht auf, ein Agent namens Shaul/Tawfiq, der sich unter die Geflüchteten gemischt hatte, die per Schiff aus Haifa entkommen waren. Schließlich kam in Beirut noch ein fünfter Agent an. Er hatte die Grenze auf dem Landweg überschritten und hieß Shimon; er würde bald darauf nach Damaskus weiterziehen, um den dortigen Sektionsstandort zu gründen. Shimon hatte ein gewöhnliches Radio in einem altmodischen Holzkasten dabei. In diesem verbarg sich – endlich – der Sender.

Havakuk hatte eine Ausbildung als Funker, also nahm er sich der Anlage an, die er in einer Schublade in der mit Isaac geteilten Mansarde versteckte. Die Antenne war als Wäscheleine getarnt. Zuhause in Israel hatte das Hauptquartier seine Funkstation auf einem Holztisch in der Ecke eines Schuppens im Kibbuz Givat Hashlosha installiert:

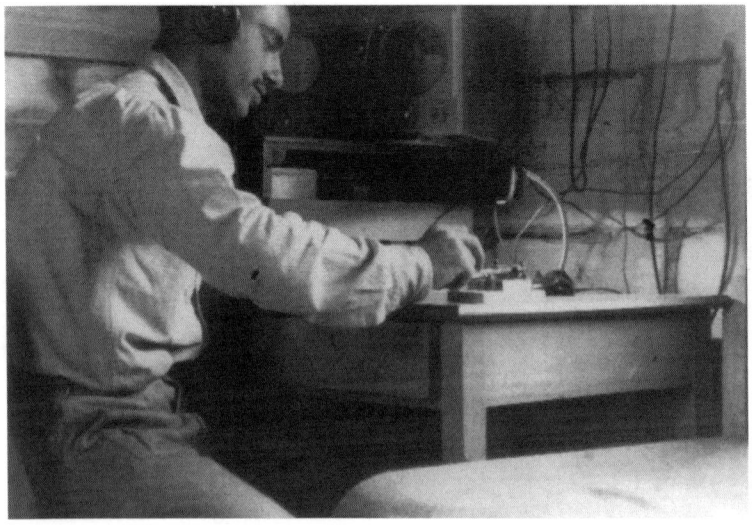

In Beirut setzte Havakuk sich hin und fing an zu morsen. Die Leitung stand.

Die Männer in Beirut brannten darauf, die Wahrheit über den Verlauf des Krieges zu hören; nun erfuhren sie, dass ihr neuer Staat standhielt, allerdings unter schrecklichen Verlusten. Am Ende des Krieges würde jeder hundertste Jude, der zu Kriegsbeginn in Palästina lebte, tot sein. Noch war der Ausgang offen. Der Funker im Hauptquartier morste in den ersten Wochen so viele Fragen, dass Havakuk mehrmals täglich Antworten herausschicken musste, was das Risiko der Entdeckung erhöhte. Siebzehn Jahre später war es genau dieser Fehler, der den Syrern die Ergreifung des Spions Eli Cohen in Damaskus erleichterte. In der Anfangszeit, damals im Sommer 1948, glaubte man im Hauptquartier, die Libanesen wären nicht in der Lage, die Signale abzufangen. Sicher war man sich aber nicht.

Die Männer mieteten Zimmer in der Umgebung der Stadt und versuchten, sich plausible Existenzen aufzubauen. Gamliel betrieb seinen Süßigkeitenladen. Die andern kauften einen kleinen Kiosk neben einer christlichen Grundschule, benannt *Drei Monde*. Sie quatschten jeden an, dem sie begegneten, insbesondere Leute, die in irgendeiner Verbindung mit Armee oder Regierung zu stehen schienen. Gamliel studierte die Zeitungen und fertigte Zusammenfassungen an, die Havakuk verschlüsselte. Täglich sendete er eine Nachricht, die alles Wissenswerte enthielt – Beschreibungen von Parlamentsdebatten, säbelrasslerische Statements arabischer Führer, Symptome anschwellender oder abflauender Kriegsbegeisterung:

> *Während der Sitzung waren alle zum Parlament führenden Straßen abgeriegelt, niemand wurde in die Nähe des Gebäudes gelassen. In seiner Rede sprach [Premierminister] Riad al Solh das Thema Palästina an ... Er hofft, dass die vereinigten Araber die instabile Rechtslage in Palästina nutzen und [das Land] halten können. Für die Araber besteht das Problem heute darin, das weitere Vorgehen zu planen, sich,*

in ihren Worten, zu ‚einen' und Palästina um jeden Preis zu halten.

– *Morgendämmerung*[166]

Aus dem Schuppen, der das Hauptquartier der Arabischen Sektion war, gelangten die Informationen in die Berichte, die das Büro des Nachrichtendienstes für die Generäle und Politiker des Landes erstellte, die zu einer Einschätzung der vertrackten Bedrohungslage kommen mussten. Plante der Libanon zur Unterstützung der arabischen Sache einen Einfall, oder warteten sie dort ab, bis der Krieg über ihre Grenze schwappte? War die Stimmung der Syrer zuversichtlich oder entmutigt? Weder gab es einen Super-Agenten, noch die eine Geheimakte, die den Schlüssel zu allen Ereignissen enthielt, noch den einen alles entscheidenden Schlag. Man konnte nur in diesem trüben Teich sich ständig ändernder und einander widersprechender Tatsachen fischen.

Das Schicksal der abertausend arabischen Kriegsflüchtlinge bereitete den israelischen Geheimdienstoffizieren Kopfzerbrechen: Wie viele waren es, wohin hatte es sie verschlagen, konnten sie in die arabische Welt umgesiedelt werden? Von der Antwort darauf hing viel ab, denn wenn sich eine breite, feindlich gesinnte Bevölkerungsschicht innerhalb der Grenzen des neuen Staates mit der feindlich gesinnten Region außerhalb seiner Grenzen verbündete, würde dieser nicht lang überleben. Die Agenten hatten die Flüchtlingslager am Stadtrand von Beirut gesehen. Sie taten ihr Bestes, um darüber zu berichten, wie die Flüchtlinge von den Libanesen (die für sie viel Mitgefühl, aber kaum Geld übrig hatten), behandelt wurden und was an Spenden internationaler Hilfsorganisationen hereinfloss (Geld und Nahrungsmittel, wovon das meiste nicht dort ankam, wo es gebraucht wurde).[167]

Die Agenten schilderten auch die Stimmung in den feindlichen Ländern, die zu kippen begann, als sich der Sommer hinzog und der arabische Feldzug ins Stocken kam. Die Siegesmeldungen wurden spärlicher. In einer seiner Nachrichten schrieb Gamliel, dass „die Zeitungen jetzt den Juden als äußerst barbarisch und grausam, zugleich aber auch als schwächlich und feige darstellen". Viele glaubten, Juden würden „Kinder schlachten, Schwangere misshandeln und Jungfrauen vergewaltigen". Das Wort Jude wurde zunehmend mit dämonischen Untertönen aufgeladen.

Die Kriegsbegeisterung habe nachgelassen, berichtete Gamliel weiter, besonders unter den libanesischen Christen, von denen viele ohnehin nie besonders euphorisch gewesen waren. Manch libanesischer Christ erkannte jetzt in einem jüdischen Staat einen potentiellen Verbündeten gegen die islamische Welt; viele betrachteten sich selbst gar nicht als Araber, sondern als Abkömmlinge der alten Phönizier. Aber selbst unter den Christen, so Gamliel, „findet man nicht *eine* Gruppierung von Einfluss, die bereit wäre, offen Position gegen den Krieg und für Frieden zu beziehen …, weil mittlerweile alle Menschen von dieser antijüdischen Welle erfasst worden sind und man ihre Herzen nur noch mit antijüdischen Parolen erreicht".

Im gleichen Bericht registriert Gamliel im libanesischen und syrischen Verteidigungsministerium auch Bestrebungen zur Gegenspionage. „Sie glauben, dass es in einflussreichen und prominenten Kreisen ein großes Netzwerk libanesisch-arabischer Spione gibt", schrieb er. Vielleicht haben die Offiziere im Hauptquartier bei diesem Satz gekichert.

Dreh- und Angelpunkt des ersten israelischen Geheimdienstpostens in der arabischen Welt war also der Kiosk bei der Drei-Monde-Schule. Jeden Morgen, wenn die Stadt in der Dämmerung erwachte, öffnete einer der Männer das kleine Fenster.[168] Bald darauf kamen die ersten Kunden, erst die Frühschichtarbeiter, dann die lebhaften Kinder auf dem Weg zur Schule, jetzt noch mit gekämmten Haaren und ordentlichen Schulsachen. Die Spione verkauften Bleistifte, Radiergummis, Mineralwasser, Süßigkeiten und Sandwiches. „Das Innere des Ladens ist für unsere Zwecke sehr vorteilhaft", meldete Isaac ins Hauptquartier, „weil man von außen nicht sieht, was drinnen vorgeht, außerdem ist der Raum in der Mitte durch Schränke abgeteilt, hinter denen man alles Mögliche bereitstellen und verstecken kann, ohne dass es jemand merkt."[169] Die Agenten kauften für den Kiosk auch ein Radio, und wenn nicht viel los war, verzogen sie sich hinter den Raumteiler, schraubten an der Senderwahl herum, stellten auf leise und versuchten die Nachrichten von *Kol Yisrael*[170] zu empfangen.

Jeden Morgen ging einer von ihnen auf den Großmarkt, um Käse, Brötchen, Sauerkonserven und Dosenpastete zu kaufen. Mit dem Geld, das der Kiosk abwarf, konnte sich die Zelle über Wasser halten, und dadurch, dass sie nun ihre eigenen Vorräte verbrauchten statt essen zu gehen, sparten sie auch Geld. Da sie keine der von den UN ausgegebenen Flüchtlingsausweise besaßen, konnten sie auch nicht von den Nahrungsmittelhilfen profitieren, die anderen Kriegsvertriebenen zustanden. Mit anderen Worten, unsere Spione glitten nicht über das Glanzparkett von Dinnerpartys oder infiltrierten die Korridore der Machtzentralen. Ihr Status war eher dem russischer Geheimagenten vergleichbar, die ihre Informationen auch nicht auf dem Capitol Hill oder der Wall Street sammelten, sondern auf Trottoirs vor irgendwelchen Public Schools in Queens.

Aus den Sektionsberichten dieses Sommers und Herbsts erfuhren die Nachrichten-Auswerter in Israel, dass Beirut keine

Luftverteidigung hatte;[171] dass die syrische Armee soeben eine Bestellung über 1000 Ferngläser aufgegeben hatte; dass das unter US-Flagge fahrende Handelsschiff „Exchange" mit 112 Tonnen Sprengstoff, Granaten, leichter Munition und weiterem Kriegsmaterial in Beirut eingelaufen war. Wenige Wochen später traf aus Italien eine Ladung Beretta-Maschinenpistolen sowie Mörser Kaliber 81 und 60 Millimeter ein.[172] Unter den gelöschten Gütern, die „zur Unterstützung der Kriegsanstrengungen dienlich" waren, fanden sich auch diese:[173]

100 Tonnen Leder
10 Peugeots
14 822 kg Autoteile und 8826 kg Reifen und Schläuche
Pumpen
Telefonkabel
Glühbirnen
Quecksilber (100 Flaschen)
23 Tonnen Fleischkonserven
9000 Tonnen Mehl aus Amerika
240 Tonnen Papier aus Finnland

Auf dem Flugplatz von Rayak registrierte jemand zwölf große zwei- und viermotorige Flugzeuge, bei denen es sich jedoch um Attrappen handelte, die „absichtlich draußen gelassen" worden waren.[174] Es gab auch sechzehn echte zweimotorige Dakotas, doch hinter diese Zeile hatte jemand im Geheimdienstbüro mit Bleistift ein Fragezeichen gekritzelt. Wer konnte schon wissen, was echt war.

Unter den Akten befindet sich auch ein Päckchen mit einer Karte von Beirut und einer Liste potentieller Ziele, das Gamliel irgendwie nach Israel eingeschmuggelt hat. Die Shell-Tankstellen zum Beispiel hatten die Koordinaten 132602135, und auf 1298821835 befand sich „ein großes Zoll-Lagerhaus, voll mit Nachschub".[175] Außerdem standen noch ein Straßenbahn-Depot, der Offiziersklub, ein Funkturm, das Haus des Premierministers, der Präsidentenpalast, das Verteidigungsministerium und das UNESCO-Gebäude auf der Liste. Auf 1319021714 befand sich „eine Eisenbrücke, die mit einer [unserer] Kegelbomben leicht zu zerstören wäre".

Während die Spione sich in Beirut in ihrem falschen Leben einrichteten und die Akten in Israel von ihren Nachrichten immer mehr anschwollen, fing man im Hauptquartier an, sich ernsthaft Gedanken über das Niveau zu machen, auf dem die Männer ihr Metier betrieben. Diese waren ja nie professionell ausgebildet und auf die Komplexität und das Risiko eines solchen Einsatzes vorbereitet worden. Die im Hauptquartier übrigens auch nicht. Es wurde oft fahrlässig gehandelt. Aus den Berichten ging hervor, dass die Agenten sich nicht nur untereinander kannten und jeder von den anderen Mitgliedern der Zelle sowohl Klar- als auch Decknamen kannte, sondern dass sie auch viel Zeit miteinander verbrachten, womit es ggf. erheblich leichter würde, sie alle auf einmal zu schnappen. Wie das umfangreiche Fotoarchiv des Palmach zeigt, benutzten sie die Kamera, die sie sich gekauft hatten, oft nicht nur dazu, Objekte geheimdienstlicher Relevanz zu fotografieren, sondern auch sich selbst.

Die Nachrichtenprotokolle belegen, dass Sam'an und andere bemüht waren, mehr Vorsicht und Disziplin zu etablieren. Das war allerdings über Funk schwer durchsetzbar, zumal bei Männern, die selber aus dem sorglosen Chaos des Palmach hervorgegangen waren – aber die Kommandeure versuchten es zumindest.

Üblicherweise begannen und endeten die Funksprüche immer mit denselben Worten, bis es jemandem auffiel, wie dumm das war: repetitive Wendungen waren für Code-Hacker ein Geschenk, genau so hatte vor ein paar Jahren das Team der Briten in Bletchley Park[176] die Enigma-Verschlüsselungen der Nazis geknackt. Das musste abgestellt werden.

Aufgrund der Möglichkeit, dass der Feind unsere Übertragungen abhören und unseren Code knacken könnte, gelten ab morgen neue Anweisungen: Wir sagen nicht mehr ‚Gamliel von der Morgendämmerung' oder ‚Morgendämmerung an Gamliel', und wir benutzen auch nicht mehr die Schlussformel ‚Seid stark'. Das Telegramm soll ohne Adressat beginnen und auch jedes Mal anders beendet werden.[177]

Ein paar Tage später kam Folgendes aus dem Hauptquartier:

Der Feind besitzt eine Abhörstation, die sie gegen uns einsetzen, wir könnten auffliegen.[178]

Einer kam auf die Idee, der durch den Sender verursachte Stromverbrauch könnte den Zählerableser der Elektrizitätsgesellschaft stutzig machen. Das Hauptquartier empfahl Havakuk die Anschaffung irgendeines Geräts,[179] etwa eines Wasserkochers, um eine plausible Erklärung für die Stromrechnung vorweisen zu können, falls einmal die Wohnung durchsucht wurde.

Die wirksamste Warnung aber kam eines Abends, als sie zur Entspannung ins Kino gegangen waren. Vor dem Hauptfilm lief eine Wochenschau über den Krieg in Palästina. Auf eine Sequenz über das ägyptische Expeditionskorps folgte eine über eine Polizeistation in Gaza: Vor dem Gebäude zwei Männer, gefesselt, die Kleider in Fetzen, die Augen zu Boden gesenkt. Dies seien zwei von der ägyptischen Armee aufgegriffene zionistische Spione, verkündete der Wochenschausprecher. Aber das wussten die Agenten im Zuschauerraum bereits. Vor Schreck waren sie in ihren Sitzen erstarrt. Es waren Dahud und Ezra von der Arabischen Sektion.[180]

Dahud war der Ehemann, dessen Frau gerade schwanger war. Ezra war der, der für seine aufmunternden Späße bekannt war und der von den andern immer verlangt hatte, dass sie ihn zur Abhärtung für den Ernstfall folterten. Nur für ein paar Sekunden flimmerte das Bild der beiden Männer über die Leinwand, aber das genügte. Ezras Lächeln war verschwunden, und er hatte Blutergüsse unter den Augen.[181] Die beiden hatten sich als arabische Dorfbewohner auf der Flucht vor den Juden getarnt, aber damit waren sie nicht weit gekommen. Ein ägyptisches Kommuniqué teilte mit, sie seien in der Nähe eines Militärlagers gefasst worden, bei sich einen Krug, der Typhus- und Ruhrbakterien enthielt;[182] die arabische Presse nannte sie „Brunnenvergifter". Die Ägypter folterten sie und pressten ihnen schriftliche Geständnisse ab, anschließend wurden sie erschossen. Von den ungefähr ein Dutzend Sektionsagenten, die zu Beginn des Unabhängigkeitskrieges im Einsatz waren, waren damit fünf bereits tot.

14. Casino Méditerranée

Einer unserer vier Spione fehlt noch in diesem Frühherbst 1948: der wendige Yakuba. Er war immer noch in Israel. Man hatte ihn zurückgehalten, damit er den Umgang mit den neuartigen Sprengstoffen lernte, die teils vor kurzem aus der Tschechoslowakei geliefert, teils von israelischen Wissenschaftlern entwickelt worden waren – kegelförmige Bomben zum Beispiel, die Türen und Wände durchschlagen konnten.

Yakuba war erst 24, gehörte aber schon seit sechs Jahren der Sektion an, länger als alle anderen. Sprengstoffe, Chaos verbreiten überhaupt, galten als sein Spezialgebiet; wie wir uns erinnern war er es, der zusammen mit Isaac die Kfz-Werkstatt in die Luft jagte. Auch vorher schon war er an mehreren Palmach-Aktionen beteiligt gewesen. Im Verlauf einer Operation, die später unter dem Namen „Die Nacht der Brücken" bekannt wurde und bei der die Kämpfer diverse durch Palästina führende Transportverbindungen sprengten, um die Briten lahm zu legen, hatte er bei einem Handgemenge auf einer Jordanbrücke seinem Gegner ein Messer in die Kehle gerammt. Er war auch einer der drei Männer, die für die bekannteste Selbstjustiz-Aktion des Palmach verantwortlich waren: Sie waren verkleidet in die arabische Stadt Beisan[183] eingedrungen, wo sie einen Mann aufgriffen, der im Verdacht stand, mehrere jüdische Frauen im Jordantal vergewaltigt zu haben; sie setzten ihn unter Drogen und kastrierten ihn dann. Das war um 1943. Die Vergewaltigungen hörten auf, und eine Zeitlang wurde die Aktion bei den

Palmach-Lagerfeuern bejubelt. Heutzutage wird diese Geschichte nicht mehr erwähnt. Man kennt sie. Yakuba hat Gewalt nie verherrlicht. Manchmal, wie bei dem Vorfall mit dem Vergewaltiger, kotzte es ihn regelrecht an. Aber er wusste, dass es sein Job war.[184]

Eines Tages in diesem Herbst wurde er schließlich in ein militärisches Hauptquartier nach Tel Aviv beordert. Noch während die Kämpfe in vollem Gange waren, hatte die alte Haganah sich in die Keimzelle einer regulären Armee verwandelt: die IDF (Israel Defense Forces). Und diese Armee hatte eine Geheimdienstabteilung. Noch hatte dieser Apparat keine klar abgegrenzten Bereiche, wie es sie später geben würde: die militärische Aufklärungseinheit Shin Bet für die innere Sicherheit und den Mossad für Einsätze im Ausland. Das Ganze wurde von einem einzigen Offizier geleitet, der unter dem Namen Big Isser[185] bekannt war und der nun zusammen mit vier Kisten auf Yakuba wartete.

Pass auf, sagte der Offizier. Du gehst rüber. Ich will Aktionen, Einsätze, Terroranschläge. Ich will sie festnageln und lahmlegen, sie auf Trab halten, in den Wahnsinn treiben.

Alles klar, sagte der junge Agent.

Ich vertraue dir, sagte Big Isser und fügte mit unfreiwilliger, vielleicht aber auch absichtlicher Ironie hinzu: Geh in Frieden.

In den Kisten befanden sich Sprengstoff, Pistolen und ein Funkgerät, das für die zweite, in Damaskus geplante Sendestation vorgesehen war. Außerdem eine nagelneue tschechische Parabellum für Yakuba plus 10 000 Pfund in bar für die Beiruter Zelle – mehr Geld, als der Junge aus den Slums von Jerusalem je gesehen hatte.

Die Grenzen zwischen Palästina und den benachbarten arabischen Ländern waren jetzt geschlossen; der Agent und seine Fracht mussten in einer Nacht- und Nebelaktion von der israelischen Marine eingeschleust werden. Wie das Land selbst, war auch die

Marine gerade erst ein paar Monate alt und dementsprechend mehr Wunschdenken als Realität: ein paar alte Klapperkähne, die man leckgeschlagen im Hafen von Haifa ankernd aufgetrieben hatte, nachdem die Briten abgezogen waren. Alle hatten sie ihr Vorleben: die „Eliat" zum Beispiel war einmal die „Northland" gewesen, ein amerikanischer Eisbrecher, die „Hatikva" ein Kutter der US-Küstenwache und die „Haganah" eine kanadische Korvette.

An den Docks von Haifa bestieg der Spion einen kleinen Kutter,[186] früher in britischem Besitz, jetzt unter dem Namen „Palmach" laufend. An Bord sah er seine Kisten bereits in einem Beiboot verstaut, das zu Wasser gelassen werden sollte, sobald sie den Zielpunkt erreichten. Nach Einbruch der Dunkelheit stachen sie in See, und wieder einmal ging die Reise für Yakuba ins Ungewisse. Es war wie damals das große Abenteuer seiner Kindheit, als er seinen Freund bei der Hand genommen und mit ihm von Jerusalem den weiten Weg durch die Wüste Juda bis zum Toten Meer gewandert war – ein Ereignis, über das vor zehn Jahren das ganze Viertel geredet hatte, als er noch mit seinen zwölf Geschwistern und seinen persischen Eltern am Gemüsemarkt unter den Juden aus Urfa und Kurdistan lebte. Er war noch nie am Toten Meer gewesen, er besaß auch keine Karte; alles was er hatte war eine ungefähre Vorstellung von der Richtung, in die es gehen musste, kilometerweit durch die Einöde, in der sie beide hätten verdursten oder an einem Hitzschlag sterben können. Aber sie schafften es, und am Ende schwammen sie tatsächlich in diesem seltsamen salzigen Talkessel inmitten der kahlen Berge, am tiefsten Punkt der Erdoberfläche, zwei kleine Jungs ohne ihre Eltern. Danach trampten sie mit einem Lastwagen der Phosphatfabrik bei Sodom nach Hause, und als sie dort ankamen, wollte niemand glauben, was sie erlebt hatten. Erst als Yakuba sein Unterhemd auszog, das so salzdurchtränkt war, dass es von selbst stand, war man überzeugt. Natürlich wurden sie bestraft, aber das war ihnen ihre große Heldentat wert.

Yakuba wurde oft bestraft. Wenn es zu schlimm wurde, büxte er manchmal nach Sheikh Badr aus, ein arabisches Dorf auf der anderen Seite des Tals des Kreuzes, wo er Freunde hatte und übernachten konnte, bis sich die Lage wieder beruhigt hatte. Seine Muttersprache erlernte er unter den muslimischen Kindern von Sheikh Badr und den jüdischen Kindern seines Viertels, die alle Arabisch sprachen, und als er Mitglied des Palmach wurde, war das irgendjemandem aufgefallen, wie wohl auch sein Faible für Action und Schauspielerei. Man überstellte ihn zur Arabischen Sektion. Ein Foto[187] von Yakuba aus seiner ersten Zeit als palästinensisch-arabischer Milizionär vermittelt eine Ahnung von seinem Naturtalent.

Als das Schiff in jener Nacht in feindliche libanesische Gewässer einlief, war es nicht mehr weit bis zu der Stelle am Rand der Küste bei Ouzai[188]. Die Marine hatte alles mit Isaac abgesprochen, er sollte zusammen mit ein oder zwei anderen Männern dort sein und mit einer Leuchtpistole das Signal geben. Dann würden sie zusammen die Kisten im Sand verbuddeln und sich so schnell wie möglich Richtung Stadt verziehen. Doch als die Matrosen vom Boot aus die Küste ausspähten, waren dort weder Leute noch Leuchtsignale zu sehen. Offenbar hatten die Männer an Land eine Orts- oder Zeitangabe falsch verstanden. Es war ja nicht so, dass sie dergleichen schon einmal gemacht hätten. Eine Stunde wartete das Schiff, schaukelnd in den Wellen; als dann am Strand immer noch nichts zu sehen war, kam der Befehl, nach Haifa zurückzukehren.

Yakuba wollte davon nichts hören. Unter keinen Umständen ginge er jetzt wieder nach Hause, sagte er. Es war ihm egal, ob jemand auf ihn wartete oder ob ihn jemand begleitete – dann ging er eben allein!

Nach einer über Schiffsfunk geführten Diskussion mit dem Hauptquartier bekam er seinen Willen. Das Beiboot wurde heruntergelassen, besetzt mit zwei Matrosen und einem MG-Schützen, sowie mit Yakuba und seinen Kisten. Sie ruderten auf die Küste zu. Als der Rumpf kratzend auf Sand lief, sprang Yakuba sofort an Land, wie einer, der genau weiß was er tut. Er machte ein paar Schritte ins Dunkle und hielt nach einem markanten Punkt Ausschau, der später das Wiederauffinden des Verstecks erleichtern würde. Schließlich stieß er auf die Ecke eines eingezäunten Flurstücks, vermutlich ein Obstgarten. Das würde es tun. Zusammen mit den beiden Matrosen fing er an zu graben, während der MG-Schütze Wache stand. Die Brandung war laut genug um die Schaufelgeräusche zu übertönen, so hofften sie zumindest; dennoch hatten die Seemänner Angst. Es waren Aschkenasim, und der Agent hatte ihretwegen ein schlechtes Gewissen: Für ihn würde es schließlich ein Leichtes sein, sich unters Volk zu mischen, wenn irgendetwas schief ging, sie dagegen hätten dann keine Chance. Sie waren so nervös, dass Yakuba sie zum Gehen aufforderte, noch bevor die letzte Kiste verbuddelt war. Sie sprangen in das Beiboot, ruderten wieder zum Schiff und ließen ihn allein im Libanon zurück.

Er stand im vierten Loch und schaufelte Sand vom Grund, um es zu vertiefen, als in der Nähe des Zauns, den er vorhin gesehen hatte, ein Licht aufblinkte. Kein elektrisches Licht; eher war es vom weicheren Gelb einer Petroleumlampe, die von einer menschlichen Gestalt im Nachthemd hochgehalten wurde. Jetzt sah Yakuba auch, dass in dem Obstgarten ein Haus stand und dass das Grundstück nicht so verwaist war, wie er geglaubt hatte. Der Mann musste sie graben gehört haben. Yakuba kauerte sich in das Loch, zog seine Pistole und hielt still. Der Mann blieb am Zaun stehen und spähte Richtung Strand. Nach einer Weile ging er wieder ins Haus. Entweder war er zu dem Schluss gekommen, dass er sich getäuscht hatte, oder dass man dunkle Gestalten, die nachts am Strand herumbuddelten, besser unbehelligt ließ.

Der Agent stand wieder auf, bugsierte die letzte Kiste in das Loch, schüttete ein paar Zentimeter Sand darauf und machte sich auf den Weg landeinwärts. Man hatte ihm einen Alternativtreffpunkt genannt für den Fall, das etwas schief laufen sollte: das Casino Méditeranée im Stadtzentrum. Aber er musste spätestens um 2 Uhr dort sein, wenn das Casino zumachte, und mittlerweile war es schon fast 2 Uhr.

Er erreichte die parallel zum Strand verlaufende Küstenschnellstraße, wo er einen Fußmarsch über den Asphalt begann. Trotz der späten Stunde war auf der Straße einiges los, und jedes

Mal, wenn ein Auto an ihm vorbeifuhr, sprang er in den Straßengraben und duckte sich mit gezückter Pistole weg. Gerade aus dem Krieg in Palästina gekommen, war er sich noch darüber im Klaren, wie friedlich es im Libanon zuging. Völlig unnötig, hier mit gezückter Pistole herumzulaufen; besser man verhielt sich so unauffällig wie möglich. Nach einer Weile stellte sich heraus, dass er sich noch nicht annähernd in der Nähe des Zentrums befand und dass er es bis dorthin zu Fuß niemals rechtzeitig schaffen würde. Aber wie sich schon bei der Kfz-Werkstatt in Abu Sham gezeigt hat, ließ Yakuba nicht so leicht den Mut sinken. Er stellte sich an den Straßenrand und winkte dem ersten Taxi, das heranfuhr. Jetzt war er der Flüchtling Jamil Muhammad Rushdi aus Haifa, Palästina.

Zum Casino Méditerranée, so schnell es geht, sagte er zum Fahrer. Dort warte eine Frau auf ihn, fügte er, seinem Hang zum Ausschmücken folgend, hinzu, wobei er ein Wort benutzte, das durchblicken ließ, dass besagte Frau möglicherweise keinen ganz untadeligen Ruf hatte. Wenn er nicht um Punkt 2 Uhr ankäme, wäre sie weg, meinte er. Der Taxifahrer bretterte Richtung Norden den Strand entlang, umrundete die Spitze von Ras Beirut und fuhr wenige Minuten vor der Zeit beim Casino vor.

Yakuba wollte nicht durch den Haupteingang eintreten; er musste fürchten, dass man bei der Kontrolle die Pistole und die 10 000 Pfund fand. Er ging also seitlich am Gebäude vorbei, kroch unter einer Hecke hindurch und kam neben einer Open-Air-Tanzfläche heraus. In kurzer Entfernung sah er jemanden beim Ausgang stehen, der gerade dabei war, seine Rechnung zu begleichen. Es war Gamliel, und hinter ihm stand Shimon, der Agent, der das Radio gekauft hatte. Sie hatten Yakuba schon aufgegeben und wollten gerade gehen.

Yakuba schlich sich von hinten an sie heran und klopfte ihnen mit einem beherzten *sabah el-kheir* – Guten Morgen auf Arabisch –

auf die Schultern. Sie sprangen zur Seite; es folgten einige erleichterte Umarmungen, dann ein verwirrtes Gespräch mit gedämpften Stimmen. So spielte sich die Ankunft des letzten Agenten in Beirut ab.

Seinem Naturell entsprechend, scheint Yakuba keine Zeit verschwendet zu haben. Binnen weniger Wochen hatte er eine Wohnung in der Nähe des Strands von Saint-Michel gefunden und sich ein Oldsmobile gekauft, für das er sich irgendwie eine Taxilizenz besorgen konnte. Nicht lange und er beförderte Fahrgäste die Nord-Süd-Achse von Beirut nach Tripolis rauf und runter. Der Job brachte etwas Geld ein und bot gleichzeitig die Möglichkeit, Leute anzuquatschen, sowie einen guten Vorwand, kreuz und quer durchs Land zu fahren.

Auch die anderen Männer benutzten das Oldsmobile, wie man auf Fotos wie diesem erkennen kann, auf dem man Isaac, der das mit der Gangschaltung mittlerweile hinkriegte, auf dem Fahrersitz sieht, neben ihm Havakuk.

Nach ein paar Monaten auf der Tripolis-Strecke begann Yakuba die Ost-West-Achse von Beirut nach Damaskus zu befahren, was weitere Fahrgäste und außerdem Zugang zur syrischen Hauptstadt mit sich brachte, allerdings auch das Risiko, an der libanesisch-syrischen Grenze kontrolliert zu werden. Aber das schreckte Yakuba nicht ab. Er hatte herausgefunden, dass ihm der Grenzübertritt leichter gemacht wurde, wenn er auf dem Beifahrersitz einen Stapel Sexheftchen liegen ließ; die fanden die durchs Wagenfenster hereinschauenden Soldaten immer höchst interessant und freuten sich, wenn sie eins geschenkt bekamen. Der Flüchtling Jamil war jetzt einer mehr der vielen umtriebigen jungen Männer rund um Beirut geworden, mit seiner freundlich-flinken Zunge und seiner undurchsichtigen Herkunft.

Zur gleichen Zeit fand in Beirut noch eine weitere Ankunft statt – auch sie auf dem Seeweg, auch sie geheimnisvoll, mit einer komplizierten Geschichte und unklaren Absichten: Es war eine Yacht mit einem Geister-Kapitän. Und in just diesen Wochen im Herbst 1948 entschlossen sich die Israelis zu ihrem ersten komplexeren Sabotageakt jenseits der Grenze.

15. Hitlers Yacht

Vor acht Jahren, in den düsteren Tagen zu Beginn des Zweiten Weltkriegs, als die Nazis kurz vor einer Invasion in England standen, entwickelte die *Kriegsmarine*[189] Pläne für den triumphalen Einzug des *Führers*[190] an der Themse: an Bord einer bewaffneten Yacht, die von einer Hamburger Werft eigens für ihn erbaut wurde. Der Aviso[191] *Grille* war 135 Meter lang und mit einer Kanone und Flaks bestückt, plus einigen Extras, die auf Schiffen dieses Bautyps sonst nicht üblich waren: „Hitlers Suite mit Vorzimmer, Schlafzimmer und Bad war die Hauptattraktion", schrieb der Journalist Revel Barker in seiner Geschichte des Schiffs.[192] Die Räume hatten Teppichböden, Sessel und Sofas waren „taubenblau bezogen". Die gleiche Suite in Rot, direkt nebenan, stand angeblich Hitlers Geliebter Eva Braun zur Verfügung. Nach Barker war das allerdings nur ein Gerücht, doch gab es andere führende Persönlichkeiten des Reichs, die zeitweise tatsächlich an Bord der *Grille* waren, darunter Göring, Hess, Goebbels und Himmler. Auch die Besatzung war speziell ausgewählt: Alle Matrosen trugen weiße Uniformen und mussten mindestens 1,80 Meter groß sein.

Nachdem ihr glorreicher Auftritt in London ins Wasser gefallen war, sollte die Yacht während des Weltkriegs nur noch ein Mal eine Rolle spielen als das Schiff, von dem aus Großadmiral Dönitz 1945 Hitlers Tod verkündete und daraufhin die Führung des untergehenden Nazistaats übernahm. Danach geriet die *Grille* in Vergessenheit – bis drei Jahre später der verschlüsselte Funkverkehr im Nahen Osten plötzlich extreme Ausschläge verzeichnete.

Das Vorgehen gegen die ‚Grille' wurde vom Generalstab der Armee verbindlich angeordnet. Der Auftrag wird von einem Mitglied unserer Sektion ausgeführt werden, der über eine Spezialausbildung für maritime Sabotage verfügt.

Wir können dir den Schwimmer-Auftrag nicht anvertrauen, weil er mit vielen Schwierigkeiten verbunden ist und ein spezielles Training erfordert. Der Schwimmer wird Kamerad Rika sein. Sorg dafür, dass du dich um ihn kümmern kannst, falls er längere Zeit im Libanon bleiben muss.[193]

Der Staat Israel sollte sich im Lauf der Zeit für Geheimdienstaktionen dieser Art einen gewissen Ruf erarbeiten, diese aber war die erste. „Kamerad Rika", der Saboteur, ist uns schon einmal kurz begegnet: Ihm verdanken wir die Schilderung der Eindrücke bei der Ankunft im Lager der Arabischen Sektion, mit Radio und Backgammon-Spiel.[194] Rika war 18. Vier Jahre zuvor hatte er sein Elternhaus in Damaskus verlassen und war den üblichen Weg zur Arabischen Sektion gegangen: erst in den Kibbuz, um wie ein Sabra zu werden, dann die Begegnung mit dem Ausbilder Sam'an, dann ins Zelt der Wie-Araber-Werder.

Die Nachricht mit dem Namen des Saboteurs war am 17. November eingetroffen. Zwei Tage später hatte das Hauptquartier noch ein paar Fragen. In der Woche zuvor hatte ein Aufklärungsflugzeug Fotos geschossen – was zu jener Zeit noch sehr ungewöhnlich war und zeigt, dass die Israelis wirklich sämtliche ihnen zur Verfügung stehenden Mittel nutzten. Auf den Luftaufnahmen war zu sehen, dass die *Grille* parallel zum Pier im Hafen von Beirut vor Anker lag. War das immer noch der Fall? Und brannte das Licht im Uferturm immer noch die ganze Nacht? Ein weiteres, allerdings vom Land aus aufgenommenes Foto[195] des Schiffs findet sich im Archiv des Palmach.

Die Agenten hatten Anweisung, im Oldsmobile-Taxi nach Ouzai zu fahren und dort auf den Saboteur zu warten – an derselben Stelle am Strand, wo vor einem Monat Yakuba gelandet war. Den Sprengstoff, den er mitgebracht hatte und den sie inzwischen nicht weit entfernt in wasserdichten Behältern erneut vergraben hatten, würden sie nicht brauchen. Am Tag X sollten sie Meldung machen, ob der Seegang die Durchführung der Mission gestattete, um dann von der Küste aus Signale zu geben – mit einer Taschenlampe, die alle fünfzehn Minuten dreißig Sekunden lang aufleuchten sollte.

Wenn man viele Berichte über Spionagetätigkeiten und Geschichten über spätere israelische Aktionen gelesen hat, übersieht man vielleicht, wie beinah aussichtslos das alles damals war. Die Israelis mussten mit einer Agentenzelle im Innern eines feindlichen Landes kommunizieren und ein Zusammentreffen am Meer arrangieren. Ein Saboteur musste ausgebildet und ausgestattet werden, der zugleich in der Lage wäre, in der einheimischen Bevölkerung abzutauchen, wenn etwas schief ging – weswegen man einen Mann von der Arabischen Sektion einsetzte. Der Froschmann benötigte möglichst aktuelle Informationen über das Ziel, darum die Luftaufnahmen. Noch vor ein paar Monaten hatte es weder eine israelische Marine noch Armee oder Luftwaffe gegeben, die Spione hatten noch nicht einmal ein Funkgerät. Wenn sich die Arabische Sektion also später an den Angriff auf den Aviso *Grille* als „die Krönung unserer Aktivitäten jenseits der Grenze" erinnerte, bejubelte sie damit nicht so sehr das Resultat, als vielmehr die bloße Tatsache, dass die Juden überhaupt in der Lage waren, so etwas durchzuziehen.

Bestätigt, dass ihr alles verstanden habt. Bitte um klare Antwort auf alle Fragen beim nächsten Kontakt. Weitere Details zum Auftrag bekommt ihr in den nächsten Tagen. Seid stark![196]

BEWEISE, DASS DIE NAZIS auf der arabischen Seite ihre Finger im Spiel hatten, haben immer die besondere Aufmerksamkeit der jüdischen Geheimdienste erregt. In einer Akte vom Juli 1948 stößt man zum Beispiel auf eine Sichtung deutscher Tiger-Panzer[197] im

Dienst der ägyptischen Armee in Gaza. Eine andere Akte dokumentiert die Ankunft von 25 Wehrmachtsoffizieren, „Spezialisten für Artillerie, Panzer und Luftkrieg", sowie Gerüchte über 2500 ehemalige deutsche Soldaten und italienische Fallschirmjäger, die jenen bald folgen sollten.[198] Einige dieser Berichte, wie der letztere, waren frei erfunden, andere aber stimmten. Es gab wirklich deutsche Ausbilder, die mit arabischen Truppen arbeiteten, und der beste Sprengstoffexperte der palästinensischen Araber, verantwortlich für die schlimmsten Lkw-Bomben von 1948, hatte seine Ausbildung in Nazi-Deutschland erhalten. Der Anführer der palästinensischen Araber, der Mufti von Jerusalem, war während des gesamten Zweiten Weltkriegs ein prominenter Unterstützer des Hitler-Regimes, sorgte für die Verbreitung dessen an die arabische Welt gerichteter Propaganda und warb muslimische Soldaten für die Sache der Nazis an.

All das erhärtete den Verdacht der Juden, dass es Querverbindungen zwischen den starken gegen sie in Stellung gehenden Mächten geben musste. Auch den im Herbst 1948 abgefangenen Brief eines mittlerweile der arabischen Sache verschriebenen Deutschen sah der israelische Geheimdienst in diesem Zusammenhang. Dem Brief zufolge gab es in Beirut zwanzig entflohene deutsche Kriegsgefangene, von denen die meisten „auf der *Grille* arbeiteten, der Privatyacht des Führers".[199]

Von dem Moment an genoss das im Hafen von Beirut liegende Schiff Israels volle Aufmerksamkeit. Wie sich herausstellte, gehörte die Yacht inzwischen einem libanesischen Geschäftsmann, der sie nach der deutschen Kapitulation auf einer britischen Abwrackwerft erworben hatte. Beirut würde indes nicht ihre letzte Station sein; laut israelischen Informationen sollte das Schiff künftig von König Faruk von Ägypten in Dienst genommen werden[200] und wurde dafür gerade mit neuen Bordwaffen bestückt. Nach den Maßstäben des Zweiten Weltkriegs war die *Grille* kein großes Kaliber, hier jedoch war sie eine Bedrohung. Beim gegenwärtigen Zustand ihrer Flotte (einem Zustand vor allem des Wunschdenkens) mussten die Israelis fürchten, dass dieses Schiff „die Schlagkraft der ägyptischen Seestreitkräfte signifikant erhöhen und damit für die Marine des Staates Israel eine ernsthafte Gefahr darstellen"[201] könnte. Diese von der Marine in ihrer veröffentlichten Kriegsgeschichte abgegebene Einschätzung war damals auch die offizielle Begründung für das Folgende. Indes gab es dafür noch andere Gründe.

Gerade einmal zweieinhalb Jahre waren seit dem Untergang Nazideutschlands vergangen; immer noch versuchten die Juden, das Ausmaß des Geschehens in Europa zu begreifen und Überlebende ausfindig zu machen. Damals scharten sich die Menschen in Israel um die Radios, um einer Sendung namens *Search Bureau for Missing Relatives* zu lauschen. Der Sprecher las die herzzerreißende Suchmeldung einer Mutter vor, die ihre Tochter vermisste, Namen von Geschwistern, die zuletzt 1942 in Łódź gesehen wurden, flehentliche Bitten einer Frau aus irgendeinem ungarischen Weiler, die nach Leuten aus ihrem Ort suchte. Es gab viele Menschen, für die der Krieg noch lange nicht vorbei war, und niemand wusste mit letzter Sicherheit, ob Hitler wirklich tot war.

Rika, der Saboteur, beschreibt die Entdeckung von Hitlers Yacht in Beirut wie folgt: „Es war, als ob der Peiniger in seinem Grab sich mit der Existenz des Staates Israel nicht abfinden könnte und deshalb sein ganz persönliches Kriegsschiff hierhergeschickt hätte."[202] Und Gamliel schrieb später, für ihn habe die Vorstellung des in Flammen aufgehenden und langsam auf Grund sinkenden Schiffes „den süßen Geschmack der Rache"[203] gehabt.

Morgendämmerung an Gamliel:
Wg. Gezeiten und Seegang müssen wir den Einsatz möglicherweise von Donnerstag auf Sonntag, den 28. November, verschieben. Die endgültige Entscheidung geben wir euch morgen bekannt.
Hier weitere Anweisungen.
Das Signal mit der Taschenlampe soll um 21:15 beginnen und um 23:15 enden. Ist der Mann an Land, fährt das Schiff wieder hinaus aufs Meer. Zwei Stunden später kehrt es an dieselbe Stelle zurück. ...
Wenn der Mann nicht bis 4:30 an Bord ist, fährt das Schiff zurück nach Israel. Der Mann bleibt dann so lange in Beirut, bis wir seine Rückkehr arrangieren können.
Haltet für ihn Kleider in der Größe Havakuks bereit, dazu einen langen Wintermantel, eine Brieftasche mit libanesischem Geld, eine Flasche Rum und leichte Kost.[204]

Als Isaac sich am Hafen umsah, war klar zu erkennen, dass an Bord der *Grille* etwas im Gange war: Teile des Decks waren mit Planen abgedeckt, Außenstehende hatten keinen Zutritt. In Hafennähe gab es einen Mann, der eine *hasakeh* vermietete, ein langes Surfbrett, das man aufrechtstehend mit einem Doppelpaddel bewegte; Isaac und Havakuk mieteten es. Havakuk legte sich darauf, Isaac paddelte, und sie versuchten auszusehen wie zwei junge Männer, die sich einen schönen Tag am Strand machen. In der Nähe der Yacht ankerten ein paar Fischerboote, ein britischer Frachter und die HMS *Childers*, ein Zerstörer der Royal Navy, vor kurzem noch im Einsatz bei der Blockade der jüdischen Flüchtlingsschiffe. Die beiden Spione kamen nahe genug an die *Grille* heran, um an Bord einige Gestalten ausmachen und feststellen zu können, dass sie nicht wie Araber aussahen. Sie fanden, es wären deutsche Gestalten.

Als die zwei wieder in ihrer Mansarde waren, funkte Havakuk all das über die Wäscheleine.

Isaac erinnert sich, dass er fest mit einem Abbruch der Aktion rechnete, selbst als die Vorbereitungen schon im vollen Gange waren. Eines der Hauptprobleme der Beiruter Zelle bestand ja darin, dass in der Stadt auch ganz normale Juden lebten. Die kleine jüdische Gemeinde der libanesischen Hauptstadt – hauptsächlich syrische Juden mit Verwandtschaftsbeziehungen zu den Nachbargemeinden in Aleppo und Damaskus – hatte lange Zeit von der weltoffenen Vielfalt der Stadt profitiert, von den französischen Einflüssen und der allgemein kosmopolitischen Atmosphäre, die an der levantinischen Küste herrschte. Nun aber geriet die Stellung der Juden ins Wanken, wie überall in der arabischen Welt. Die Kriegshysterie ließ Zweifel an ihrer Loyalität aufkommen, ganz gleich wie sehr sie sich bemühten, sich von den Zionisten zu distanzieren, ganz gleich auch wie servil sie sich zur arabischen Sache bekennen mochten. Ihre Bekundungen klangen hohl und waren es meistens auch. Die einheimischen Juden waren Geiseln – sie hätten alles gesagt, was nötig war, um sich zu retten. Laut einem Bericht Gamliels waren sie zur Zielscheibe von „Ausschreitungen" geworden,[205] mehrmals hatte man in ihr Beiruter Viertel bereits Bomben geschmissen. Mit einem von hier ausgehenden israelischen Anschlag aber konnten auch die einheimischen Juden in Verbindung gebracht werden und so in noch größere Gefahr geraten.

Mehrere der von den Agenten selbst vorgeschlagenen Sabotageakte waren schon verworfen worden, um nicht Vergeltungsmaßnahmen zu provozieren, und die Zelle hatte Befehl, jegliche Kontakte zu vermeiden, gemäß einer alten Sektionsregel, nach der zwischen jüdischen Agenten und jüdischer Bevölkerung eine klare Trennlinie zu ziehen war. Der Palmach-Offizier Yigal Allon, einer der Gründer der Sektion, hatte diese Frage bereits 1944 mit anderen führenden Zionisten diskutiert und das Problem zugespitzt so dargestellt: „Einer von denen, die wir in ein arabisches Land geschickt hatten, hat mich einmal gefragt, was er machen soll, wenn er auf der Straße sieht, wie Araber einen einheimischen Juden verprügeln." Sollte der Agent wegschauen? Sollte er intervenieren? „Ich riet ihm: Mach bei den Schlägern mit!" sagte Allon.[206]

Das war eine kluge Regel – die später mit verheerenden Folgen gebrochen werden sollte. „Die Affäre", wie das Fiasko in Israel hieß, begann 1951 mit der Anwerbung ägyptischer Juden zwecks „Verbreitung von Propaganda", woraus mit der Zeit aber immer mehr Sabotageeinsätze wurden. Die Zelle wurde ausgehoben, die Mitglieder inhaftiert oder hingerichtet. Einer von ihnen beging im Gefängnis Selbstmord. Diese Operation und mit ihr die Frage, wer sie abgesegnet hatte, wurden in der Folge zu einem der größten politischen Skandale des jungen Staates.

Das Problem des Kontakts zu einheimischen Juden scheint sich unseren Agenten öfter gestellt zu haben; mehr als eine der Übertragungen aus dem Hauptquartier handelt davon:

Ihr werdet verstehen, dass wir unsere grundlegenden Direktiven bezüglich Kontakten mit Juden nicht ändern können. Möglich, dass uns dadurch manches durch die Lappen geht, aber auf lange Sicht können wir so für wichtigere Dinge garantieren.[207]

Bei diesen „wichtigeren Dingen" handelte es sich um das Leben der einheimischen Juden in der arabischen Welt. Heutzutage gehen wir davon aus, dass die Juden in dieser Region damals ohnehin keine Zukunft hatten, aber das war zu dem Zeitpunkt noch alles andere als offensichtlich. Die Juden in Isaacs Heimatstadt Aleppo etwa hatten die Zerstörung des Tempels durch die Römer im Jahr 70 n. Chr. ebenso überlebt wie die Entstehung des Christentums, das Byzantinische Reich, die Geburt des Islam und die arabische Eroberung, ganze Herrschergeschlechter von Arabern, Türken und Mongolen und nicht zuletzt das verheerende Erdbeben, das im Jahr 1138 große Teile der Stadt in Schutt und Asche legte. Warum sollten sie ausgerechnet die Geburt des Staates Israel nicht überleben? Weder in Aleppo noch sonst wo in der arabischen Welt schien die vollständige Ausrottung der Juden eine Option. Mit größerer Wahrscheinlichkeit ging auch das hier irgendwann vorüber. Für die Agenten war es also klüger, die Trennlinie zu respektieren, und für die Beiruter Juden, unter sich zu bleiben.

Rigoros gezogen war diese allerdings nie und konnte es auch nicht sein. Mochten Leute wie Isaac und Gamliel auch glauben, dass sie auf ihren Einsätzen in Beirut keine einheimischen Juden mehr wären; dass sie Aleppo und Damaskus für immer hinter sich gelassen, sich verändert und in Leute verwandelt hätten, die man jetzt Israelis nannte: Lange waren sie noch nicht von zu Hause weg, und in den Augen der Araber waren sie von syrischen Juden, die nie weggegangen waren, oder von syrischen Juden, die den Großteil der Beiruter Gemeinde ausmachten, kaum zu unterscheiden. Die Unterscheidung zwischen „Israelis" und „Juden" hat in der arabischen Welt nie richtig Fuß fassen können; damals wie heute werden sie dort pauschal Juden genannt. Und je mehr Agenten – Iraker, Syrer, Leute aus der arabischen Welt – gefasst wurden, desto fataler wurde diese Verwechslung.

In den lange Zeit später geschriebenen Berichten der Arabischen Sektion werden unsere Männer allgemein als israelische Spione bezeichnet, auch sie selbst pflegen das zu tun. Anfang 1948 jedoch, als sie zu ihren Missionen aufbrachen, gab es noch kein Israel, und der Begriff „Israeli" war nie gebraucht worden. Was sie damals eigentlich waren, ist etwas viel Diffuseres, woraus sich auch erklärt, warum professionelle Geheimdienste manche ihrer Aktionen als leichtsinnige Missachtung elementarster Vorsichtsmaßregeln betrachten würden. Gamliel zum Beispiel arrangierte während seines Undercover-Einsatzes in Beirut einen Besuch seiner Eltern, die noch im jüdischen Viertel in Damaskus wohnten – natürlich unter der Bedingung (wie er später zu seiner Entschuldigung schrieb), dass sie ihm „keine unnötigen Fragen stellten". Er hatte sie jahrelang nicht gesehen und vermisste sie einfach. Es war das letzte Mal, dass er seinen Vater sah, der kurz darauf verstarb. Zu dritt saßen sie in einem Café an der Uferpromenade, zwei gebürtige syrische Juden und ihr Sohn, der israelische Spion.

Den Befehl, die Beiruter Juden zu meiden, zu befolgen, kam besonders Gamliel hart an, da zwei seiner Brüder in der Stadt lebten. Später würde er gestehen, sich hin und wieder mit seinem Bruder Khalil (mit hebräischem Namen Abraham) getroffen zu haben, der als Vertreter für Unterwäsche arbeitete.[208] Gamliel erzählt, er habe Khalil immer nur dann besucht, wenn die Kinder schon schliefen und nachdem er ihn auf strengste Verschwiegenheit eingeschworen hatte. Er traf sich auch mit seinem anderen Bruder Subhi, dem Arzneimittelhändler (mit hebräischen Namen Matzliakh). Unter den drei Brüdern war Gamliel der einzige Spion; komplizierte Identitäten und mehr als einen Namen hatten sie, als Juden, alle drei. Ob sie nun Unterwäsche verkauften oder Informationen sammelten: Alle manövrierten sie mit großer Umsicht durch das zunehmend bedrohlicher werdende arabische Umfeld, in das sie hineingeboren worden waren.

Etwas vom Ersten, was Isaac nach seiner Ankunft in Beirut unternahm, war eine ungenehmigte Reise nach Hause: nach Aleppo, über die libanesisch-syrische Grenze mit seinen palästinensischen Papieren.[209] Havakuk begleitete ihn. Isaac rechtfertigte das waghalsige Unternehmen, indem er behauptete, sie wollten in Syrien nach militärischen Vorbereitungen Ausschau halten, aber daran glaubte er wohl selbst nicht. Er hatte einfach nur das Bedürfnis, für ein paar Stunden zu Hause zu sein, um sich zu vergewissern, dass er eine Herkunft hatte und dass sein früheres Ich, Zaki Shasho, eine reale Person gewesen war. Viele Migranten können diesen Impuls nachvollziehen. Sechs Jahre war es her, dass er weggelaufen war, um sich den zionistischen Pionieren anzuschließen, ohne seinem Vater etwas zu sagen.

Die beiden Agenten wühlten sich durch das Gewirr der Gassen bis zu dem Viertel, wo die Juden immer schon gelebt hatten, nicht weit von der großen Zitadelle, die sich über den Straßen des Basars erhebt. Isaacs Vater war gestorben, nachdem er schon weggegangen war, seine Mutter hatte er bereits als Kind verloren. Seine Stiefmutter dagegen müsste noch am Leben sein und irgendwo im jüdischen Viertel wohnen, glaubte er. Als er zu ihrem Innenhof kam, war sie aber nicht da; jemand sagte, sie wäre umgezogen. Zu dem Zeitpunkt hatten viele Juden die Stadt bereits verlassen, und ihre Wohnungen waren von Fremden besetzt. Nachdem die Vereinten Nationen im vergangenen Herbst für die Teilung Palästinas gestimmt hatten, steckten arabische Aufständische hunderte jüdischer Wohnungen und Geschäfte und fast alle Synagogen in Brand. Es war nicht mehr wie früher, als das hier noch ihre eigene kleine Welt war. Man musste aufpassen, wem man über den Weg lief und was man sagte.

Als Isaac in einem anderen Innenhof seine Stiefmutter doch noch fand, sagte sie erst einmal Zaubersprüche zum Bann von Dschinns und bösen Blicken auf. Sie hatte ihn totgeglaubt, und als sie ihn nun sah, glaubte sie das zunächst immer noch. Danach führte sie ihn in ihr ärmliches kleines Zimmer und servierte ihm sein Leibgericht, Teigbällchen mit Frischkäse.

Als Isaac diese Geschichte erzählte, saßen wir wie immer in seiner Küche, auf dem Tisch zwischen uns mein digitales Aufnahmegerät; an bestimmten Stellen jedoch musste er immer wieder lachen oder grinsen, was sonst nicht seine Art war. Doch als er jenes Essen beschrieb, schloss er für einen Moment die Augen und sein Lächeln wurde noch breiter als je zuvor. Der Geschmack war ihm unvergesslich.

Es war das letzte Mal, dass er seine Stadt sah. Bevor er wieder ging, bat er seine Stiefmutter, nichts zu erzählen, aber es hatte sich auch so schon herumgesprochen. Ein anderer mir bekannter Mann aus Aleppo[210] erinnert sich, wie sich das Gerücht unter den jüdischen Kindern verbreitete, für die Isaac nun ein Held war: Zakhi Shaso, der Sohn des Hausmeisters, der eines Tages verschwunden war und irgendwo weit weg in Eretz Israel die Araber bekämpfte, statt sein Leben von ihrer Gnade abhängen zu lassen. Jahrelang hatte er sich nicht blicken lassen; jetzt aber erzählte man sich, er sei an einem Tag in diesem Sommer gesehen worden, wie er für Sekunden durch die Gassen huschte wie ein Geist.

Jeder der Agenten hatte diese Momente, in denen ihn die Sehnsucht nach Menschen seines eigenen Volkes übermannte. Auch Gamliel erwähnt in seinen Erinnerungen einen solchen Moment, ein paar Jahre später, als er bereits als arabischer Journalist nach Europa versetzt worden war. Einmal, am Abend eines jüdischen Feiertags, kam er an einer Synagoge vorbei,[211] blieb in einiger Entfernung stehen und schaute hinüber. Er sah die Gläubigen hinein gehen und wieder heraus. Undeutliche jüdische Gebetsfetzen drangen von ferne an sein Ohr mit den flehentlichen Worten seines Vaters und Großvaters: *Barmherziger und gnädiger ... vergib uns ...* Fast hätte es ihn innerlich zerrissen. „Aber das bin nicht ich", rief er sich in Erinnerung. Er war ein arabischer Muslim namens Yussef el-Hamed. Er ging weiter.

Yakuba hatte seinen Moment im Frühling 1948, als er in Begleitung eines anderen Agenten nach Syrien ging,[212] um die Stellungen der Armee zu erkunden. Gekleidet als Araber, mit Krummdolchen im Gürtel, kamen sie in Damaskus an. Es war an einem Freitag.

Die Agenten beschlossen, ein bisschen Sightseeing zu machen und besuchten den berühmten Suq von Damaskus. An einem der Stände entdeckte Yakuba ein kleines Mokka-Set aus Kupfer mit einer Kanne, kleinen Tässchen und einem Döschen für Konfekt. Er kaufte es und fragte den arabischen Händler, ob er noch eines hätte. Hier im Laden nicht, sagte der Mann, aber zu Hause, und lud die beiden palästinensisch-arabischen Touristen ein, mit ihm zu kommen.

Unterwegs fragte sie der Mann nach dem Stand der Dinge in Palästina. Das Jahr 1948 war erst ein paar Monate alt, und die Aussichten für die Araber standen gut.

Wirst sehen, bei Gott, wir werden die Juden alle abschlachten, antwortete Yakuba und zeigte auf seinen Dolch. Mit eurer Hilfe ist das in drei Tagen erledigt, kein Problem.

Die Antwort des Händlers fiel nicht aus wie erwartet. „Er ging schweigend weiter", erinnert sich Yakuba, „und er wirkte ganz in sich gekehrt. Wir dachten, er ist vielleicht ein bisschen einfältig." Sie gingen durch die Gassen, bis sie beim Haus des Händlers ankamen, und als das Tor zum Innenhof aufging, wurde Yakuba auf einmal alles klar. Es war Freitagabend und es roch nach Sabbat-Essen.

Wir haben ein Problem, flüsterte Yakuba dem anderen Agenten zu, der zuerst gar nicht verstand, was er meinte.

Ich glaube, er ist einer von uns, flüsterte Yakuba und wies auf den Geruch.

Red keinen Unsinn, sagte der andere Agent. Das ist halt syrische Küche.

Der Händler ließ sie im Wohnzimmer sitzen, während er nach dem Service suchte. Yakuba war sich sicher, dass er Jude war. Er kannte diesen Geruch. Er sah sich im Zimmer um. Er schaute nach oben. Über seinem Kopf hing eine aufwendig verzierte Kupferlampe, darauf eingraviert in hebräischer Schrift: *Zion*.

„Wir erbleichten beide und mussten schlucken", erinnert sich Yakuba. In der Rolle seines arabischen Alter Ego Jamil hatte er gerade noch groß getönt, dass sie die Juden abschlachten würden. Mit Müh und Not schaffte er es, nicht mit der Wahrheit herauszuplatzen, als der Mann zurückkam. Er hatte sagen wollen: „Wir sind deine Brüder, Kinder Israels. Sei tapfer und bleib stark!" Die Juden waren eine überschaubare lokale Sippe, das Gefühl gegenseitiger Verbundenheit reichte tief, ebenso ihr Gespür dafür, dass ihre Schicksale im Nahen Osten ebenso ungewiss wie miteinander verflochten waren. Aber die beiden Agenten sagten nichts. Sie bezahlten das Service und gingen.

Viele Jahre später, nach einer langen Geheimdienstlaufbahn, erzählte Yakuba diese Geschichte einem Forscher, der mündliche Berichte von Zeitzeugen zusammentrug. An dieser Stelle des Transkripts hat der Interviewer eine Fußnote eingefügt: „Kann nicht weiter sprechen."

Im Hauptquartier der Arabischen Sektion taten die Offiziere

ihr Bestes, die Trennung zwischen Agenten und jüdischer Bevölkerung durchzusetzen, im Glauben, so bliebe die Beiruter Gemeinde gegen den Vorwurf einer gespaltenen Loyalität geschützt. Der Anschlag im Hafen auf die *Grille* würde nach der Tat eines Außenstehenden aussehen, der vom Meer gekommen war. Die Operation bekam grünes Licht.

16. Der Saboteur

24. November, 6:00
Morgendämmerung an Gamliel
Wenn das Schiff am Strand anlandet, gilt folgender Code:
Isaac fragt: Min hada? [Wer ist da?]
Der von Bord gehende Mann sagt: Ibrahim.
Isaac sagt: Hal aja kaman Mustafa? [Ist Mustafa bei dir?]
Seid stark![213]

Der erste Jahrestag der UN-Resolution, der 29. November, rückte heran, was zugleich bedeutete, dass seit Beginn des Unabhängigkeitskrieges ein Jahr vergangen war. Mit diesem Datum erfuhr der anstehende Job eine zusätzliche symbolische Aufladung:

29. November, 6:15
Morgendämmerung an Gamliel:
Ausführung der Mission heute, Montag, den 29. November,
am Jahrestag der UN-Resolution.[214]

Kurz nach 21 Uhr krabbelte der Saboteur aus dem Beiboot an den Strand.[215] Unter seiner normalen Kleidung trug Rika einen Taucheranzug, und er hatte einen Koffer mit Schwimmflossen, zwei Haftminen dabei, plus einer Flasche Rum, um sich aufzuwärmen, wenn er aus dem Wasser herauskam, und „Energie-Pillen", vermutlich Methamphetamine. Sein Ausbilder, ein Veteran der Marine-

Einheit des Palmach, legte großen Wert auf diese Pillen; damals, als die Juden ihre Vergeltungsakte für die britische Flüchtlingsblockade verübten, war er einmal geschnappt worden, nachdem er beim Versuch, das Transportschiff HMT *Ocean Vigour* in Zypern zu sprengen, im rauen Seegang müde geworden war.

Für den Fall, dass die Beiruter Agenten nicht am Strand auf ihn warten würden, hatte Rika Anweisung, sich zum Ausweichtreffpunkt beim Casino Méditerranée zu begeben; falls sie auch dort nicht wären, sollte er die Nacht im Chez Madeleine verbringen, einem der Bordelle im Rotlichtbezirk abseits der Place des Martyrs. Doch dieses Mal ging alles glatt. Isaac eröffnete den verabredeten Code-Dialog und lief dann mit Rika zum Oldsmobile, wo Yakuba auf dem Fahrersitz auf sie wartete.

Als sie in die Nähe des Hafens gelangten, hielten sie am Straßenrand. Niemand schien von ihnen Notiz zu nehmen, obwohl mehrere Autos an ihnen vorbeizogen und in dem nahe gelegenen Laden Licht brannte. Isaac half dem Saboteur beim Öffnen des Kofferraums; sie nahmen gerade die Minen aus dem Koffer, da gab es plötzlich einen Knall. Für ein paar Sekunden standen sie da und starrten verdutzt auf die Rumflasche, die zerbrochen am Boden lag. Bestimmt waren sie alle viel nervöser, als sie später zugeben wollten.

Nun aber stellte Rika ein Problem fest, das weit schwerer wog: der Zünder einer der Haftminen war defekt. Im Moment konnte man da aber nichts machen, außer hoffen, dass die Detonation der ersten Mine auch die Zündung der zweiten auslösen würde. Beide Minen um die Hüften geschnallt, überquerte er den Sandstreifen und ließ sich ins Wasser gleiten.

Hitlers Yacht war hell erleuchtet, was Rika beunruhigte: Er könnte entdeckt werden, eine schwarze Gestalt, die durch die glitzernd gekräuselte Wasseroberfläche des Hafens ihre Bahn zog. Als er sah, dass das Schiff mit dem Bug zum Strand stand, was nicht der Position auf den Luftaufnahmen entsprach, änderte er seinen Kurs entsprechend. Das Scheinwerferlicht, das die Nazi-Yacht und die umgebende Wasseroberfläche erleuchtete, kam von einem zweiten, hoch hinter der *Grille* aufragenden Schiff: dem britischen Zerstörer *Childers*. Rika versuchte, so nah wie möglich an die *Grille* heranzukommen, ohne von dem Scheinwerfer erfasst zu werden, doch als er an Bord menschliche Umrisse und Stimmen ausmachte, tauchte er ab. Kaum unter Wasser, sah er über sich ein blockartiges Etwas rasch näherkommen und verharrte, während direkt neben ihm ein Fischerboot vorbeizog. Einer der Fischer stand an Deck, der andere saß daneben. Den nur wenige Meter entfernt im Wasser strampelnden Schwimmer hatten sie nicht bemerkt.

Als sie vorbei waren, arbeitete sich Rika zügig zum Heck der *Grille* vor und schwamm seitlich am Rumpf entlang, dessen Krümmung ihn den Blicken der Männer an Deck entzog. Er brachte die defekte Mine an, schwamm noch ein kurzes Stück weiter, befestigte die intakte Mine und setzte den Zünder ein. „Die Kapsel glitt immer wieder heraus, bis ich sie endlich mit einer Hand festhielt und mit der anderen aufbrach", schildert er den Vorgang. „Dann löste ich die Sicherheitssperre und schwamm weg vom Schiff."[216] Er schwamm so schnell er konnte, den Abstand zum Ufer verringernd und dabei betend, die Minen mögen nicht explodieren, solange er noch im Wasser wäre.

Einen Tag später tickerte ein freudetrunkener Funkspruch des Hauptquartiers über die Wäscheleine auf der Beiruter Dachterrasse, nachdem man Rika am Strand aufgegriffen und zurück nach Israel gebracht hatte:

> *Alle an der Operation Beteiligten senden euch ihre Glückwünsche. Ihr habt erstklassige operative Fähigkeiten bewiesen. Auf weitere Erfolge!*
> *Rika hat die Basis unversehrt erreicht. Er ist voller Bewunderung für euren Optimismus und konnte gar nicht aufhören, euch in den höchsten Tönen zu loben, was uns alle sehr freut und uns in unserem Vertrauen und unserer Wertschätzung für euch bestärkt … Alle Mitglieder und Kommandeure der Morgendämmerung haben den größten Respekt vor eurer Moral – seid stark und immer so erfolgreich!*[217]

Die Männer in Beirut wollten keine Spielverderber sein, doch bezweifelten sie, ob diese Glückwünsche wirklich angebracht waren. Als am Morgen die Sonne aufging, schaukelte Hitlers Yacht wie zum Hohn immer noch friedlich vor Anker, mit zwei harmlosen jüdischen Minen unsichtbar unter ihrer Wasserlinie.

Am folgenden Morgen genauso, tags darauf immer noch.

Die Spione erfuhren, dass sie innerhalb der nächsten Tage einen zweiten Versuch unternehmen sollten, der dann jedoch um einige weitere Tage verzögert und schließlich abermals verschoben wurde. Man hatte die Hoffnung schon aufgegeben, als plötzlich vom Hafen her ein tiefer dumpfer Knall herandröhnte.

Die zu guter Letzt doch noch erfolgende Explosion „erzeugte eine 30 m hohe Flamme", hieß es in dem dramatischen Bericht einer Beiruter Zeitung[218], demzufolge die Mine beim Treibstofftank am Schiffsrumpf angebracht worden war und ein Leck vom Umfang eines großen Speisetischs hinterlassen hatte.

> *Wasser flutete in das Schiff und es bestand die Befürchtung, es könne sinken, doch gelang es den deutschen Matrosen und*

Ingenieuren, das Leck abzudichten und so das Schiff zu retten. Ermittler gehen davon aus, dass es sich um eine Haftmine mit mindestens 25 kg Sprengstoff handelte, die 1,5 m unterhalb der Wasserlinie angebracht war. Der entstandene Sachschaden wird auf 100 000 Pfund geschätzt.

In Beirut kursierten diverse Theorien über die rätselhafte Explosion. Nach der einen waren es Überbleibsel von Weltkriegsmunition, zufällig irgendwie vom Meer her angeschwemmt. Andere machten eine Bande einheimischer Krimineller verantwortlich, die sogenannte *Schwarze Hand*, die mit der Familie des reichen libanesischen Eigentümers der *Grille* verfeindet war. Eine dritte Version schrieb die Tat den „Anti-Farouk"-Terroristen zu: einer arabisch-nationalistischen Gruppierung, die sich gegen den ägyptischen Monarchen richtete, für den die Yacht bestimmt war. Die Juden zog niemand auch nur in Erwägung.

Falls das die Israelis gekränkt haben sollte, ließen sie es sich nicht anmerken. Im Hauptquartier fanden weitere Siegesfeiern statt, und die Operation wurde als großer Erfolg verbucht. Der Aviso *Grille* wurde wieder instandgesetzt, diente aber nie wieder als Kriegsschiff und gelangte auch nie nach Ägypten. Der Eigentümer verkaufte das Schiff mit Verlust, worauf es zur Verschrottung über den Atlantik zum Delaware River versetzt wurde. Nur die Toilette aus Hitlers Suite blieb erhalten und war viele Jahre lang in einem Autohaus in Florence, New Jersey zu besichtigen.[219]

Die offizielle Geschichte der israelischen Marine über den Unabhängigkeitskrieg enthält ein ganzes Kapitel über die Operation *Grille*, das allerdings die Rolle der Spione übergeht. Sei es aus Dünkel oder aus Gründen der Geheimhaltung: Die Marine heimst hier den ganzen Lorbeer für sich ein. Ausbilder Sam'an, bekannt für seine Bescheidenheit und sein Understatement, bezeichnete den Anschlag als „eine klassische Blaupause für komplexere Aktionen aller Art".

Man hätte sich gewünscht, dass diese „klassische Blaupause" in einem Feuerwerk kulminierte, das den ganzen Hafen erleuchtet, das Schiff pulverisiert und die Nazis in hohem Bogen ins Wasser geschleudert hätte, während die Saboteure, irgendwo in der Nähe an einem Fenster stehend, leise ihre Gläser klingen ließen. Man hätte sich die Dramaturgie einer Seeschlacht gewünscht, die im letzten Augenblick eine glückliche Wendung nimmt. Was wir stattdessen haben, ist ein gigantischer Aufwand an Kraft und Kühnheit, betrieben auf der Grundlage schwammiger, vielleicht auch fehlinterpretierter Informationen, vorangetrieben aus teils fadenscheinigen Beweggründen, ein Lavieren durch allerlei technische Pannen, und das alles, um eine Wirkung zu erzielen, die im Voraus kaum absehbar und im Nachhinein schwer zu beurteilen war. Für eine wahre Spionagestory indes mag das vielleicht wirklich eine klassische Blaupause sein.

17. Der Galgen

Wird der Zylinder an der Wand eines Raumes befestigt, wird jede Person im Raum getötet oder schwer verwundet.
Wird der Zylinder an einem Benzoltank aus Beton oder Metall befestigt, wird der Tank explodieren.
Wird der Zylinder an einem Auto befestigt, werden alle Insassen getötet.
Arbeitet unter Berücksichtigung des oben Gesagten einen Plan für passende Ziele aus und haltet mich auf dem Laufenden.[220]

Fünf Tage nach der *Grille*-Aktion wurden diese Zeilen vom Hauptquartier an Yakuba gesendet. Nach Beirut geschickt, um möglichst viel Schaden anzurichten, hatte er nicht nur Waffen mitgebracht, sondern auch seinen explosiven Charakter. Man befand sich im Krieg, und er war gekommen, um den Kampf zu den Arabern zu tragen, so wie diese den Kampf zu den Juden getragen hatten.

Yakubas Aufmerksamkeit richtete sich nun auf die große Raffinerie in Tripoli im Nord-Libanon.[221] Er träumte davon, sie in die Luft zu jagen: ein Feuerwerk, wie der Nahe Osten noch keines gesehen hatte. Isaac begleitete ihn als Späher, und so fuhren sie im Oldsmobile-Taxi die Küstenstraße hinauf zu der Anlage, als Jamil und Abdul-Karim, wie schon damals vor acht Monaten, als sie in einem anderen Oldsmobile durch Haifa fuhren, nachdem sie die Kfz-Werkstatt hatten hochgehen lassen.

Die Wachleute an der Raffinerie erwiesen sich als nicht besonders wachsam. Das Agentenduo wollte herausfinden, was sich in den diversen Tanks befand: Benzol, Diesel, Rohöl; Isaac kletterte einfach auf einen hinauf und ließ an einer Schnur einen Zinnbecher herunter, der mit einem Stein beschwert war. Der Plan sah vor, einen Zaun zu durchschneiden und drei Sprengsätze an einem der Tanks sowie einen vierten an einem in der Nähe befindlichen Aquädukt anzubringen. Der erste Tank würde auch die anderen zünden, und dann würden die brennenden Flüssigkeiten bergab Richtung Strand fließen und auf die ganze Raffinerie übergreifen.

Das Ziel an sich war kein Novum. Die erste nennenswerte jüdisch-britische Zusammenarbeit in Palästina zur Zeit der gemeinsamen Panik, 1941, war eine Sabotageaktion gegen dieselbe Raffinerie gewesen, die sich damals noch in der Hand des Vichy-Regimes befand: Man hatte ein offenes Boot, die *Sea Lion*, mit 23 jüdischen Kämpfern und einem britischen Beobachter losgeschickt, das jedoch mit der gesamten Besatzung auf See verloren ging. Die Männer von der SOE befanden sich 1948 bereits wieder wohlbehalten in England, schrieben ihre Romane und lehrten Altgriechisch. Yakubas Plan indes hätte auch von ihnen sein können.

Etwa um diese Zeit begann es zwischen Yakuba und Gamliel zu kriseln. Fünfzig Jahre später, als Yakuba seine Erinnerungen auf Tonband aufnahm und seine Meinung über jenen anderen Mann für die Nachwelt festhielt, während zugleich Gamliel seinen Bericht veröffentlichte, war der Streit noch nicht beigelegt.

Offenbar sah sich Gamliel nicht nur als den Agenten, dem der Auftrag eigentlich zugeteilt war, sondern auch als den einzigen verantwortungsbewussten Erwachsenen in der Truppe. Yakuba wiederum hielt Gamliel für einen Spießer, wenn nicht gar einen Feigling. Ihre gemeinsame Aufgabe erkannten beide in der Rettung des fragilen jüdischen Staats, doch während Gamliel meinte, dass es darauf ankäme, die arabische Welt, die diesen Staat auszulöschen trachtete, erst einmal zu *verstehen*, ging es Yakuba darum, neue Fronten zu eröffnen. Insgesamt war es aber weniger ein taktischer Konflikt als ein Zusammenprall der Persönlichkeiten. Yakuba war hitzköpfig und widersetzlich. Gamliel hingegen scheint die meiste Zeit eher rational und ausgeglichen gewesen zu sein, obschon manchmal inkonsequent. In seinen Erinnerungen gibt er zu, in Beirut eine Kaffeesatzleserin und eine armenische Wahrsagerin zu Rate gezogen zu haben,[222] denen er echte Einblicke in die Zukunft zutraute. Nicht dass er sich nie für ein offensives Vorgehen ausgesprochen hätte; denken wir nur an die von ihm ans Hauptquartier gefunkte Liste potentieller Ziele.[223] Einmal schlug er vor, das Verpflegungslager im Hafen von Beirut in die Luft zu jagen, um die Libanesen dazu zu bringen, ihre Kriegsbeteiligung noch einmal zu überdenken. Von Aktionen wie der nun von Yakuba geplanten aber hielt er nicht viel. Wie wir wissen, war seine Abneigung gegen Blutvergießen so stark, dass er den Sektionskommandeuren einst das Versprechen abgenötigt hatte, nie jemanden töten zu müssen.

Stattdessen bevorzugte er Projekte wie das einer Mitgliedschaft in der Syrischen Sozialen Nationalistischen Partei (SSNP), einer populären Gruppierung mit faschistischer Tendenz, um so zu einer belastbaren Analyse einer der wichtigsten politischen Kräfte des Libanon zu kommen.[224] Unter seinem Decknamen Yussef el-Hamed erwarb Gamliel das Parteibuch und wurde in einem Ortsverband stellvertretender Vorsitzender, was ihm die Teilnahme an Sitzungen ermöglichte, auf denen er mit ausgestrecktem Arm den Gruß der anderen Parteimitglieder erwiderte. Er reichte Berichte über Reden des Vorsitzenden ein und machte auf Parteiversammlungen Schnappschüsse[225] wie diesen vom März 1949.

Das entsprach seiner Idee von den Aufgaben eines Spions, womit er sich gegen die Fixierung seines Rivalen auf die Zerstörung der Raffinerie wandte.

Von solch einem „intellektuellen" Zugang hielt jener nicht viel. Laut Yakuba „glaubte [Gamliel], es wäre sein Job, morgens aufzustehen und Zeitung zu lesen". Umgekehrt wusste Yakuba sehr wohl, dass er einen Ruf als Draufgänger hatte, und gestand dies auch zu: „Ich war ein Draufgänger."[226] Im Hauptquartier stießen seine Raffinerie-Pläne auf Skepsis; eine Nachricht aus Israel warnte ihn davor, nur ja nichts ohne ausdrückliche Erlaubnis zu unternehmen.

Offenbar fürchteten die Kommandeure, er könne auch ohne Befehl losschlagen. Zwischen den Zeilen von Yakubas Erinnerungen können wir herauslesen, dass den Agenten in diesen Monaten noch eine andere Sorge plagte. Im Stadtzentrum von Beirut ließen die libanesischen Behörden im Morgengrauen Hinrichtungen durchführen, und er ging immer wieder hin, um sich das anzusehen.[227] Es war ein simpler Galgen. Die Tötung erfolgte durch das Entfernen eines Bretts unter den Füßen des Verurteilten, und jedes Mal wenn das geschah, gab es von der Menge Applaus. Man kam bis auf wenige Meter heran. Der Gefangene bestieg das Gerüst vermummt, aber manchmal kam es vor, dass er darum bat, ihm die Kapuze abzunehmen, sodass man ihm ins Gesicht sehen konnte. Einige der Verurteilten nässten sich ein oder stammelten wirres Zeug. Manche weinten, andere brüllten herum und stießen Flüche auf Polizei und Regierung aus. Einen Verbrecher gab es, der Yakuba besonders beeindruckte: ein Dieb und Mörder, von dem es hieß, er habe seine Opfer zerstückelt und in Kohlensäcke gestopft. Als der Mann die Kapuze fallen ließ und in die Menge starrte, sah Yakuba genau hin. Ich – ein Mörder? schrie der Todeskandidat. Der schlimmste Mörder ist dieses korrupte Regime, das das Volk foltert, aushungert, hinrichtet und misshandelt!

Dann wandte er sich zu seinem Henker: Wenn du mich hängst, tust du nur deine Arbeit; dafür muss ich dich küssen. Und er küsste den Henker. Yakuba würde diesen Kuss nie mehr vergessen. Dann zog der Henker das Brett weg, und der Mann zappelte am Galgen.

Der Agent ging nicht zu den Hinrichtungen, weil er sie genoss. Er tat es, weil er unter den Agenten derjenige mit der größten Tötungsbereitschaft war, und somit auch derjenige, der mit seinem eigenen Tod am ehesten zu rechnen hatte. Es kam ihm in den Sinn, dass eines Tages auch er hier stehen könnte, und er wollte wissen, wie sich das anfühlte. Viele aus der Arabischen Sektion waren bereits tot. Was würde er, Yakuba, tun, wenn die Reihe an ihn käme? „Eine Zeit lang dachte ich: dann schreie ich so laut ich kann ‚Lang lebe der Staat Israel'", erinnert er sich. „Doch dann besann ich mich und sagte mir, nein, damit liefere ich nur das übrige Netzwerk aus und belaste die anderen. Besser den Mund halten und sich von denen verscharren lassen wie einen Hund."

Dass es dem Hauptquartier widerstrebte, Yakuba im Libanon freie Bahn zu lassen, erklärt sich u. a. auch daraus, dass der Kriegsverlauf seit den Schreckenstagen zu Beginn des Jahres eine Wendung genommen hatte. Die Offensive der arabischen Staaten war teils wegen des erbitterten Widerstands der Juden, teils wegen ihrer eigenen Desorganisation und ihren internen Querelen zum Erliegen gekommen. Die Stimmung in den arabischen Streitkräften kippte. Von der Zuversicht, mit der anfangs davon die Rede gewesen war, die Juden ins Meer zu werfen, war nicht mehr viel übrig. Die jetzige Geisteshaltung manifestierte sich in Kriegsgesprächen wie denen, die Gamliel in der Gegend um die libanesisch-israelische Grenze aufschnappte, wo Einheiten der libanesischen Armee an der Seite muslimischer Freiwilliger aus Jugoslawien dienten:

> *Ich habe einen syrischen Soldaten über den Angriff auf Malkiya[228] sprechen hören, über die Schwäche der libanesischen und der jugoslawischen Kräfte und über die Blitzattacken der Haganah. Er sagt, die Haganah-Leute tauchen immer völlig überraschend auf, in der Stunde des süßesten Schlummers.[229]*

Die jüdischen Streitkräfte hielten nicht mehr nur stand, sie gewannen die Oberhand. Bisher war der jüdische Staat noch etwas diffus Nebulöses gewesen, ein Gebilde mit unklaren und sich ständig verschiebenden Grenzen, das aber nun allmählich feste Formen annahm. Es wurde zu einem realen Ort.

Eine der ersten Maßnahmen der neuen israelischen Regierung bestand darin, die alten Partisanen-Milizen aufzulösen, die es vor der Staatsgründung gegeben hatte. Davon waren nicht nur militante rechtsgerichtete Gruppierungen betroffen, die ohne Mandat der offiziellen Führung operierten, sondern auch der Palmach selbst, das Herz der jüdischen Untergrundarmee und die Kampfeinheit, zu der immer auch die Arabische Sektion gehört hatte. Der Palmach repräsentierte den linken Flügel der Kibbuz-Bewegung: Leute, für die Sozialismus und Weltrevolution nicht bloße Attitüden waren. Noch bis weit in die 1950er Jahre konnte man in manchem Kibbuz-Speisesaal Stalin-Fotos hängen sehen. Diese subversive Grundhaltung des Palmach war von Nutzen, solange die Briten die Regierung stellten; nun aber gab es eine jüdische Regierung, und diese war zu fragil, um den Fortbestand einer solchen Bedrohung riskieren zu können. Während sich Palmach-Einheiten noch den ganzen Frühling und Sommer über an den Kämpfen beteiligten, hatte die Staatsführung bereits damit begonnen, die eigenständigen Hauptquartiere der Miliz abzubauen. Irgendwann würde auch der Palmach selbst aufgelöst werden.

Nicht nur auf militärischem Gebiet waren Veränderungen im Gange. Das ehemalige Eretz Israel mit seinen Eukalyptusbäumen und seinen bescheidenen Hütten, seiner chaotischen Intensität und seinen zahlreichen inneren Widersprüchen, der Vielfalt seiner Zukunftsentwürfe und dem weiten Spielraum, den es für verrückte und unausgegorene Ideen ließ – dieses Land musste erst einmal gezähmt werden, damit auf ihm ein echter Staat errichtet werden konnte. Ein neuer Staat, der mehr sein würde als der erträumte, insofern er eben real war, aus demselben Grund aber auch weniger. Vieles gab es, dessen man sich nun entledigen musste, unter anderem den Palmach. Diese kleine Welt mit ihrer unvergesslichen Kameradschaft – „Liebe, durch Blut geheiligt"[230], um es mit den Worten eines ihrer Lieder zu sagen – barg in sich eine solche Energie, dass viele Kämpfer ihr Ende nie verwinden konnten. Nachdem sie ihr morsches Rettungsboot durch steile See zu einem echten Rettungsschiff manövriert hatten, stellten sie fest, dass sie das Rettungsboot vermissten. Ihre Heimat war das alte Land Israel; an den neuen Staat dieses Namens konnten sie sich nie gewöhnen. Aus dem berühmten Palmach-Offizier Yigal Allon wurde nun ein israelischer General und ein prominenter Politiker, den man noch heute als Nationalhelden verehrt. In einem Nachruf auf ihn, gehalten von einem seiner Palmach-Kameraden kurz nach Allons Tod, heißt es jedoch: „Yigal Allon starb ohne Heimatland. Der Staat, den er miterschuf, hatte ihm seine Heimat genommen."[231]

Der Palmach war ein Problem für die neue Regierung und ihre Armee; die Bedeutung der Arabischen Sektion indes war unbestritten. Die Leute, die jetzt das Sagen hatten, legten auf Geheimdienste großen Wert. Vorbei die Zeiten, in denen die Spione sich ihre eigenen Legenden zusammenstrickten und nicht genug Geld für Bustickets hatten. Am 16. September 1948 setzte der Geheimdienstchef Big Isser ein Memo auf mit der Ankündigung, das die bisher dem Palmach angehörende Arabische Sektion einer neuen Leitung unterstellte.[232] Sie würde nun eine Einheit der IDF werden und den Namen Shin Mem 18 tragen.[233] Sie verfügte nun über ein Büro mit Schreibtisch, eine Bürokraft und ein Budget. Es gab einen Rekrutierungsoffizier, der Zugang zu den Personalausweisen aller neuen Wehrpflichtigen hatte und der jeden Mizrachim-Namen, auf den er stieß, weiterleitete.[234] Mit der Zeit stieg auch Ausbilder Sam'an in höhere Positionen des neuen Geheimdienstapparats auf, was dazu führte, dass er mit der von ihm gegründeten Sektion immer weniger zu tun hatte, infolgedessen auch mit den Männern, die er einst rekrutiert und ausgebildet hatte und für die er wie ein Vater gewesen war.

Für die Agenten in der feindlichen Stadt im Norden, die den Drei-Monde-Kiosk betrieben, Taxi fuhren und ihre Nachrichten durch die Wäscheleine funkten, vollzogen sich diese Veränderungen größtenteils unbemerkt. Ihre einzige Verbindung zur Heimat war das Tackern im Funkgerät. Davon, wer am anderen Ende der Leitung saß, hatten sie keine Ahnung; sie dachten, es wären immer noch dieselben Leute, die sie kannten. Gamliel, Isaac und Havakuk waren vor der Unabhängigkeitserklärung im Frühling entsandt worden, sie waren also noch nie im „Staat Israel" gewesen. In ihrem Funkverkehr sprachen sie immer noch vom Land Israel. Jemandem von den IDF, zu denen sie jetzt gehören sollten, waren sie nie begegnet. Wenn sie von ihrer Mansarde aus Ausschau hielten, fanden sie alles unverändert. Zur einen Seite lag das Meer, nach allen anderen erstreckte sich bis zum Horizont die arabische Welt.

Beim Jahreswechsel 1948/49 wetteiferten Gamliel und Yakuba nach der Sprengung der *Grille* darum, das Team zu führen – der eine Richtung Informationsbeschaffung und Analyse, der andere in Sabotage. Mochte die Arabische Sektion des Palmach nun eine Militäreinheit geworden sein, die Vorstellung einer klaren Hierarchie blieb fremd, und wie es scheint, war auch niemand im Hauptquartier dazu in der Lage, die Männer im Feld einer solchen Hierarchie zu unterwerfen. Im Funkverkehr finden sich Versuche, die Querelen zu schlichten und Entscheidungen zu treffen, wer nun wem zu gehorchen hatte, so etwa in dieser an Gamliel gerichteten Nachricht:

> *Yakuba hat die volle Kompetenz, militärische Aktionen zu planen und vorzubereiten, muss sich aber bezüglich Planung und Vorbereitung mit dir beraten. Außerdem bedarf jede von uns bewilligte Aktion der Zustimmung durch euch beide.*[235]

Doch das brachte nichts, und die Sache wurde nie bereinigt. Isaac und Havakuk standen an der Seitenlinie und schauten zu, ganz im Sinn eines der arabischen Sprichwörter, die Isaac zu sammeln pflegte:

> *Iza ana amir wa-inta - min rah yisuq el-hamir?*
> *(Wenn ich Prinz bin und du auch – wer treibt dann den Esel?)*[236]

Isaac und Havakuk waren keine Prinzen; sie waren anscheinend zufrieden damit, den Esel zu treiben. Wie dem auch sei, die Erlaubnis zur Sprengung der Raffinerie bekamen die Spione nie. Möglich, dass die Kommandeure die Libanesen nicht unnötig provozieren wollten; in einer Quelle werden auch Vermutungen geäußert, man habe europäische Firmen mit finanziellen Interessen an der Anlage nicht vergraulen wollen. Außerdem hatten die Israelis wie immer Bedenken wegen einer möglichen Gefährdung der einheimischen Juden. Es gab viele Gründe für den Abbruch der Aktion, und am Ende setzten sich die kühleren Köpfe durch.

Yakuba fluchte über die Entscheidung und schäumte vor Wut über diese Pfeifen im Hauptquartier – nicht monate-, sondern jahrelang. Als die Überlebenden vier Jahrzehnte später, im Jahr 1985, zusammenkamen, alles Männer über 60, war er immer noch nicht darüber weg. Laut Transkript dieses Treffens beharrte er darauf: „Wenn sie damals, als wir vor Ort waren, unserem Plan zugestimmt hätten, hätten wir die syrische und die jordanische Armee komplett von der Treibstoffversorgung abschneiden können und wären damit in die Geschichtsbücher eingegangen."[237]

Auch Gamliel war immer noch wütend, als er fünf Jahrzehnte post festum seine Erinnerungen niederschrieb. „Wenn er [Yakuba] über die Libanon-Zeit so spricht, als ob er oder wir oder jemand anderes hätten Wunder wirken, Berge in die Luft sprengen und die Welt in Staunen versetzende Sabotageakte verüben können, ist das nicht nur seine – ich will nicht sagen ‚böse' – Fantasie"[238], schreibt er über seinen Erzfeind. In Gamliels Buch über die Arabische Sektion sind ganze Passagen seiner Fehde mit jenem anderen Agenten gewidmet – zu einer Zeit, als sie beide ungefähr achtzig Jahre alt waren.

18. Der Jüdische Staat

In Studenten- und Intellektuellenkreisen ist bekannt, dass viele ihrer Freunde, die Offiziere der syrischen Armee waren, im Kampf gegen die Juden gefallen sind.
Der einfache Mann auf der Straße hat keine Ahnung, was an den einzelnen Fronten vor sich geht. ... Jeder weiß, dass die Juden über eine gewaltige Schlagkraft verfügen und dass es unmöglich ist, sie auf dem Schlachtfeld zu stellen.[239]

Diese Nachricht kam aus Damaskus; dort hatte der Agent Shimon (der damals das Funkgerät eingeschmuggelt hatte) soeben den zweiten Außenposten der Arabischen Sektion eingerichtet. Anfang 1949 ließen die Kämpfe in Palästina allmählich nach und es wurden Waffenstillstandsverhandlungen auf den Weg gebracht. Es war der Augenblick, den der hebräische Dichter Nathan Alterman zu Beginn des Krieges als eine Art düsteren Sonnenuntergang imaginiert hatte:

Und still wird das Land, und des Himmels rotes Auge wird mählich verlöschen über rauchenden Horizonten.[240]

Aber das Land wurde nicht so schnell still. Die Juden glaubten zunächst, auf den Krieg würde Frieden folgen, und dann würde der frischgebackene unabhängige jüdische Staat zu einer Normalität unter den seit kurzem ebenso unabhängigen arabischen

Staaten wie Syrien, Jordanien, Libanon und Irak werden. Eben noch waren Millionen Vertriebene kreuz und quer durch Europa gezogen – warum sollte sich das im Nahen Osten nicht ebenso abspielen? „In dem Moment glaubte ich, der Krieg wäre zu Ende", schreibt der Schriftsteller und Palmach-Veteran Yoram Kaniuk in seinem Memoirenband *1948* über diese Zeit. „Ich dachte, zwischen den Arabern und uns würde es endlich ein Auskommen geben, und wir würden in unserem Staat viele Jahre lang in guter Nachbarschaft mit einem jordanischen oder sonst einem Staat leben."[241]

Leute wie unsere Spione jedoch, die die arabische Welt von jenseits der „rauchenden Horizonte" beobachteten, wussten, dass nur wenige so dachten. Und die Spione, die ja aus der arabischen Welt stammten, gingen auch nicht davon aus, dass man dort jemals so denken würde: Niemals würden Israels unfreiwillige Nachbarn ihre Niederlage gegen eine Minderheit auf ihrem eigenen Territorium hinnehmen.

Anfang 1949 teilte Radio Damaskus seinen Hörern mit, dass ein gewisser Jamal Nassir zu einer Lesereise nach England aufgebrochen war, „um zu erklären, dass nicht die jüdischen Waffen den Krieg gewonnen hatten, sondern US-Dollars und tschechische Kampfflugzeuge".[242] Als die Arabische Befreiungsarmee beim Kibbuz Mishmar Ha'emek in Galiläa von zahlenmäßig unterlegenen Verteidigungskräften zurückgeschlagen wurde, hielt ihr Kommandeur al-Quwuqji öffentlich an der Behauptung fest, die Kämpfer im Kibbuz seien in Wirklichkeit nichtjüdische Russen gewesen.[243] Die Demütigung saß tief und würde nicht so schnell überwunden werden.

„Nach einer Verlautbarung der arabischen Vertretung in London haben die Araber nicht den Krieg gegen die Juden verloren, sondern nur seine erste Phase", hieß es in einem Beitrag von Near East Arabic Radio. „Die Zeit wird kommen, in der die arabischen Armeen die Kampfhandlungen in vollem Umfang wieder aufnehmen werden."[244] Eine Tageszeitung aus Ramallah rief zur Einführung einer Wehrpflicht für arabische junge Männer auf, um „die Schlacht fortsetzen und die Juden vertreiben zu können".[245] Wenn die Juden glaubten, sie hätten gewonnen, „erliegen sie nur ihrer eigenen Lügenpropaganda", sagte Azmi Nashashibi, der Moderator des jordanischen Senders Radio Ramallah. „Die Wahrheit ist, dass die arabischen Politiker die erste Kampfetappe verloren haben; die arabischen Armeen jedoch blieben unbesiegt."[246]

In Israel war die Stimmung eine andere. Die damaligen israelischen Zeitungen dokumentieren die Anfänge jenes trotzig-widerspenstigen Lebens, das bis heute den Charakter des jüdischen Staates bestimmt: Aufhebung von Sicherheitsvorkehrungen in Tel Aviv, Verlängerung der Sperrstunde für Cafés bis 1 Uhr morgens;[247] Eröffnung einer neuen Fließbandanlage des Saftherstellers Assis zur Extraktion von Alkohol aus Orangenschalen; Beilegung eines Streiks in der Textilfabrik Ata zugunsten der Arbeiter;[248] Wiedereröffnung des seit dem Abzug der Briten geschlossenen Postamts von Jaffa. Und es gab neue Immigranten, die über den Hafen von Haifa ins Land strömten,[249] tausende jede Woche, fast 25 000 allein im Februar, eine Viertelmillion im laufenden Jahr. Alle zehn Tage wuchs die Bevölkerung um ein Prozent.[250]

Bei genauer Betrachtung dieser Details fallen zwei wichtige Veränderungen ins Auge. Die erste und offensichtlichere betrifft den krassen Unterschied der israelischen Zivilgesellschaft zu der in den umgebenden Ländern. Die zweite hängt mit dem zuletzt genannten Punkt, den Schiffen voller Neuankömmlinge, zusammen und bedarf genauerer Erklärung, denn von da an begann sich die Wirklichkeit des israelischen Staates von der Vision seiner Gründer zu entfernen. Für unser heutiges Verständnis des Landes ist dieser Umstand von kaum zu überschätzender Bedeutung, und ebendarum ist es auch wichtig, die Geschichte unserer Spione zu erzählen.

Zu Beginn dieser Geschichte, in den ersten Monaten des Jahres 1948, stammten nahezu alle Juden des Landes aus Europa, unter der Führung der strengen Sozialisten der zionistischen Bewegung. Der Staat Israel liegt im Nahen Osten, konzipiert worden war er jedoch in Europa als Lösung eines europäischen Problems: dem chronischen und pathologischen Judenhass. Der andere Teil der jüdischen Welt, der sich in den islamischen Ländern befand, war einer weniger systematischen Feindseligkeit ausgesetzt und wirkte gefestigter. Mochte der Zionismus auch in dieser Welt auf einige, so etwa unsere Spione, eine Anziehungskraft ausgeübt haben, die Massen konnte er dort nie mobilisieren.

Die wenigen, die tatsächlich in das Land Israel gekommen waren, sorgten dort vielleicht für einen gewissen folkloristischen Touch oder konnten für geheimdienstliche Arbeit herhalten, doch darüber hinaus waren sie bedeutungslos und stellten keine Bedrohung dar. Sie waren ein Exotismus. Innerhalb des Palmach war die Arabische Sektion eine Caprice, ein sonderbarer Appendix. Aschkenasi-Offiziere hatten sie erschaffen, und sie blieb unter dem Oberkommando von Aschkenasi-Offizieren; man konnte unbekümmert bei ihren Lagerfeuern arabische Lieder und Kaffee genießen, ohne fürchten zu müssen, dass dadurch die eigenen Vorstellungen, wie das Land war und sein sollte, ins Wanken gerieten.

Als unsere Spione zu ihren Missionen jenseits der Grenze aufbrachen, lebte der Großteil der Juden in der islamischen Welt noch wie vor Jahrhunderten in ihren Heimatgemeinden – eine Million

Menschen in ihren jeweiligen Enklaven von Casablanca bis Kabul. Und nun sahen die Männer der Arabischen Sektion von ihrem Beobachtungsposten im Drei-Monde-Kiosk aus diese Welt untergehen.

„Unter Berufung auf sichere Quellen berichtet die Zeitung Al-Nasr, dass 80 % der Damaszener Juden samt ihren Habseligkeiten sich ohne behördliche Erlaubnis aus der Stadt entfernt haben, und es besteht die Befürchtung, dass diese Juden in den Staat Israel eingeschleust worden sind"[251], heißt es in einem Auslandsbericht der Arabischen Sektion von Anfang 1949. Wenige Wochen später traf der folgende Bericht ein:

> *Die Damaszener Juden werden in ihrem Viertel gettoisiert. Sie genießen nur innerhalb der Stadt Bewegungsfreiheit. ... Wohlhabende Juden und Besitzer größerer Geschäfte wurden von den syrischen Behörden verhaftet. Ermitteln weitere Einzelheiten.*[252]

Die Spione formulierten ihre Berichte in der neutralen Sprache der Geheimdienste, doch die Ereignisse betrafen sie auch persönlich. So hielt sich zum Beispiel Gamliels Mutter zum Zeitpunkt des Berichts in Damaskus auf, und als ein arabischer Mob mehrere Juden in der Stadt ermordete und einer von Gamliels Verwandten von einer in die Synagoge geworfenen Granate getötet wurde, war sie immer noch dort. Nach ihrer Flucht beschlagnahmte das Regime ihre Wohnung und vergab sie an arabische Flüchtlinge aus Palästina.

Seit langem schon warnten arabische Führer, dass das Schicksal der einheimischen Juden vom Ausgang des Krieges gegen Israel abhänge. „Mit der Gründung eines jüdischen Staates würde man das Leben von Millionen Juden in muslimischen Ländern aufs Spiel setzen"[253], drohte ein ägyptischer Regierungsvertreter 1947, und der irakische Premierminister sprach sich dafür aus, „ernste Maßnahmen"[254] gegen sie zu ergreifen. Was nun auch geschah. Die syrischen Zeitungen berichteten über die Einfrierung jüdischer Bankkonten und über Forderungen der Regierung nach einer Aufstellung ihrer Vermögen.[255] Die Regierung schränkte ihre Bewegungs- und Gewerbefreiheit ein, und kurz darauf wurden ihre Pässe mit Stempeln versehen, um sie als Juden kenntlich zu machen.

Einem Bericht des israelischen Außenministeriums zufolge lebten die Juden in Ägypten „in permanenter Angst und Bedrängnis"[256]. Die Behörden hatten die Vermögen wohlhabender Juden eingezogen; unterdessen plagten die verarmten jüdischen Massen andere Sorgen, etwa die Bombenattentate in ihren überfüllten Vierteln in der Altstadt von Kairo, die viele Todesopfer forderten. Es gab tödliche Pogrome im Jemen, in Libyen und in Marokko. In Bagdad wurde ein jüdischer Geschäftsmann des Verrats bezichtigt und im Beisein einer jubelnden Menge gelyncht.

Auf einer der Versammlungen der SSNP, an der Gamliel / Yussef als Parteimitglied teilnahm, hörte er die Rede Antoun Saadehs, eines populären Parteiführers. Thema war die Schäbigkeit der einheimischen Juden der arabischen Welt. „Niemals", so warnte Saadeh die Menge, würden diese Leute „sich mit der nationalen Mission identifizieren", da sie alle mit dem Zionismus sympathisierten und „uns verraten" würden. Mit „uns" meinte er die Araber. Saadeh war Christ; Christen jedoch konnten, wenn es nach den arabischen Nationalisten ging, auch Araber sein, wohingegen allgemein Einigkeit darüber herrschte, dass das für Juden nicht galt, obwohl diese in der arabischen Welt genauso „heimisch" waren wie alle anderen. „Sie bereichern sich auf unsere Kosten, und daran müssen wir sie hindern – notfalls mit Gewalt"[257], sagte Saadeh. Gamliel erstattete Bericht über den Inhalt der Rede.

Am Tag des Kriegsausbruchs war ein randalierender Mob durch Isaacs ehemaliges Viertel in Aleppo gezogen, wie er bei seinem kurzen Besuch zuhause erfahren hatte. Sie brannten jüdische Häuser und Geschäfte nieder, rotteten sich in den Gassen zusammen und riefen Sprechchöre wie: „Palästina ist unser Land, und die Juden sind unsere Hunde!" Ein Mann, den ich persönlich kenne, damals ein Teenager in Aleppo, erinnert sich, wie er hinter dem Fensterladen hervorlugte und sah, wie die Randalierer geplünderte hebräische Bücher, Gebetsschals und Tefillin auf einen Haufen schmissen und anzündeten. Ein anderer erzählte mir, wie er barfuß durchs Fenster entwischte, als der Mob gerade das Tor zum Innenhof durchbrach und die Wohnung seiner Familie in Brand steckte.[258]

Die Juden versteckten sich in ihren Wohnungen oder bei muslimischen Nachbarn, und als sie wieder herauskamen, fanden sie ihre Gemeinden verwüstet vor. Die meisten flohen im Lauf der folgenden Jahre, über die Grenze in den Libanon oder weiter in die Türkei, auf denselben Routen wie heute die syrischen Kriegsflüchtlinge. Die letzten Juden Aleppos wurden vom Regime Anfang der 1990er Jahre herausgelassen. Hinter sich schlossen sie die Türen einer Synagoge, die länger als jede andere auf der Welt in Gebrauch gewesen war. Hunderte weiterer jüdischer Gemeinden wurden auf ähnliche Weise für immer ausgelöscht.

In Kairo war ich einmal in einer verlassenen Synagoge im jüdischen Viertel (das noch heute so heißt, obwohl es dort keine Juden mehr gibt). Ein andermal habe ich die ebenfalls von Juden verlassene Altstadt von Fez/Marokko besucht, sowie eine Stadt im Rifgebirge, in der einzig die nach der Gepflogenheit der Juden blau angestrichenen Häuser noch an deren einstige Präsenz erinnern. Just der Moment, in dem die Agenten in Gestalt des Staates Israel eine neue Heimat bekamen, hatte das Schicksal ihrer alten besiegelt. In ihrem Lagerfeuerlied „Von jenseits des Flusses" hatten die Stimmen der Vorsänger immer wieder die zuversichtlichen Worte „Wir gehen voran, immer voran!" wiederholt. Doch die Wahrheit war: Es gab kein Zurück.

Die jüdischen Viertel von Saana, Tunis und Bagdad, deren Bewohner von der wachsenden Gefahr, der sie sich durch die Muslime ausgesetzt sahen, weggetrieben und zugleich vom alten Traum der Erlösung in Eretz Israel angezogen wurden, verwaisten zusehends. Israels verdeckte Einwanderungs-Agenten halfen den Flüchtenden auf Schiffe und in Flugzeuge, die sie in den neuen Staat brachten. Die Zelte der israelischen Flüchtlingslager füllten sich, das Jiddische wurde zunehmend von arabischen Dialekten übertönt. Langsam dämmerte es einigen Beobachtern, dass die Juden aus der islamischen Welt mehr als nur ein Hauch orientalischen Kolorits in dem nach den Theorien des Wieners Theodor Herzl konstruierten Staatsgebilde sein würden. Es waren einfach zu viele.

Mit den Neuankömmlingen veränderte sich das ganze Projekt. 1948 hatten die zionistischen Führer angesichts der Konfrontation mit den Arabern verstanden, dass es um „Wir oder Sie" ging, und ihre ebenso cleveren wie gnadenlosen Entscheidungen sorgten dafür, dass der Konflikt mit „Wir" endete. Was sie indes nicht verstanden hatten, war, worin dieses „Wir" eigentlich bestand und dass es am Ende dem „Sie" ähnlicher sein würde als von ihnen geplant.

Wer in Nahost einen jüdischen Staat etablieren wollte, hätte eigentlich erkennen müssen, dass Juden aus der Region dabei von Nutzen sein konnten. Man hätte die Neuankömmlinge als gleichwertige Partner bei der Erschaffung dieser neuen Gemeinschaft willkommen heißen müssen, aber das tat man nicht. Stattdessen begegnete man ihnen mit Herablassung und drängte sie an den Rand – einer der schwersten Irrtümer dieses Staates, für dessen Folgen wir noch heute bezahlen müssen.[259] „Das ist vielleicht nicht die Sorte Juden, die wir gern herkommen sehen", sagte ein Regierungsbeamter, als das Ausmaß des menschlichen Zustroms offensichtlich wurde, „aber wir können ihnen ja schlecht sagen, dass sie nicht kommen sollen."[260] Wie das Außenministerium in einer Anweisung an die Diplomaten vom Februar 1949 feststellte, würden die aus der arabischen Welt kommenden Massen „das Leben im Land auf allen Ebenen beeinflussen". Wolle man das kulturelle Niveau Israels aufrechterhalten, brauche man mehr Immigranten aus dem Westen, „und nicht nur die aus den rückständigen Ländern der Levante".[261]

Dem Journalisten Arieh Gelblum, den die Tageszeitung Haaretz in eines der Lager geschickt hatte, in dem arabischsprachige Einwanderer aus Nordafrika untergebracht waren, fielen deren „Unfähigkeit, intellektuelle Inhalte zu erfassen" sowie ihre „wilden primitiven Instinkte" auf. Sie standen kulturell „auf einer noch tieferen Stufe als die früheren palästinensischen Araber", berichtete er im April 1949. Der Artikel rief eine wütende Antwort Efraim Friedmans hervor, eines Einwanderungsbeamten, der jahrelang unter nordafrikanischen Juden gelebt hatte und der den Autor nun ein Sprachrohr des Rassenhasses nannte. „Hat Herr Gelblum eine Ahnung davon, wie es ist, wenn man den Messias herbeisehnt?" schrieb der Beamte. „Hat er die Frauen und Kinder in den Oasen der Wüste gesehen, die noch nie am Meer gewesen sind und die sich unter Einsatz ihres Lebens hineingestürzt haben, um auf ein Schiff zu gelangen?"[262] Der in dieser Auseinandersetzung zum Vorschein kommende Riss ist seitdem nie ganz gekittet worden.

Es war üblich, diese Bürger als Fußnote zur Geschichte Israels zu betrachten. Als Amos Elon 1971 in seinem populären Buch *Die Israelis: Gründer und Söhne*[263] das Land porträtierte, wusste er über die Menschen aus der islamischen Welt wenig zu sagen. Jeder wusste, wer „die Israelis" waren. Und noch heute bezieht Israel sein Selbstverständnis aus europäischen Narrativen: Herzl, Kibbuz, Holocaust – obwohl die Hälfte der hier lebenden Juden ihre Wurzeln nicht in Europa hat, sondern im orientalischen Kulturkreis. Und von der anderen Hälfte sind die meisten in Israel und nicht in Europa geboren.

Wer Jude und wer Araber ist, lässt sich auf den israelischen Straßen oft nicht unterscheiden. In den Dozentenzimmern der Universitäten und den Vorstandsetagen großer Firmen ist die Wahrscheinlichkeit, Juden mit Großeltern aus Polen oder Russland anzutreffen, immer noch höher, während die Slums zur Schande des Landes überwiegend von Menschen bewohnt werden, die marokkanische oder algerische Großeltern haben. Mittlerweile jedoch rückt die einst marginalisierte Kultur der aus islamischen Ländern stammenden Juden zunehmend ins Zentrum des öffentlichen Lebens. Das Israel des 21. Jahrhunderts scheint nur noch durch die nahöstliche Brille lesbar – einer der Gründe dafür, warum dieses Land für Menschen der westlichen Welt zunehmend schwerer zu verstehen ist. Der Versuch, über die Geschichten von Ben-Gurion und den zionistischen Pionieren einen Zugang zu Israel zu finden, wird hier kaum besser funktionieren als der Versuch, im heutigen Manhattan mit Geschichten über Thomas Jefferson und die Pilgerväter klarzukommen. Es braucht neue Geschichten, um zu einem besseren Verständnis dieses Ortes zu gelangen.

Zum ursprünglichen Kern der zionistischen Lehre, wie sie noch zur Zeit unserer Spione in Geltung stand, gehörte das Gemeinschaftsideal des Kibbuz, das Streben nach einem „neuen jüdischen Menschen", der frei von Judaismus[264] wäre, sowie der Glaube, dass die arabische Welt auf einem insgesamt immer friedlicher werdenden Planeten irgendwann auch mit einem jüdischen Staat ihren Frieden machen könnte. Doch diese Ideen waren aus Europa gekommen, und heute sind sie tot. Der letzte Premierminister, der noch Kibbuznik gewesen war,[265] wurde zu Beginn des 21. Jahrhunderts abgewählt, nachdem sein Friedensplan für den Nahen Osten an religiösem Fanatismus, schwarzen Masken und Selbstmordattentaten gescheitert war. Danach wurden die alten israelischen Eliten – Leute, die noch vom hoffnungsvollen sozialistischen Geist des Palmach geprägt worden waren – endgültig marginalisiert.

Das darauffolgende ideologische Vakuum füllte die nun aus der Tiefe sich erhebende orientalische Seele Israels. Die Israelis konnten die Entdeckung machen, dass Jüdischsein in dieser Weltgegend durchaus nichts Neues war; die Hälfte der Einwohner des Landes konnte auf Jahrhunderte jüdischer Identität zurückblicken, und in dieser Tatsache steckte vielleicht eine nützliche Erkenntnis. Dieser Wandel war nicht nur eine Modeerscheinung, er bedeutete vielmehr eine grundlegende Änderung der nationalen Deutungsmuster, von der Religion über die Politik bis hin zur Popmusik. Dass ich gerade diese Bereiche anführe, liegt daran, dass der junge Gamliel für alle drei sehr empfänglich war und diesbezüglich eine Reihe bedenkenswerter Beobachtungen hinterlassen hat.

In dem Kibbuz, dem er in den 1940er Jahren nach seinem Weggang aus Damaskus angehörte, bevor er unter die Spione ging, klagte er darüber, dass, wie oben bereits erwähnt, niemand dort die großen arabischen Sängerinnen und Sänger seiner Jugend hörte, wie zum Beispiel Oum Kalthoum. Es gab nur Schallplatten aus Europa. Das blieb noch jahrzehntelang so: Abgesehen von ein paar schamhaft in die Folklore-Schublade gesteckten Aufnahmen sowie dem verschwommenen Nachhall eines oder zweier Lagerfeuerlieder der Arabischen Sektion, wurden die von den Hütern der israelischen Kultur allgemein verachteten orientalische Klänge in Ramschläden verdrängt, die am Busbahnhof von Tel Aviv Musikkassetten verkauften. In seriösen Plattenläden gab es neben einer Abteilung für „israelische Musik" (womit im Wesentlichen Musik von Aschkenasi-Interpreten gemeint war) eine separate Abteilung für „Mizrachi"- oder „mediterrane" Musik, die zwar auch hebräische Texte hatte und in Israel produziert wurde, imgrunde aber alles andere als „israelisch" war.

Ganz verstummt waren die orientalischen Klänge indes nie; die Oud- und Kanun[266]-Spieler hatten beschlossen, in kleine Clubs und Wohnzimmer abzutauchen und zu warten, bis ihre Zeit kommen würde, um unterdessen neue Einflüsse aufzunehmen: den griechischen Bouzouki-Stil, russische Volkslieder, Flamenco, Rock'n'roll – bis sie ein paar Jahre später wieder hervorkrochen und die Mainstream-Charts stürmten. Als ich 2017 an diesem Buch schrieb, veröffentlichte eine israelische Zeitung eine Liste der fünfzehn meistgespielten Popsongs des Jahres; die Zahl der Aschkenasi-Interpreten lag bei null.[267] Zwei Generationen, nachdem sie der Sprache ihrer Großeltern entfremdet wurden, singen israelische Mainstream-Musiker heute wieder auf Arabisch, Persisch und in Ladino. Der populäre Rockmusiker Dudu Tassa veröffentlichte ein Album mit Liedern des berühmten irakischen Duos *al-Kuweiti Brothers*, deren einer sein Großvater gewesen war. Leider hat Gamliel nicht lange genug gelebt, um den 2015 herausgekommenen Hit eines der größten Stars des Landes, Eyal Golan, noch zu hören: einen Popsong über eine Frau in einem winzigen Badeanzug, bei dem es an einer Stelle darum geht, wie der Sänger in seinem Auto auf dem Weg zum Strand Oum Kalthoum hört.

Ein anderes Beispiel: In einem 1944 aus dem Kibbuz Ein Harod geschriebenen Brief versucht sich Gamliel offenbar einen Reim auf das religiöse Leben des Kollektivs zu machen – oder vielmehr auf dessen irreligiöses Leben, denn die Kibbuzniks hatten weder Rabbiner noch Synagogen, sie sollten eigentlich gar nicht an Gott glauben. Ihre Sehnsucht, zurückzukehren nach Eretz Israel, verstanden sie als ein säkulares Programm. Ihr Hebräisch war nicht das der Gebete, sondern die grobe Sprache der Feldarbeiter mit Ausdrücken für klauen und bumsen. Für einen Jungen aus Damaskus muss es schwer gewesen sein, mit all dem zurechtzukommen.

In seiner Kindheit im jüdischen Viertel war seine Familie nicht besonders streng, schrieb Gamliel. Wie es ihnen als Juden geboten war, glaubten sie an die Rückkehr nach Eretz Israel – eines fernen Tages; doch wie die meisten Juden sahen sie darin kein konkretes Vorhaben, jedenfalls nicht, solange ihre Situation sich nicht derart verschlechterte, dass sie dergleichen ernsthaft in Betracht ziehen mussten. Er hatte Hebräisch gelernt und die Bibel studiert und „reinen Herzens" gebetet. Der Säkularismus hatte in der islamischen Welt nie Fuß gefasst; in Damaskus konnte man genauso wenig Jude ohne Judaismus sein wie Muslim ohne Islam. Der jüdische Glaube gehörte untrennbar zur Identität des jüdischen Volkes, seiner Gemeinschaft, seiner Tradition. Diese Tradition konnte man nicht verändern oder gar aufgeben; innerhalb ihrer Grenzen jedoch herrschte eine beachtliche Flexibilität. Gamliels Eltern hatten zuhause Sammelbuchsen für die Kranken, für die Unterstützung mystischer Rabbiner und für den Jewish National Fund der zionistischen Bewegung. Für sie war das alles Teil des Judaismus, und alles zusammen bildete „die Grundlage eines Zionismus, wie er im Herzen fast jedes Damaszener Juden lebt".

Wir konnten alle nicht richtig lesen und schreiben, aber wir wussten, dass es einen Gott im Himmel gibt und dass wir dem Weg der Gemeinschaft zu folgen hatten. In Damaskus gab es eine große jüdische Gemeinde, und alle hielten sich an die Gebote, aber sie waren nie fanatisch. ... Unser Leben lang träumten wir davon, dass Gott uns eines Tages aus allen Ländern versammeln würde und dass wir dann unser Land erreichen und die Erlösung erleben würden.[268]

Die Kibbuznik mussten die Ansichten des syrischen Jungen für ein Relikt halten, das nicht lang überdauern würde, doch sein Judaismus erwies sich als beständiger als es von ihren Lehren vorgesehen war. Am Ende erwies er sich als beständiger als jene Lehren selbst. Die Zeit des großen egalitären Experiments der Kibbuzim, eine der schönsten Ideen, die Menschen je in die Praxis umgesetzt haben, ist vorbei, und der Säkularismus hat sein einstiges Selbstvertrauen verloren. Sucht man nach einem ausgewogenen Extrakt des religiösen *Zeitgeists*[269] des Landes, wie er nicht nur unter den Juden orientalischer Herkunft herrscht, wird man es in Gamliels Worten von 1944 finden.

Als Beispiel dafür, wie die Männer der Arabischen Sektion zu einem besseren Verständnis der Politik des heutigen Israel beitragen können, möge eines der prägenden politischen Ereignisse im Leben Gamliels dienen, das er noch vor seiner Entsendung nach Beirut erlebte, als die Briten noch das Sagen hatten und die Sektion innerhalb der Grenzen Palästinas operierte. Einem arabisch-nationalistischen Führer, den die britischen Behörden des Landes verwiesen hatten, hatte man eines Tages die Rückkehr in seine Heimatstadt Tulkarm gestattet. Er kam mit dem Zug dort an, und mit ihm im selben Abteil saß ein junger Araber namens Yusef el-Hamed – also Gamliel.

Wie alle jüdischen Kinder in Damaskus war auch Gamliel von den Muslimen mit dem Schimpfwort *Yahudi*, Jude, gehänselt worden. Eine Szene wie die jedoch, die sich nun am Bahnhof von Tulkarm abspielte, wo hunderte Menschen zusammengekommen waren, um den Zug zu begrüßen, hatte er noch nicht erlebt. Ein Mann, halb Prediger und halb Spaßmacher, stand an der Spitze der Menge und animierte alle, im Chor *Nahna nedbah el-yahud!* (Wir werden die Juden abschlachten!) zu singen, wieder und immer wieder.

Der Ausdruck in ihren Gesichtern, die Raserei, von der sie alle ergriffen schienen, machten Gamliel Angst. Sie meinten es ernst. Sie würden die Juden abschlachten. „Seine Wirkung war gleichsam hypnotisch", schrieb Gamliel über jenen Mann. „Er drehte sich wie in einem Tanz, und alle liefen ihm hinterher und klatschten in die Hände. Er erfand Stegreifreime über das Judenabschlachten und die Tapferkeit der Araber, und über seine Vision von der Befreiung Palästinas."

Gamliels politische Einstellung war immer gemäßigt, er empfand keinen Hass für den Feind. „Hass ist etwas zwischen Nationen, nicht zwischen Menschen", hat er als alter Mann einmal gesagt, „und wenn jemand von ‚den Arabern' spricht, sage ich immer, dass es unter ihnen auch freundliche und gutartige Menschen gibt – ich habe unter Juden nie so intensive Freundschaften gesehen wie zwischen Arabern." Von dem Vorfall am Bahnhof jedoch war er erschüttert: wie ein Fanatiker die Menschen in solch einen Fieberwahn versetzten konnte. Das machte ihn zum Pessimisten, was die Möglichkeit einer Lösung für die kleine jüdische Bevölkerungsminderheit inmitten einer islamischen Mehrheitsgesellschaft anging. Als in den 1990er Jahren viele Israelis daran glaubten, dass ein Friedensabkommen mit der arabischen Welt unmittelbar bevorstünde, blieb Gamliel skeptisch und hielt fest, dass ihn das, was er damals am Bahnhof erlebt hatte, „bis heute verfolgte".

> *Man muss sich schon Gedanken machen und sich manchmal auch in ihre Lage versetzen. Das macht mich aber nicht zu jemandem, der Frieden um jeden Preis will, selbst zulasten unserer Sicherheit. ... Selbst wenn neunzig Prozent der arabischen Bevölkerung gerne friedlich mit uns zusammenleben, mit uns zusammenarbeiten und für sich und ihre Familien ihren Lebensunterhalt verdienen würden, indem sie für Juden oder mit Juden arbeiten oder auf welche Art auch immer – es reichen zehn Prozent, die hier und da jemand erschießen, hier mal eine Person töten, dort mal zwei, um die Atmosphäre auf beiden Seiten zu vergiften. ... Die Macht ist in der Hand von Extremisten, mit denen es keine gemeinsame Sprache gibt. Die leben in ganz anderen Sphären. Nicht im moralischen Sinn, meine ich, aber sie deuten ihre Religion in völlig anderen Begriffen.*[270]

Was Gamliel hier ausbuchstabiert ist ein in langer und unguter Erfahrung wurzelnder Argwohn gegen Israels Nachbarschaft, verbunden mit der Einsicht, dass auch Juden immer Teil dieser Nachbarschaft gewesen sind. Was die aus der islamischen Welt nach Israel gekommenen Juden mitbrachten, war ein tiefes Misstrauen gegenüber jener Welt, eine bei den Westlern oft auf Unverständnis treffende Hochschätzung der Bedeutung der Religion, sowie die

Erkenntnis, dass den Schwachen auf dieser Welt nichts Gutes blüht. Andere Israelis mögen solche Ansichten vor noch nicht allzu langer Zeit als rückständig empfunden haben, doch die jüngsten Ereignisse in und um Israel haben zu einer Veränderung der allgemeinen Denkweise geführt. Aus Gamliels Worte kann man die politische Positionierung herauslesen, die unter den heutigen Israelis die vorherrschende ist.

Für die Hälfte der jüdischen Bevölkerung Israels ist der Nahe Osten kein Neuland; auch Reibereien mit einer muslimischen Bevölkerungsmehrheit sind ihnen nicht neu. Für sie sind das nur die jüngsten Erscheinungsformen von Kräften, die schon seit Jahrhunderten auf ihre Familien einwirkten. Ihr Lebensraum innerhalb der Region und die in ihr herrschenden Machtverhältnisse haben sich verschoben, doch für die Juden der arabischen Welt, heute als Israelis organisiert und bewaffnet, sind die Hauptakteure des Konflikts noch immer dieselben. Gamliel aus Damaskus hatte eine andere Sicht auf den Unabhängigkeitskrieg als ein Palmach-Kämpfer aus Warschau, auch wenn sie in diesem Krieg auf derselben Seite standen. Deshalb bezeichnet das Wort Israel mehr als *eine* Sache: Es bedeutet ein Flüchtlingslager für die Juden Europas ebenso wie das Aufbegehren einer Minderheit innerhalb der islamischen Welt.

Rückt man die Juden der islamischen Welt ins Zentrum der israelischen Geschichte, gewinnt man klarere Einblicke in einige oft falsch verstandene Aspekte des Konflikts in der Region, etwa die heftige Feindseligkeit gegenüber den Israelis als Eindringlingen: „Kreuzfahrern" oder „Kolonialisten". So gibt es zum Beispiel in Kairo ein gigantisches Panorama-Gemälde, das die Suezkanal-Überquerung der ägyptischen Armee im Jahr 1973 glorifiziert und auf dem die in allerlei Demutsposen den ägyptischen Heroen sich ergebenden jüdischen Soldaten alle blond sind. Was höchst komisch ist, denn wer je richtige israelische Soldaten gesehen hat, weiß, dass viele von ihnen den Ägyptern sehr ähnlich sehen. Einige der israelischen Soldaten am Suezkanal waren in der Tat Ägypter.

Für die arabische Welt ist das alles ein vertracktes und unbequemes Problem, wirft es doch die Frage auf, wohin all die ägyptischen, irakischen, marokkanischen Juden verschwunden sind – und warum. Was zu der Einsicht führen würde, dass, falls der Staat Israel ein Problem für die arabische Welt ist, dieses Problem bis zu einem gewissen Grad von der arabischen Welt selbst geschaffen wurde, indem man die in dieser Welt beheimateten Juden erst unterdrückt und schikaniert und dann vertrieben hatte. Dann schon lieber die Schuld Europa in die Schuhe schieben und aus den Israelis blondhaarige „Kolonialisten" machen. Nun traf es sich, dass diejenigen Juden, die die Geschichte Israels erzählten, selbst ganz gerne ein „blondes" Selbstbild kultivierten – nachdem man sie in ihrer alten europäischen Heimat jahrhundertelang als dunkle Orientalen karikiert hatte. In einem schrägen Zusammenspiel der Interessen war somit jeder froh, vergessen zu können, dass diese Darstellung wenig mit der Realität des Landes zu tun hatte, die man erleben konnte, wenn man sich einfach nur auf der Straße umschaute.

Einsicht in diesen Teil der israelischen Geschichte wirft partiell auch Licht auf die internen Debatten des Landes, die von Außenstehenden oft missdeutet werden. Es gibt hier Kinder und Enkelkinder zionistischer Gründer aus Europa, die mit dem orientalischen Land, zu dem sich Israel seitdem entwickelt hat, nichts am Hut haben. Sie vermissen das alte Land, in dem die Menschen aus den arabischen Ländern und ihre Stimmen in den Hintergrund gedrängt waren. Ihr Ressentiment gibt sich gern die Gestalt einer Sehnsucht nach dem früheren Liberalismus oder einer Kritik an „den Rechten" oder „den Religiösen". Dahinter aber steht oft eine tiefe Enttäuschung: Viele Israelis haben nicht mit diesem Israel gerechnet.

„Die Fantasie kann einem echt fiese Streiche spielen", schreibt der französische Autor Romain Gary in *Les cerfs-volants*[271] über die Sehnsucht eines französischen Bauernjungen nach einer Frau – und nach Frankreich – zur Zeit der Nazi-Okkupation. „Diese Wahrheit gilt für Frauen, für Ideen, für Länder: Man liebt immer eine Vorstellung, und scheinbar ist es immer die schönste Vorstellung von allen, aber wenn sie Wirklichkeit wird, sieht sie sich selber überhaupt nicht mehr ähnlich oder verwandelt sich sogar in totalen Bockmist. Oder auch das Vaterland, das man so sehr liebt, dass man am Ende gar nicht mehr mit ihm klarkommt, weil es eben nie das wahre ist." Viele innerisraelische Streitigkeiten, bei denen es scheinbar um etwas ganz anderes geht, drehen sich in Wahrheit genau darum.

In der offiziellen Geschichte Israels waren Menschen wie unsere vier Spione aus der islamischen Welt gekommen, um Teil der Geschichte der europäischen Juden zu werden. Doch was dann geschah, war eher das Gegenteil. Der Palmach, jene tolldreiste, von der revolutionären Energie des mittleren 20. Jahrhunderts in Europa inspirierte Miliz, ist ein populärer Teil des israelischen Gründungsmythos. Die Arabische Sektion, eine kleine Gruppe orientalischer Juden, die behutsam durch ihre eigene gefahrvolle Herkunftsregion navigierten, ist nicht populär. Zum Verständnis des heutigen Israel indes hat der Palmach wenig beizusteuern, die Arabische Sektion dagegen sehr viel. Die komplizierten Identitäten dieser Männer, die hinter ihrer Geschichte verborgenen Geschichten: Damit öffnet sich ein Fenster, durch das man Einblick in die komplizierte Identität des Landes insgesamt bekommt, wie auch in die Geschichten hinter den Geschichten, die es so gerne über sich selbst erzählt.

19. Georgette

Zu Beginn des Jahres 1949 hatte Isaac vermutlich noch kaum eine Ahnung von der Zukunft Israels und des Nahen Ostens, oder auch davon, wo einmal in einem von beiden sein Platz als Arabisch sprechender Jude sein würde. Doch soviel war klar: Er war ein junger Mann, allein in einer großen Stadt.[272] In Beirut gab es Cafés und Strände. Die Stadt vibrierte vor Energie. Isaac und die anderen fingen an, in Tanzclubs zu gehen, mussten aber bald feststellen, dass man für die besseren Etablissements wie den Kit-Kat-Club oder das Black Elephant, wo man ausländische Gäste und reiche Araber bewirtete, geübt im Paartanzen sein musste. Das waren die Spione nicht, denn unter zionistischen Pionieren war die „Salon-Kultur" als bourgeois verachtet. Nur Volkstanz wurde geduldet.

In der Altstadt von Beirut fanden sie ein armenisches Ehepaar, das mit einem Grammophon im Wohnzimmer Gesellschaftstanz unterrichtete – aufstrebende Bohemiens mit Paris-Träumen vielleicht, oder Leute aus ehemals besseren Kreisen. Isaac und Havakuk schrieben sich für den Unterricht ein. Wenn nicht genug Frauen da waren, tanzten sie miteinander. Im Übrigen waren die nobleren Clubs ja nicht die einzigen in der Gegend; zur Not konnte man immer noch in die Arbeiterspelunken gehen, wo es Hostessen gab, die mit einem tranken und tanzten und auch noch andere Dienste anboten, sofern man dafür bezahlen konnte.

Wie die im Palmach-Archiv erhaltene Fotodokumentation[273] zeigt, hatten die Spione auch ihre Mußezeiten. Gamliel erkundete das libanesische Bergland ...

... und aß auch mal eine Banane:

Yakuba ging im Libanon-Gebirge Skifahren:

Ebenso Isaac ...

… der aber auch den Strand für sich entdeckte:

Am Strand gab es auch ein Volleyballnetz, bei dem sich ein paar junge Beirutis regelmäßig zum Spielen trafen. Es war eine aus Muslimen und Christen gemischte, liberale Gruppe: Einige der Mädchen trugen sogar Badeanzüge. Hier lernte Isaac Georgette kennen. Sie war neunzehn, vielleicht auch jünger.

Anzumerken ist an dieser Stelle, dass fast alle Spione ihre Frauengeschichten hatten. Selbst unter extrem widrigen Bedingungen wäre es für Männer ihres Alters geradezu abwegig gewesen, es so lange ohne zärtliche Bande auszuhalten. Yakuba/Jamil zum Beispiel erinnert sich an eine gewisse Marie[274], die Tochter eines Mannes, den er im Beiruter Taxigeschäft kennengelernt hatte. Weil Maries Familie ihre Treffen nur unter dieser Bedingung erlaubte, willigte er sogar in die Verlobung ein. Unverbindliche Liebesbeziehungen waren ein Unding. Sie gingen zusammen ins Kino und machten vielleicht auch andere Sachen miteinander, was ungewiss bleibt, da Yakuba in seinen Erinnerungen hier nicht deutlicher wird. Wenn sie ausgingen, wurden sie immer von Maries zehnjährigem Bruder begleitet, den Yakuba/Jamil mit Pistazien und Schokolade bestach, damit er sich vom Acker machte. Allzu toll konnten er und Marie es ohnehin nicht treiben: „Sie war Jungfrau, und ich wollte nicht ihr Leben ruinieren." Er ging eine Zeit lang mit ihr aus, dann beendete er die Sache.

Gamliel/Yussef hatte eine Beziehung mit der Schwester eines muslimischen Geschäftspartners;[275] das Mädchen war so fromm, dass sie zum ersten Treffen verschleiert erschien. Auch hier wurden Heiratspläne vorgeschoben, die von der Familie gutgeheißen wurden. Der familiäre Hintergrund des Bräutigams in spe lag zugegeben im Dunkeln, doch immerhin war er Ladenbesitzer und hatte ein bisschen Geld. Sollte tatsächlich etwas Ernstes daraus werden, konnte er das Mädchen ja später mit nach Israel nehmen und sie konnte zum Judentum konvertieren, erwog Gamliel. Doch das geschah nicht, sie trennten sich nach wenigen Monaten. Dennoch ist es reizvoll, sich einen Wie-ein-Araber-Werder vorzustellen, der mit einer arabischen Frau nach Israel zurückkehrt, die zur Jüdin wird.

Ein paar Jahre nach unserer Geschichte, in den 1950er Jahren, setzte der israelische Inlandsgeheimdienst Shin Bet seine Agenten auch unter innerhalb der israelischen Grenzen lebenden Arabern ein; nach dem Unabhängigkeitskrieg wusste der neue Staat wenig über die verbliebene arabische Bevölkerung, man sah in ihr eine potentielle fünfte Kolonne. Für manche Wie-Araber-Werder in dieser Agentengruppe war die Heirat mit einer einheimischen Frau Teil ihrer Legende. Einer von ihnen, ein irakischer Jude namens Uri

Yisrael, hatte ein Kind mit einer Muslima, die von seiner wahren Identität keinen Schimmer hatte, während seine wirkliche Ehefrau mit den Kindern nicht weit entfernt in einer jüdischen Stadt lebte. Als er Jahre später von seinem Einsatz abgezogen wurde, musste er seine arabische Familie verlassen. Bei dieser Art der Kriegsführung lassen sich schwer ethische „rote Linien" ziehen: Wie soll man beispielsweise die Zerstörung des Lebens einer Frau aufrechnen gegen die Rettung von vierzig Menschenleben – oder gegen vier? In diesem konkreten Fall zumindest brachte die Methode wenig brauchbare Informationen ein und man scheint sie danach auch wieder aufgegeben zu haben. Als der israelische TV-Sender Channel 10 im Jahr 2015 über die Geschichte berichtete, sprach eine Journalistin, die an der Aufdeckung der Fakten beteiligt gewesen war, von „einer Affäre, die der Shin Bet am liebsten vergessen würde".[276]

Ganz zu Beginn, zur Zeit der britischen Sabotage-Schule in Haifa zwischen 1941 und 1942, wurden einige Frauen dafür ausgebildet, die Männer der Arabischen Sektion zu begleiten und ihre Ehefrauen zu spielen. Man hatte verstanden, dass Einsamkeit ein Problem war und dass unverheiratete Männer in der arabischen Welt auffallen mussten. Wie wir schon gesehen haben, war die Rekrutierung von Mizrachi-Frauen nicht leicht, weil orientalische Eltern eine starke Abneigung gegen die Beteiligung ihrer Töchter an derartigen Abenteuern hatten; einige wenige immerhin konnten die Spionagechefs gewinnen. Eine von ihnen, Esther Yemeni, erinnert sich später, dass sie Arabisch, Sabotage und den Umgang mit Messern lernen musste, wovon nichts ihren vordringlichen Interessen entsprach.

„Sie teilten uns in Paare ein und begannen uns zu unterrichten", erinnert sie sich. „Was mir vielleicht am meisten Sorge bereitete, war die Wahrung meiner Unschuld, wenn ich mit meinem

Partner zusammen war. Ich hatte keine Angst davor, eventuell getötet oder gefangen oder inhaftiert zu werden. Das Einzige, worüber ich mir Gedanken machte, war der Schutz meiner Unschuld, und nach meinem damaligen Wissensstand konnte man vom Küssen schwanger werden."[277] Sie und die anderen jungen Frauen wurden letztlich wieder nach Hause geschickt, ohne im Feld eingesetzt zu werden, und die Männer der Arabischen Sektion blieben mit ihren Partnerwünschen sich selbst überlassen.

Seine Liaison mit Georgette war für Isaac zweifellos eine intensive Erfahrung; ihm Einzelheiten darüber zu entlocken, war äußerst mühsam. Wie hatte sie ausgesehen? Normal, meinte er. Als ich nachhakte, sagte er, sie habe dunkle Haare gehabt. Waren sie lang? Ja, lang. War sie Muslima? Sie war Christin. War sie hübsch? Hübsch, sagte er. Ihre Familie war arm und ihr Bruder verkaufte Fische auf einem Markt. Georgette war ein Mädchen, das auf der falschen Seite einer arabischen Stadt zur Welt gekommen war, im Grunde waren sie also gar nicht so verschieden. Mit einer sozialistischen Jüdin aus Warschau oder mit der Tochter eines deutschsprachigen Ladenbesitzers aus Tel Aviv hätte Isaac kaum mehr Gemeinsamkeiten gehabt.

Isaac stand das Oldsmobile der Zelle zur Verfügung – für jemanden vom sozialen Rang eines Abdul Karim ein seltener Luxus. Er wusste, dass ihn das attraktiver machte. Nachdem er Georgette eine Zeit lang beim Volleyballspielen am Strand getroffen hatte, begann er, sie mit dem Auto ins Kino auszuführen. In den Beiruter Kinos wurden ägyptische und amerikanische Filme gezeigt; die beiden mochten die amerikanischen mit Clark Gable, Ingrid Bergman und Esther Williams lieber. Viel mehr als ins Kino gehen war aber nicht drin, denn Georgette konnte ihn nicht dazu überreden, ihre Eltern kennenzulernen. Sie war Christin, er Muslim; das waren unüberwindbare Hürden. Aber sie trafen sich oft und hielten Händchen. Isaac glaubt nicht, dass sie sich schminkte, sie habe aber immer hübsche Kleider angezogen.

Havakuk, der Beobachter, hatte jemanden, der zuhause auf ihn wartete – die Palmachkämpferin Mira, der er über Funk Nachrichten schickte. Die Sekretärin der Arabischen Sektion leitete sie an Mira weiter und übermittelte deren Antworten [nach Beirut]. Wie zu vermuten, waren diese Botschaften eher verhalten; es muss schwer gewesen sein, Liebesgrüße zu schreiben im Wissen, dass sie durch mehrere Hände gehen würden, verschlüsselt und in Morsecode umgewandelt, in ein feindliches Land gesendet und am Ende für die Nachwelt protokolliert. Die Liebesglut blieb versteckt zwischen den Klicks des Sendegeräts. Aber Mira versuchte ihr Bestes:

15:15
Meinem lieben Havakuk, viel Frieden!
Voll freudiger Überraschung erhalte ich Deinen Brief. Ich hoffe, du kannst so schnell kommen, wie es menschenmöglich ist. Mir geht es gut, ich arbeite bei der Orangenernte mit, während ich auf Dich warte.[278]

Auf Isaac wartete niemand, was ihn anfälliger für Fehlgriffe wie Georgette machte. Georgette selbst hielt sich natürlich nicht für einen Fehlgriff, geschweige denn eine Bedrohung. Sie hatte keine Ambitionen, in israelische Geheimdienstaktionen verwickelt zu werden. Sie war nur eine junge Frau, die war, was sie zu sein behauptete und die den Mann mochte, den sie beim Volleyball kennengelernt hatte. Vielleicht dachte sie, sie brauchte nur in das Oldsmobile dieses Mannes zu steigen, um ihrem Leben davonzufahren.

Georgette machte Isaac die Angst und die Langeweile seiner Arbeit erträglich, das Lügen und das Getacker des Funkgeräts in der Dachgeschosswohnung:

> *In den Zeitungen steht, dass das Treffen der [Arabischen] Liga nicht so bald stattfinden wird. Die Presse berichtet auch über die angespannte Lage im Irak, wo es jederzeit zu Aufständen kommen kann.*[279]

Die Geheimdienstakten von 1949 zeugen davon, dass die Israelis darum bemüht waren, sich ein Bild der Welt um sie herum zusammenzustückeln. Man findet dort beispielsweise handgezeichnete Lagepläne von Flughäfen im Libanon und von Piers in Port Said in Ägypten, Skizzen ägyptischer Armeeuniformen. Man erfährt, dass das Symbol des Dritten Syrischen Regiments „ein Kamel vor rotem Grund" ist.[280] Isaac und die anderen Beiruter Spione taten, was sie konnten, um Details über Details anzuhäufen. Für das große Ganze waren die Leute mit dem Codenamen Wisdom zuständig: die Nachrichtenauswerter, an die die Agenten ihre Berichte adressierten. So richtig schlau wurde niemand daraus; selbst Wisdom verfügte nicht über unbegrenzte Kräfte. Am wenigsten von all dem aber begriffen unsere Männer selber; sie fischten im Trüben und gaben ihre Puzzleteile weiter an Leute, die für sie unsichtbar blieben.

Manches von dem Aktenmaterial wirkt trivial. So notierten die Spione beispielsweise die Abfahrt des ägyptischen Schiffs *Skara*, das zum arabischen Hafen von Jeddah unterwegs war und „schwarzen Pfeffer, diverse Textilien, Olivenöl und Halva" geladen hatte.[281] Das Interesse des Hauptquartiers an Ideen war ebenso groß wie das an Fakten, und so kaufte Gamliel zwei Bücher über das erstarkende panarabische Volksempfinden[282] und schickte sie hin, darunter eines des syrischen Professors Constantine Zureik. Andere Informationen waren von größerer Dringlichkeit, wie der folgende Aktenauszug zeigt:

In der Werkstatt von Abd el-Razek Habib in Mahlat el-Safi werden Schnellfeuergewehre, Granaten und Granatwerfer hergestellt.[283]

Der in Damaskus stationierte Sektionsagent berichtete, die syrische Regierung habe den Verkauf von Landkarten aus Sicherheitsgründen verboten und plane größere Waffenankäufe.[284] Auf anderen Quellen basierende Berichte belegten die Aufrüstung arabischer Staaten. Die Syrer hatten bei Tito Bolo, einem italienischen Waffenhändler aus Lugano, eine Bestellung über 1000 englische Gewehre, eine unbestimmte Anzahl 20-Millimeter-Geschütze mit 54 000 Granaten, dazu mehrere Jagdflugzeuge des Typs Fury aufgegeben.[285]

Der israelische Geheimdienst vermerkte außerdem, dass bei den libanesischen Behörden pro Tag fünfzig bis sechzig Ausreiseanträge eingingen,[286] viele davon nach Lateinamerika und Europa. In der Presse gaben die maronitischen Christen – die im Libanon vorherrschende Denomination – ihrer Sorge darüber Ausdruck, dass die meisten Emigranten Christen waren und dass damit „das unwiderrufliche Ende christlicher Präsenz im Libanon"[287] absehbar wurde. Ihre Sorge war berechtigt. Die Berichte der Spione registrierten nicht nur die beginnende Erosion des nahöstlichen Christentums, sondern sämtlicher religiöser Minderheiten, die einst in der islamischen Welt heimisch gewesen waren. Die Juden würden weggehen, die Christen auch, und mit ihnen viele andere, um ihre Heimatregion verarmt hinter sich zu lassen.

Yakuba, der immer noch glaubte, den Krieg in feindliches Gebiet tragen zu müssen, wollte sich nicht am Handel mit Informationen beteiligen, wie nützlich dies für die umfassendere israelische Strategie auch sein mochte. Einige seiner Sabotagepläne wurden sogar erwogen. So fand Yakuba heraus, dass nach dem Sieg über die Arabische Befreiungsarmee in Palästina deren einst gefeierter General, al-Qawuqji, nach Beirut gezogen war, wo er seitdem unbehelligt lebte – in derselben Straße beim Saint-Michel-Strand, wo Yakuba eine Wohnung angemietet hatte. Es war jener Befehlshaber, der einst angekündigt hatte, in Palästina „alles zu töten, zu zerstören und niederzuwalzen"[288], was sich seinem Siegeszug über die Juden in den Weg stellte. Nun jedoch schien er mit seiner Weisheit am Ende. Yakuba sah den General öfter in der Gegend, manchmal zusammen mit seiner Frau, und zur Verblüffung des Spions wirkte er auf ihn wie „ein eher zurückhaltender Kerl, ein gutaussehender Kerl, ein netter Kerl. Gar nicht großkotzig"[289]. Yakuba wollte eine Bombe an seinem Auto anbringen. Aber wie schon seinen Raffinerieplan lehnte das Hauptquartier auch dies ab. Im Frühling 1949 hatten der arabische General und seine Befreiungsarmee ausgedient. Sie waren irrelevant.

Ein anderer Vorschlag bestand in der Ermordung Riad al-Solhs, des libanesischen Premierministers.[290] Dieser vertrat eine harte Linie gegen Israel, obwohl er am Rednerpult mehr Tapferkeit bewies als auf dem Schlachtfeld und die libanesische Armee im Krieg wenig ausgerichtet hatte. Die Wahrheit ist, dass den Libanesen grundsätzlich weniger an Kampf und nationaler Ehre gelegen war als an Geschäften und Dolce vita. Vermutlich aus demselben Grund war auch ihre Gegenspionage so dürftig: Ein Polizeistaat entsprach einfach nicht ihrem Lebensstil. Sie hatten die richtige Einstellung, und ich verneige mich vor ihnen.

Yakubas Plan hatte den Einsatz einer Haftbombe aus dem am Strand vergrabenen Waffenarsenal vorgesehen. Isaac sollte die Bombe im Vorbeifahren am Auto des Premierministers anbringen. Er folgte ihm also durch Beirut wie damals dem Prediger in Haifa, trieb sich in einem kleinen Lebensmittelladen in der Nähe der Wohnung des Staatschefs herum und beobachtete, wann er kam und ging. Schließlich kam aber doch Befehl zum Abbruch. Wenn das hier ein Roman wäre, wäre das geheime Waffenlager am Strand die Pistole im ersten Akt, die ungefähr jetzt zum Einsatz kommen müsste. Doch unsere Story spielt in der realen Welt, und das Arsenal blieb im Sand. Für Premierminister al-Solh endete die Geschichte zwei Jahre später, 1951, mit seiner Ermordung durch einen arabischen Attentäter.

EINES ABENDS gerieten Georgette und Isaac in Schwierigkeiten, als das Oldsmobile im Stadtzentrum von Beirut von der Polizei angehalten wurde.[291] Anscheinend war einem Polizisten aufgefallen, dass der weibliche Fahrgast vorne auf dem Beifahrersitz saß anstatt wie vorgeschrieben im Fond. Auf dem Revier nahm ein Beamter Georgettes Personalien auf, während ein anderer Isaac verhörte, der Name und Geburtsort angab: Abdul Karim Muhammad Siki aus Jaffa, Palästina, derzeit Vertriebener.

Mochten die Libanesen im Allgemeinen nicht übermäßig sicherheitsbedacht sein – diese Beamten nahmen es ganz genau, und Isaac bekam es mit der Angst zu tun. Nur wenige Fragen zum Status seiner Beziehung zu Georgette und ihm war klar, dass die Polizei sie verdächtigte, eine illegale Prostituierte zu sein, die außerhalb des Rotlichtbezirks der Place des Martyrs arbeitete, wo die lizenzierten Bordelle eine kommunale Einnahmequelle darstellten; die Behörden aber waren angewiesen, ungenehmigte

Gewerbe auszumerzen. Isaac versicherte dem Beamten, er und Georgette seien ein Paar, und damit es sich besser anhörte, fügte er noch hinzu, dass sie bald heiraten würden.

Für den Polizisten, dem die Vorstellung einer Heirat zwischen Muslimen und Christen ein Gräuel war, hörte sich das aber keineswegs besser an. Er gab Isaac zu verstehen, dass so etwas im Libanon nicht in Frage kam, und schickte noch gratis die Warnung hinterher, sich von diesem Mädel besser fernzuhalten, ihr Bruder sei nämlich ein Verbrecher – ein „Halbmörder", laut Isaacs Erinnerung.

Danach beschlossen Isaac und Georgette, künftig vorsichtiger zu sein: nicht mehr zusammen Autofahren, sich nur noch im Kino treffen, getrennt nach Hause gehen. Als sich Isaac nach einem ihrer nächsten Treffen von ihr verabschiedete und sich auf den Heimweg machte, wurde er plötzlich in einem dunklen Hauseingang gegen eine Wand gedrückt. Wenige Zentimeter vor seinem Gesicht sah er etwas aufblitzen – es war ein Messer, ein ziemlich großes, wie die Fischverkäufer welche hatten. „Er war *so* ein Schrank, und was für ein Gesicht!" erzählte Isaac, die Augen in gespieltem Schreck weit aufreißend. Damals indes war der Schreck nicht gespielt. Er wusste, wer der Mann war: Er hatte Georgettes Halbmörder-Bruder schon einmal an seinem Stand auf dem Markt gesehen.

Was ist das da zwischen euch? fragte der Fischverkäufer, indem er Isaac im Dunkeln festnagelte. Isaac war stark, aber klein – für einen Angreifer wie diesen kein Gegner. Er wiederholte die derzeit gültige Wahrheit: Er war Abdul Karim, Flüchtling aus Palästina, ohne Familie hergekommen. Er und Georgette waren nur befreundet.

Mach Schluss mit ihr, sofort, warnte ihr Bruder. Du bist Muslim, wir sind Christen, wir schützen unsere Ehre. (An den genauen Wortlaut erinnert sich Isaac nicht, aber darauf lief es hinaus.)

Sag das mal deiner Schwester, schlug Isaac kleinlaut vor. Die ist es doch, die ständig mit mir ausgehen will.

Mach Schluss mit ihr, wiederholte der Mann, und ließ Isaac keuchend im Hauseingang zurück. „Das war mir eine Lehre", erinnert er sich. „In Beirut war es leichter, wegen Religionskonflikten ermordet zu werden, als wegen Spionage."[292]

Viel mehr wollte Isaac im Interview nicht über Georgette erzählen, aber die Episode endete nicht in dem dunklen Hauseingang. Sie taucht auch im Bericht Gamliels auf, wo sich viele Einzelheiten mit Isaacs Version decken: Georgette war Christin, ihr Bruder verkaufte Fische und „verkehrte im Unterweltmilieu", und sie fuhr häufig mit Isaac im Taxi herum. Allerdings ist Gamliels Beschreibung weniger wohlwollend. Er sagt, dass Georgette hinkte. „Sie verliebte sich in ihn und bat ihn, sie zu heiraten"[293], schreibt er. Seiner Meinung nach bestand zwischen den beiden eine echte Verbundenheit, und ihre Beziehung wird in seinem Bericht auch nicht durch das Eingreifen des Bruders beendet. Sie endete vielmehr erst mit Isaacs plötzlichem Verschwinden.

Ein kurzer Zeitsprung ins Frühjahr 1950 erlaubt uns, den Schluss dieser Geschichte zu erzählen. Als Isaac eines Tages spurlos verschwunden schien, war Georgette wütend und verletzt, noch mehr aber überrascht, dass plötzlich ein anderer Fahrer im Oldsmobile ihres Freundes saß: noch so ein junger Palästinaflüchtling ohne Familie. Sie wurde argwöhnisch, obschon nicht ganz klar ist, auf was.

Der neue Flüchtling war ein Agent der Arabischen Sektion, der dasselbe Auto wie sein Vorgänger benutzte – eine klare Verletzung elementarer Vorsichtsmaßregeln. Sein Name war Yehoshua Mizrahi. Als ich ihn ausfindig machen konnte, war er 86 Jahre alt und lebte in einem ruhigen Vorort nördlich von Tel Aviv. Er erzählte,

Isaacs Liaison mit Georgette habe die ganze Beiruter Mission gefährdet. Die Nachrichtenprotokolle scheinen das zu bestätigen, insbesondere die folgende Meldung, die am 25. April 1950, kurz nachdem Isaac spurlos verschwunden war, vom Hauptquartier nach Beirut gesendet wurde:

> *Wir sitzen im Schlamassel. Isaac Shoshans Freundin hat uns verfolgt, begleitet von zehn Schlägertypen. Sie hat nach unseren Namen und Adressen gefragt. Wir haben unverzüglich neue Wohnungen bezogen und versuchen jetzt, unsere Treffen auf das Nötigste zu beschränken. Sie lässt das Auto nicht aus den Augen und bekniet mich ihr zu sagen, wo Isaac ist. … Wir sind der Meinung, dass Isaac unbedingt sofort zurückkehren sollte, bevor die Polizei von der Sache erfährt, denn dann bekämen wir ernsthafte Schwierigkeiten.*[294]

Im Hauptquartier versuchte man, die Männer im Feld zu beruhigen. Wenn sie gefragt wurden, sollten sie Georgettes Freund Abdul Karim einfach verleugnen: Sie hätten das Auto aus zweiter Hand von einem, der aus der Stadt weggezogen war. Aber Georgette ließ sich nicht abschütteln. Unter großem Risiko für das ganze Netzwerk traf sich Gamliel mit ihr in einem Café. Georgette kannte ihn als Yussef, einen anderen Flüchtling aus dem Bekanntenkreis ihres verschwundenen Liebsten. Sie war wütend.

Was glaubst du wie es mich verletzt, dass er mich angelogen hat, sagte sie (soweit sich Gamlie / Yussef später an das Gespräch erinnerte). Er ist ein Lügner, ein Betrüger! Ich komme mir vor wie eine Portion Fatteh[295] in der Bratpfanne![296]

Gamliel versuchte sie aufzuheitern. Wenn ihr so heiß wäre, könnte sie vielleicht zur Abkühlung ein bisschen Eiscreme vertragen, meinte er. Das brachte sie zum Lachen. Ihren Ärger über den Mann, den sie vermisste, verstand er gut, indes versuchte er sie davon zu überzeugen, dass er und der neue Besitzer des Oldsmobile nichts miteinander zu tun hatten. Gamliel versprach, Abdul Karim zu sagen, wie mies behandelt Georgette sich fühlte, falls er ihn träfe. Bevor sie ging, gab sie Gamliel noch ein Foto von sich und sagte, es sei für Abdul Karim. Auf die Rückseite hatte sie geschrieben: „Für ihn, der mein Leben zerstört hat. Wart's ab, wir sprechen uns noch!"[297]

Isaac meinte zu mir, Gamliels Version der Geschichte sei stellenweise unglaubwürdig, und in der Tat hat es den Anschein, dass Gamliel in seinem Text bestrebt ist, sich selbst als den Meisterspion darzustellen, der auch noch die Fehler der anderen ausbügelt. Herauszufinden, wie es wirklich war, ist siebzig Jahre danach natürlich schwierig, die Grundzüge der Story jedoch liegen auf der Hand. Wenn man längere Zeit weg ist, beginnt das wirkliche Leben zu verblassen, und Isaac war jemand, der so etwas wie ein „wirkliches Leben" noch nicht einmal hatte: Eltern, die am Ort seiner Kindheit auf ihn warteten, eine Ehefrau, vertraute Nachbarn – all das gab es für ihn nicht. Sein altes Heimatland hatte er verloren und sein neues noch nie gesehen. Er war jetzt 24 und hinter ihm lag ein Jahr voller Tod und Einsamkeit. Georgette war etwas Weiches, das man anfassen konnte. Sie hatte nichts zu tun mit dem Krieg. Sie war menschlich.

Die Geschichte erinnert mich an einen Dokumentarfilm, den ich vor ein paar Jahren gesehen habe.[298] Er handelte von einem Mann aus Nazareth, einem arabischen Christen namens Yussef Shufani. Er war in den 1920er Jahren als Säugling auf einer Kirchentreppe in Haifa aufgefunden und adoptiert worden. Jahrelang versuchte er vergeblich, hinter das Geheimnis seiner Herkunft zu kommen. Nachdem er als alter Mann und Vater zahlreicher Kinder gestorben war, fand seine Enkeltochter heraus, dass er das uneheliche Kind eines der Belkind-Brüder war, berühmter jüdischer Pioniere und Kämpfer. Ein Mann und eine Frau haben eine Affäre, ein Kind kommt zur Welt und wird Araber. Die Menschen leben dicht an dicht. Da kann schon mal was durcheinandergeraten.

20. Der Rotschopf

Auf der israelischen Seite des Stacheldrahts, der Jerusalem zerteilte, stand Ausbilder Sam'an am Fenster eines Gebäudes mit Sicht auf das in den jordanischen Sektor führende Mandelbaumtor. Unten trottete eine Gruppe arabischer Gefangener auf den Grenzübergang zu, durch den sie Israel verlassen und zurück in die arabische Welt gelangen würden. Sein Blick haftete auf zweien von ihnen.

Ursprünglich waren drei Agenten vorgesehen, doch als eine verängstigte schwangere Ehefrau die Sektionskommandeure darum bat, ihren Mann freizustellen, gaben sie nach. Blieben also zwei: Der zwanzigjährige Efraim, geboren in Bagdad und aufgewachsen in Kirkuk, und Bokai[299], ein Neunzehnjähriger aus Damaskus.[300] Bokai stach unter den anderen Männern heraus, weil er, obwohl Araber, helle Haut und rötliche Haare hatte. Sein Vorname war Yaakov. Auf Fotos ist er stets in halboffenem Hemd mit Freunden zu sehen, hier oben links, stehend.[301]

Es war Anfang Mai 1949, auf dem Höhepunkt des Krieges, genau ein Jahr, nachdem man Isaac und Havakuk eine Waffe und etwas Geld in die Hand gedrückt und sie mit einem knappen „Viel Glück!" losgeschickt hatte. Jetzt, nachdem aus der Arabischen Sektion die militärische Geheimdienstabteilung Shin Mem 18 geworden war, war alles besser organisiert. Es gab ausgefeilte Einsatzpläne und einen Offizier, der die Legenden vorbereitete. Zwei Wochen vor ihrer Abreise waren Efraim und Bokai in ein Gefängnis gesteckt worden, zusammen mit einigen POWs, die im Rahmen eines Gefangenenaustauschs, der Teil des den Unabhängigkeitskrieg beendenden Waffenstillstandsabkommens war, nach Jordanien zurückgeschickt werden sollten. Für ihre Tarnidentitäten benutzte man ihre wirklichen Herkunftsländer, Irak und Syrien, womit sie als auswärtige arabische Freiwillige galten, gekommen, um an den Kämpfen teilzunehmen. Sie wurden von den Lagerwächtern genauso schikaniert wie alle anderen.

Die beiden hatten Anweisung, in die jordanische Hauptstadt Amman zu reisen. Ein paar Tage nach ihrer Einreise sollte an einem Treffpunkt im dortigen Stadtzentrum, dem Café el-Urdun, Gamliel zu ihnen stoßen. Bis man ihnen ein Funkgerät nach Amman schicken würde, sollten sie mit Gamliel in Beirut per Post kommunizieren; von dort aus würde Havakuk die Informationen über die Wäscheleine ans Hauptquartier weiterleiten. Die Nachrichten konnten auch verschlüsselt als Suchmeldungen für „Briefe von Flüchtlingen an ihre Verwandten" eingereicht werden, einer in der arabischen Tageszeitung *Al-Nasr* erscheinenden Kolumne, die den abertausenden entwurzelten Palästinensern dabei helfen sollte, ihre durch den Krieg in alle Winde zerstreuten Angehörigen zu finden. Umgekehrt würde die Sektion ihre Kommuniqués verschlüsselt über die arabische Sparte der *Stimme Israels* senden lassen.

Am 3. Mai wurden die beiden Spione zusammen mit einer kleinen Gruppe Gefangener freigelassen und zum Mandelbaumtor gebracht. Bokai hatte sein Geld in einem Campingkocher versteckt, Efraims befand sich in einem Marmeladenglas. Von seinem erhöhten Beobachtungsposten am Fenster auf der israelischen Seite des Übergangs sah Sam'an, wie sie sich den jordanischen Wachen näherten und dann im Innern des kleinen Terminals verschwanden. Das Hauptquartier funkte an das Beiruter Dachgeschoss: „Unsere beiden Freunde haben die Grenze überschritten."[302]

Der Plan ging gründlich schief. „In Beirut ist ein Zeitungsbericht über die Verhaftung zweier Juden erschienen, die getarnt unter den neuen Flüchtlingen nach Jordanien eingeschleust worden seien und gestanden hätten, dass sie in der Absicht gekommen waren, bestimmte Personen zu töten"[303], funkte Gamliel ins Hauptquartier. Mit einigen bedeutsamen Abweichungen tauchten ähnliche Berichte alsbald auch in hebräischen Zeitungen auf, die ihre Informationen offenbar aus den arabischen Blättern bezogen. In einer Zeitung[304] hieß es, „zwei Araber", die bei einem Gefangenenaustausch festgenommen wurden, hätten gestanden, von Juden mit der Durchführung von Attentaten beauftragt gewesen zu sein.

Waren die beiden Gefangenen nun Juden oder Araber? Wenn sich herausstellte, dass es Juden waren, waren die Spione verloren. Waren es Araber, konnte das nur bedeuten, dass sich entweder die Berichte auf zwei andere Männer bezogen (was sehr unwahrscheinlich war), oder dass Bokai und Efraim unter den Verhören nicht zusammengebrochen und bei ihren Legenden geblieben waren. In der Sektion breitete sich Panik aus. Die beiden Vermissten wussten von den Beiruter Agenten, sie kannten sowohl Gamliels richtigen Namen als auch seinen Decknamen. Gamliel brach sofort nach Amman auf, wodurch ihm die folgende knappe Nachricht aus dem Hauptquartier entging:

Brich die Reise ab und geh nicht mehr zum Postfach. Warne die Kameraden vor jeder Aktion, die Verdacht erregen könnte, und versuch einstweilen so gut es geht deine Spuren zu verwischen, bis die Sachlage klar ist.[305]

Die Beiruter Agenten bekamen Anweisung, sich bedeckt zu halten, Kontakte miteinander zu vermeiden, das Funkgerät zu verstecken und sich von ihren Wohnungen fernzuhalten. „Sie kannten unsere Adressen", erinnert sich Yakuba, „und das hätte das ganze Netzwerk auf einen Schlag zerreißen können."[306] Ein weiterer Funkspruch ratterte über den Sender auf dem Beiruter Dachgeschoss:

Angesichts der Verhaftung zweier Kameraden in Transjordanien[307] *und der Befürchtung, dass sie unter Verhör Geheimnisse preisgeben könnten, wurde der Rückzug der beiden Zellen aus Syrien und Libanon beschlossen. ... Es besteht auch die Befürchtung, dass Gamliel in Transjordanien gefasst werden könnte.*[308]

Gamliel befand sich bereits in Amman. Doch als er im Café erschien, wartete dort nicht die jordanische Polizei auf ihn – sondern Efraim. Der neue Agent war aufgewühlt und sah schlecht aus, konnte aber berichten, was vorgefallen war.[309]

Man habe den POWs befohlen, sich in einer Reihe aufzustellen, während sie darauf warteten, das Mandelbaumtor durchschreiten zu können, sagte er. Bevor sie durchgelassen wurden, mussten sie an einem Tisch vorbei, an dem ein jordanischer Offizier saß, der ein paar Fragen stellte und jedem ein Päckchen Zigaretten und etwas Geld in die Hand drückte, bevor er ihn durchwinkte. Efraim ging als erster, kam ohne Probleme durch und wartete vor dem Grenzübergang auf der jordanischen Seite auf seinen Kameraden. Einige Minuten vergingen, dann eine halbe Stunde. Der Rotschopf erschien nicht. Efraim begriff, dass sein Leben in Gefahr war, denn wenn sie seinen Freund schnappten und folterten, würde herauskommen, dass es einen zweiten Spion gab, und dann hätte er die Jordanier am Hals. Noch war Efraim nur wenige Meter von Israel entfernt. Vor ein paar Minuten noch war alles gut gewesen. Aber so konnte es kommen: eine falsche Bewegung, eine Sekunde, und man fand sich in einen Alptraum wieder. Durch das Tor führte kein Weg zurück. Der einzige Ausweg führte nach vorn, in feindliches Territorium. Efraim nahm wie geplant den Bus nach Amman, fand ein Hotel und war mit den Nerven am Ende.

Später gab es in der Sektion Streit darüber, womit Bokai den Verdacht der jordanischen Wachen auf sich gezogen haben könnte. Manche meinten, es müsse sein syrischer Personalausweis gewesen sein: Syrer und Jordanier waren zu der Zeit im Clinch miteinander, möglicherweise hatten die Wachen Anweisung, syrische Staatsangehörige für weitere Verhöre zurückzuhalten. Andere glaubten, dass den Agenten im entscheidenden Moment sein Arabisch im Stich ließ, obwohl er Muttersprachler war; vielleicht hatte er schon zu lange in einem Hebräisch sprechenden Umfeld gelebt. Der Neunzehnjährige war vielleicht einfach nervös geworden. Rika, der Saboteur der *Grille*-Operation, ein Kinderfreund Bokais, meinte immer noch, es habe schlicht an dessen Aussehen gelegen: Bokai sah nun einmal nicht wie ein Araber aus, er hätte von daher gar nicht erst für den Auftrag rekrutiert werden dürfen: „Einen Rotschopf in die Schwarze Sektion aufzunehmen, ist ein Kardinalfehler."[310]

Irgendeine Spur von dem Agenten zu finden war in diesen Wochen die einzige Sorge der Sektion. Alle fühlten sich für ihn verantwortlich. Sie wussten, dass es jedem von ihnen hätte genauso gehen können – und auch jetzt in jedem Moment so gehen konnte. Gamliel blieb in Amman und ging jeden Tag ins Café el-Urdun für den Fall, dass der Vermisste dort auftauchte. Isaac bekam Befehl, sich ihm anzuschließen und flog aus Beirut in die jordanische Hauptstadt. Zum ersten Mal im Leben saß er in einem Flugzeug.

Isaac und Gamliel wühlten sich durch jordanische Zeitungen und lauschten in Cafés auf Gerüchte über einen jüdischen Spion. Nichts. Immerhin schnappten sie ein paar lose Informationshäppchen auf, die sie weiterleiten konnten: Es gab kaum moderne Waffen in Jordanien, Flugabwehrbatterien waren nirgends zu sehen. Es gab zwei irakische Bataillone im Land, die aber gerade abgezogen wurden. Es sah nicht nach einer unmittelbar bevorstehenden Wiederaufnahme der Kämpfe aus.

Als wichtiger erwiesen sich im Rückblick ihre Beobachtungen über die Palästinaflüchtlinge, die in das Wüstenkönigreich geströmt waren. „Ich blieb eine Woche in Amman", schrieb Gamliel später, „streifte durch die staubigen Straßen der Elendsviertel und Flüchtlingslager, und der Anblick der nackten Kinder, die mit ihren vor Hunger aufgeschwollenen Bäuchen durch die verdreckten Gassen streunten, brach mir das Herz."[311] Die Agenten der Arabischen Sektion waren keine Ideologen. Sie beobachteten die Menschen, hörten, was sie sagten, und berichteten darüber. In den ersten Tagen nach dem Krieg waren sie mit die ersten, die sich einen Begriff davon machten, was diese Flüchtlinge bedeuteten.

Diese Menschen würden sich mit ihrem erlittenen Verlust nie abfinden, warnte Gamliel aus Amman. Sie würden auch nicht, wie einst die Juden, weiterziehen. Diese Flüchtlinge wollten zurück nach Palästina und dort unter arabischer Vorherrschaft leben. Sie hassten nicht nur die Juden, sondern auch den jordanischen König Abdullah, sei es, weil er augenscheinlich mit den Juden gemeinsame Sache machte, oder weil er unfähig gewesen war, sie zu besiegen. „Sie haben nicht die Absicht, in diesem unfruchtbaren Transjordanien zu leben", schrieb Gamliel, „und sie sind der Überzeugung, dass es besser ist, im Kampf zu sterben als ihr Heimatland aufzugeben."[312] Inmitten der Unsicherheit über das Schicksal des vermissten Spions können wir aus diesen Botschaften des Frühsommers 1949 die Tatsachen herauslesen und die kommenden konfliktreichen Jahrzehnte heraufziehen sehen.

In unsere Gespräche hat Isaac kaum je politische Andeutungen einfließen lassen. Seine Ansichten über die arabische Welt waren komplex. Er nahm die Menschen und ihre Kultur durchaus ernst, ihre Feindseligkeit aber auch. Wie Gamliel empfand er für sie weder Hass noch Verachtung, machte sich aber auch keine Illusionen über das Los der Schwachen, was für ihn auch der Grund dafür war, dass die Juden nie mehr schwach sein durften. Sonst hatte er darüber nicht viel zu sagen. Einer tieferen Analyse kam er mit einer Parabel am nächsten, die ihm einfiel, als er die Flüchtlinge in Jordanien beschrieb. „Was unsere Führer mit Blick auf diese Region nie richtig verstanden haben, ist, glaube ich, das Konzept der Rache", meinte er einleitend.

Es war einmal ein Beduine, dessen Bruder von einem Nachbarclan getötet wurde. Der Stammeskodex gebot den Beduinen, Rache zu üben, was er jedoch nicht tat – nicht im nächsten Jahr und auch nicht im Jahr darauf. Zwanzig Jahre vergingen, dann dreißig, und er war längst ein alter Mann, als er nach vierzig Jahren endlich den Tod seines Bruders rächte. Da kamen die anderen Clanleute zu ihm und fragten: „Warum hattest du es so eilig?"

ALS DIE SUCHE nach dem Rotschopf ergebnislos blieb, reiste sein Partner aus Amman ab und tauchte wieder in Beirut auf.[313] Efraim war in heller Aufregung; er war sich sicher, dass man ihm gefolgt war. Er trieb sich in der Nähe des Drei-Monde-Kiosks herum und brachte damit die Männer in Gefahr, die dort wieder präsent waren, nachdem sie eine Weile abgetaucht waren und man den Plan, alle wieder nach Israel zurückzuholen, noch einmal überdacht hatte. Bei dem Gedanken, was der Rotschopf in diesem Moment den Verhörbeamten alles erzählen und was das für sie bedeuten konnte, wurden alle nervös: Eines Nachts klopft es an der Tür, du wirst gepackt und aus dem Bett gezerrt, sie drücken dir etwas hartes Metallisches gegen die Schläfe, und dann eine feuchte Zelle, eine Kapuze, der Henker. Am Ende mussten sie den verängstigten Agenten in das Oldsmobile packen, und Yakuba nahm ihn mit auf eine Nachtfahrt zu einer bestimmten Stelle an der libanesisch-israelischen Grenze. Es war die Grenze zu einem feindlichen Land, aber noch gab es keinen Zaun, und wenn man den richtigen Zeitpunkt wählte, um die libanesischen Patrouillen zu umgehen, kam man hinüber. Im Dunkel auf der anderen Seite warteten ein paar Männer der Arabischen Sektion. Yakuba weiß noch, wie der Agent die Grenze zum jüdischen Staat überquerte, mit seinem Köfferchen in der Hand. Seine Mission war gescheitert.

Anfang Juli erschien in einer jordanischen Zeitung eine Meldung über einen Befehl König Abdullahs, der das Todesurteil für einen jüdischen Spion, „einen Soldaten der israelischen Armee"[314], absegnete. Das klang nach Bokai, doch der Name in dem Zeitungsartikel – Eliyahu Khader Nasser – war nicht der, den der Rotschopf benutzt hatte. Ein gefälschter britischer Mandatsausweis, der dem Spion gehörte und der heute im Palmach-Archiv aufbewahrt wird,[315] gibt sein Alias als Najeeb Ibrahim Hamouda an.

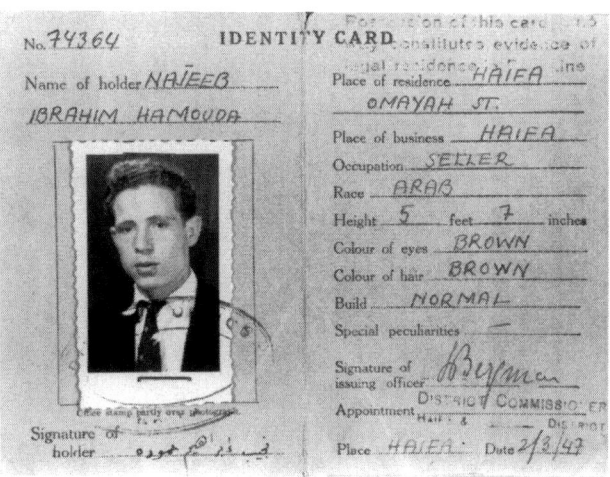

Einem anderen Bericht zufolge hatte man vier der Spionage verdächtige Männer gefasst, von denen drei wieder freigelassen und einer gehängt wurde; letzterer war aber laut Bericht ein Araber. Der Rotschopf befand sich also möglicherweise unter den Freigelassenen – es sei denn, er hatte an seiner Legende festgehalten und war als Araber hingerichtet worden.

Der eindrücklichste Moment der Nachforschungen aber hatte für Isaac und Gamliel nicht mit dem vermissten Spion zu tun. Nachdem sie in Amman nicht weitergekommen waren, beschlossen sie, nach Jerusalem zu reisen,[316] wo sich die Spur des Agenten verloren hatte. Nach den heftigen Kämpfen des Vorjahres war die Stadt geteilt worden, wobei man den Juden den Westsektor, den Jordaniern den östlichen Teil einschließlich der Altstadt zugesprochen hatte; um aus der jordanischen Hauptstadt nach Ost-Jerusalem zu gelangen, bedurfte es also keines Grenzübertritts. Sie fuhren mit einem Gruppentaxi von Amman westwärts das Edom-Gebirge hinab, dann über den Jordan und dann die Judäischen

Berge hinauf. Sie stiegen kurz am Nabi-Musa-Mausoleum[317] aus, um mit den anderen Fahrgästen zu beten, und setzten dann die Fahrt fort, die schmale Wüstenstraße hinauf nach al-Quds, wie die Araber Jerusalem nennen.

Als sie die Mauern der Altstadt durchquerten, war es Abend geworden und alles lag schon im Dunkeln. Die alten Straßen hatten sich noch nicht von den Kriegsschäden erholt, es gab kein elektrisches Licht. Das ehemalige Judenviertel war verlassen und verwüstet, die Bewohner vertrieben, und der Zugang zur Klagemauer war für die Menschen, die dort früher zu beten pflegten, gesperrt.

Die beiden Agenten stiegen in einem Hotel ab, an das sich Isaac noch aus seinen Vorkriegsmissionen in Jerusalem erinnerte – das *Petra*, das sich im Innern des Jaffa-Tors befand, wie noch heute. Sie stellten fest, dass ein Teil des Hotels von einer jordanischen Armeeeinheit genutzt wurde, die diverse Stellungen auf der Mauer, von der aus man über die Waffenstillstandslinie hinweg auf den jüdischen Sektor sehen konnte, mit Posten besetzt hatten. Wirklich gekämpft wurde nicht mehr, nur ein paar Scharfschützen schossen noch ein bisschen hin und her. Isaac stellte sich dem Offizier vor, der hier anscheinend das Kommando hatte: Er und sein Freund lebten derzeit im Libanon, und sie seien gekommen, um ihre Heimat Palästina wiederzusehen. Der Offizier war freundlich. Wie Isaac erfreut feststellte, konnte sich der Hotelmanager noch an ihn als „einen der Guten vom Jaffa-Jihad" erinnern. Der Manager sorgte dafür, dass sie ein gutes Zimmer bekamen.

Der jordanische Offizier befahl einem seiner Soldaten, mit den Besuchern eine Führung zu den Armeeposten oben auf der Mauer zu machen. Überreste dieser Stellungen sind noch heute zu sehen: unförmige, dem anmutigen ottomanischen Gemäuer aufgepfropfte Schlackeblöcke. Isaac und Gamliel folgten ihrem Cicerone über die dunklen Treppenstufen, erst die Mauersteine, dann die Mauerkante und die Zinnen der Brustwehr auf Augenhöhe, bis sie hoch genug waren, um über die Mauer hinweg zu sehen – und da lag vor ihnen das jüdische Jerusalem, erstrahlend im Lichterglanz.

Allzu viele Lichter können es nicht gewesen sein in der ausgemergelten Stadt von 1949. Die Kämpfe waren noch nicht lang beendet, und der Streifen Niemandsland unter ihnen bestand aus Schutt und Stacheldrahtverhau. Aber keiner behielt die Aussicht so im Gedächtnis. Beide haben sie als etwas Strahlendes in Erinnerung.

Von dem arabischen Stützpunkt aus sahen sie die Gebäude im Stadtzentrum des jüdischen Jerusalem und den Verkehr auf der Jaffa Road. Näher kamen sie nicht heran an die Menschen, die sie vermissten – die Überlebenden der Sektion und des Palmach, ihre Verwandten und die Mädchen, an die sie dachten.

Der größte Teil der Zeit, die Isaac undercover verbrachte, bestand nicht aus Spionieren oder Schiffe versenken. Er war im Kiosk mit dem Verkauf von Sandwiches und Radiergummis an Schulkinder beschäftigt, eine Randfigur im Leben der libanesischen Hauptstadt. Die Radiergummis waren echt. Sein Lächeln, wenn ein Kind sich Bonbons kaufte, war echt. Georgette war eine reale Person. In einer arabischen Stadt einen Kiosk betreiben: Das war das wirkliche Leben; es hätte *sein* wirkliches Leben sein können, wäre er nicht damals aus Aleppo weggelaufen, wären die Spione nicht auf ihn gestoßen, hätte die Geschichte nicht diesen unvorhersehbaren Verlauf genommen wie in jenen Jahren, als er mitgerissen wurde von ihrem Strom. Andererseits bestand für ihn der jüdische Staat erst einmal aus nichts als Klicks im Sendegerät. Vielleicht gab es ihn ja gar nicht. Und wenn, dann vielleicht nicht lange. Und sollte er Bestand haben, würde Isaac vielleicht nicht alt genug, es zu erleben.

In jenem Moment aber war das alles da: die Leute auf den Straßen, ihre schreienden Kinder, ihre armseligen Wäschestücke von den Leinen hängend, und das elektrische Licht; Isaacs Volk, das unter den Waffen der auf dieser Mauer stationierten jordanischen Wachen kaufte und verkaufte und lebte, immer noch unerreichbar hinter einer feindlichen Grenze, und doch ganz nah, direkt vor ihm: der Grund dafür, dass er seine Freunde vermissen musste und dass er diesen Stich in der Magengrube fühlte – der Staat Israel.

UNTERDESSEN SCHRIEB ein Neunzehnjähriger tief im Inneren eines Militärgefängnisses einen Brief. Das Gefängnis befand sich in Amman, nicht weit vom Berg Nebo, wo Moses, das verheißene Land vor Augen, auf der falschen Seite des Jordans gestorben war.

Ich habe diesen Brief in diesem Moment vor mir liegen. Besser gesagt die hebräische Übersetzung, die von ihm erhalten ist; das Original war auf Arabisch, aber falls es noch existieren sollte, habe ich es nicht ausfindig machen können.[318]

Wie Bokais Brief zu deuten ist, ist selbst nach mehrmaligem Lesen schwer zu sagen. Ein heutiger Leser würde sich davon vielleicht an diese wirren und widersprüchlichen Texte erinnert fühlen, wie sie unter Waffendrohung von Geiseln abgelesen werden: Ich befinde mich in einer misslichen Lage; ich werde gut behandelt; ich vermisse euch alle; tut was sie verlangen, sonst werde ich sterben. Die jordanischen Gefängnisaufseher müssen gewusst haben, dass ihr Gefangener von einigem Wert war; möglicherweise hatten sie ihn in der Hoffnung auf einen Gefangenenaustausch dazu genötigt, diesen Brief zu schreiben – dann allerdings würde das, was danach geschah, wenig Sinn ergeben.

Wie es scheint, hatte sich der gefangene Spion mit einem anderen Insassen angefreundet, einem palästinensischen Araber, der kurz vor seiner Freilassung stand. Bokai begriff, dass die Chance, eine Nachricht nach Israel herauszuschmuggeln, nicht so schnell wiederkommen würde, schrieb einen Brief an seine Kommandeure und vertraute ihn dem anderen Gefangenen an. So jedenfalls wurde es erzählt. Denkbar, wenn nicht sogar wahrscheinlich, ist aber auch, dass Bokais Häscher sowohl an der Abfassung als auch an der Weiterleitung des Briefs beteiligt waren.

Manches an dem Text bleibt kryptisch, etwa die Tatsache, dass Bokai, nachdem er gestanden hatte, ein Spion zu sein, weiterhin einen Decknamen verwendete; des Weiteren die Tatsache, dass das von ihm angegebene Alias dasselbe war wie das in dem jordanischen Zeitungsbericht genannte, anstatt das seiner Legende; schließlich die Tatsache, dass er neben die Unterschrift mit seinem falschen Namen den echten Namen seiner Geheimdiensteinheit setzte. Stellenweise klingt der Brief dezidiert muslimisch. Bokai beginnt mit der Wendung „Im Namen Gottes, des Gnädigen und Gütigen", dem traditionellen Incipit islamischer Texte, und fährt fort mit Friedenswünschen „an alle Gläubigen", womit sich Muslime typischerweise auf sich selbst beziehen. Im Judentum ist diese Formel unüblich. Die genauen Umstände, unter denen dieser Brief geschrieben wurde, werden wir wohl nie erfahren.

Der Gefangene richtete seine Worte an Ausbilder Sam'an und begann mit ausschweifenden Gruß- und Segensformeln im hohen arabischen Stil, einschließlich „tausend Küsse und gute Wünsche". Dann kommt er zur Sache.

Wollte ich alles aufschreiben, was ich im Herzen trage – alles Papier der Welt würde nicht ausreichen, meine Sehnsucht nach euch allen und nach meinem Heimatland auszudrücken. Bruder! Ich schreibe diese Zeilen aus der Gefangenschaft in

Amman, und mir zittern die Hände, weil ich euch alle so sehr vermisse. Wisset, dass mein Gewissen und mein Herz euer sind und bleiben werden, so lange ich in dieser dunklen Welt lebe.

Offenbar will Bokai damit sagen, dass er niemand verraten hat. Soweit wir wissen, ist das die Wahrheit.

Ich hatte genug von diesem verwünschten Leben, dem ich Tag für Tag begegnete, ein Leben voller Leiden, geistiger Qualen und unmenschlicher Behandlung.
Bruder! Ich muss dir mitteilen, dass das Gericht mich zum Tod durch Erhängen verurteilt hat. Ich sitze hier und warte auf die Vollstreckung des Urteils. Ich warte unter furchtbaren Bedingungen, gefesselt mit Eisenketten, die mehr als zwei Rutal[319] wiegen. Wasser und Brot sind meine Nahrung, mehr nicht, und meine Augen haben seit dem Tag meiner Gefangennahme keinen Schlaf mehr gesehen.
In meinen Gedanken, in meinem Herzen ist nichts Negatives, ich glaube immer noch, dass die Mission richtig war und dass sie nur an ein paar Kleinigkeiten gescheitert ist. Ich glaube, dass mich der Mann, den ich vor meiner Abreise erwähnt habe, verraten und in diese Falle gelockt hat. Und falls ich das hier überlebe und zu euch zurückkomme, werden wir mehr darüber sprechen, so Gott will.

Bokai scheint seine Vorgesetzten warnen zu wollen, dass jemand ihn bereits vor seiner Abreise verdächtigte, wahrscheinlich ein weiterer Insasse des israelischen Kriegsgefangenenlagers. Dieser musste den Grenzwachen einen Tipp gegeben haben.

Lieber Bruder! Ich bitte Dich, alles zu tun, was in Deiner Macht steht, um mich über das Rote Kreuz hier herausholen zu lassen. Ich bin mir sicher, dass Dir das gelingen wird, denn so etwas kommt hier öfter vor.
Und jetzt, lieber Freund, bitte ich Dich, meinen Freunden und Verwandten zu sagen, dass es mir gut geht, dass ich wohlauf bin und dass es keinen Grund zur Sorge gibt. Ich denke an all unsere Freunde und alle Kommandeure, Friede sei mit Dir und mit allen Gläubigen.
Dein treuer Freund
Khader Nasser, Shin Mem 18

Wichtige Anmerkung: Ich bitte Dich, den Überbringer dieses Briefes für den hochherzigen Gnadendienst, den er mir erwiesen hat, großzügig zu entlohnen.

Der Bote gelangte mit dem Brief nach Israel und übergab ihn nach einigen Verzögerungen den Behörden. Von da aus erreichte er Ende August die Sektion und sorgte dort für einige Aufregung. Es war das erste Lebenszeichen des vermissten Agenten – drei Wochen nachdem ihn die Wachen aus seiner Zelle abgeholt und erhängt hatten.[320]

21. Zuhause

Es sollte noch eine Weile dauern, bis alle Spione aus Beirut abgezogen waren.[321] Der Tod Bokais war jedoch der letzte bedeutsame Vorfall im Leben der Arabischen Sektion. Danach deuten die Nachrichtenprotokolle auf untrügliche Zeichen von Erschöpfung. Yakuba drängt darauf, heimkehren zu dürfen, wird aber vom Hauptquartier vertröstet: Die Rückführungen sind genehmigt, müssen aber erst in die Wege geleitet werden. Havakuk, der ebenfalls aus Beirut herauswill, bekommt dasselbe zu hören. Isaac sagt etwas über eine Verwundung, die er gern in Israel behandeln lassen würde; man fordert ihn auf, im Libanon für Behandlung zu sorgen.

Zwischen Routineanforderungen des Hauptquartiers nach Informationen über die syrische Luftwaffe oder das Procedere der Anerkennung als Flüchtling im Libanon, finden sich in den Protokollen auch Nachrichten von Familien und Freunden. Die charmante Kämpferin Mira, mittlerweile demobilisiert, sendet Havakuk Liebes- und Treueschwüre: Sie wartet auf ihn. Am 22. September 1949 um 22 Uhr bekommt Isaac die Mitteilung, dass sein Bruder Avraham, der mittlerweile ebenfalls seinen Weg nach Israel gemacht hat, gerade geheiratet hat.

Doch das machte alles nur noch schlimmer. Dass man unter Kriegsbedingungen viel zu ertragen hatte, war eine Sache; aber nun waren die Kampfhandlungen eingestellt, und in Israel blühte das Leben auf in jener wilden und gierigen Weise, wie Menschen es leben, die knapp dem Tod entronnen sind. Aber das geschah ohne sie. Sie waren keine professionellen Spione: Auf die langen Durststrecken, auf diese Mischung aus Gefahr und Langeweile, die den größten Teil eines Agentenlebens ausmachte, waren sie nicht vorbereitet. Und dann noch der Tod des Rotschopfs, mit dem ihnen das sie permanent begleitende Risiko unweigerlich vor Augen geführt wurde.

Bevor wir die Männer auf ihrem Heimweg begleiten, bleibt aber noch eine letzte Geschichte aus Beirut zu erzählen.

Neben dem Kiosk der Spione, auf der Straße bei der Drei-Monde-Schule, stand ein kleiner Laden, in dem ein Armenier Uhren reparierte. Ein anderer Laden gehörte einem Schuhmacher, in einem dritten flickte einer platte Reifen. Der Reifenflicker schaute gerne mal auf ein Schwätzchen vorbei, wenn bei ihm gerade nichts los war. Er wusste, dass die Männer vom Kiosk Flüchtlinge aus Palästina waren, und er hatte Spaß daran, sie mit Neuigkeiten zu versorgen. Und wenn er Kunden hatte, die sich als Palästinenser zu erkennen gaben, lotste er sie manchmal über die Straße, damit sie Abdul Karim, Ibrahim und die anderen kennenlernen konnten.

Isaac weiß noch, wie der Reifenflicker eines Tages in Begleitung eines einfach gekleideten Mannes beim Kiosk erschien.[322] Der Mann sah schon alt aus, er mochte an die siebzig sein (obwohl die Ereignisse dieser Jahre auch jüngere Menschen niedergebeugt und ihre Bewegungen verlangsamt hatten). Wie gewohnt, war Isaac/Abdul Karim darauf bedacht, den Mann nach seiner Herkunft zu fragen, bevor dieser ihn fragen konnte. Als der Mann Haifa nannte, sagte Isaac [wie üblich], er käme aus Jaffa. Der Reifenflicker ging wieder in seinen Laden und ließ die beiden Flüchtlinge allein.

Der Mann erzählte Isaac seine Geschichte. Er war damals zusammen mit den vielen anderen aus Haifa geflohen und lebte jetzt in einem Flüchtlingslager, begann er. Aber das war es nicht, worauf er hinauswollte. Da war noch mehr.

Der alte Mann hatte zwei Söhne. Sie hatten als Automechaniker in einer Kfz-Werkstatt in Haifa gearbeitet; einer war achtzehn, der andere zwanzig. Als der Krieg begann, hatten die Juden eine Bombe in ihre Werkstatt geschmuggelt, und als sie explodierte …

Nun, diese Geschichte kannte Isaac natürlich, und wir kennen sie auch. Ich fragte ihn, ob der Mann geweint hatte.

„Nein", sagte Isaac. „Aber er war traurig."

Was konnte Isaac für den Mann tun? Er tat das in so einem Fall Übliche und gab dem Mann ein paar Trostworte mit sowie den Wunsch, Gott möge Zeuge seiner Rache sein. Nach einer Weile zog sich der Vater der beiden toten Automechaniker still zurück; Isaac sah ihn nie wieder.

An manchen Punkten unserer Gespräche versuchte ich Isaac zum Reden darüber zu bringen, wie es war, die Welt der Gewalt zu betreten. Wie man als Reporter heutzutage eben fragt: Wie fühlte sich das an? Hatte er später darüber nachgedacht? Seine Antworten waren höflich, aber ich glaube, für ihn war das alles so ein neumodischer Kram: Öffentlicher Seelenstriptease, Reuebekundungen in ein paar pathetischen Phrasen – Erfindungen einer späteren Zeit, nicht der Stil der Arabischen Sektion.

„Man hatte uns eine Aufgabe gegeben", fasste er jene Zeit zusammen, „und ich war stolz darauf, es geschafft zu haben." Mehr hatte er dazu nicht zu sagen. Um zu wissen, was er mit „es geschafft haben" meinte, brauchte ich nur aufzustehen und aus seinem Küchenfenster im siebten Stock zu schauen. Menschen, die früher in Warschau, Berlin, Casablanca und Aleppo auf die Gnade der gesellschaftlichen Majoritäten angewiesen waren, hatten jetzt ein eigenes Land. Irgendwo da unten auf den Straßen gingen ganz normale Leute einkauften und fuhren mit dem Bus, ohne zu ahnen, dass es sie womöglich nur gab, weil vor langer Zeit, an einem Samstagmorgen im Februar 1948, zwei junge Männer namens Isaac und Yakuba dafür gesorgt hatten, dass eine als Krankenwagen getarnte Autobombe kein Kino in die Luft jagte.

Und doch kam es mir so vor, als gäbe es zwischen der Geschichte von dem alten Mann und Isaacs anderen Geschichten einen gewichtigen Unterschied. Vielleicht, weil sie auf subtile Weise darauf hinweist, wie hauchdünn die Grenzen sind, die ein Menschenleben vom anderen trennen: Die Söhne des alten Mannes, die ungefähr so alt wie Isaac waren, geboren in einer Stadt nicht weit entfernt von seiner eigenen, und dieselbe Sprache sprechend wie er – sie hätten auch Isaac sein können, und Isaacs Vater, oder auch er selbst, hätte auch jener alte Flüchtling sein können. In dem Moment, als er am Kiosk den alten Mann seine Geschichte erzählen hörte, hatte er das noch nicht erkennen können. Der Isaac aber, der die Geschichte nun mir erzählte, war inzwischen Vater und Großvater geworden, er war jetzt viel älter als damals der Mann mit seiner Geschichte. Als Isaac sie zu Ende erzählt hatte, bewegte er kurz seine Hand durch die Luft. Es war nur eine kleine Wellenbewegung, die ich ihn aber so noch nie hatte machen sehen. Als wollte er damit die Hilflosigkeit zum Ausdruck bringen, die uns alle befällt, wenn wir dem Schicksal ins Auge sehen müssen oder Dinge ungeschehen machen wollen.

STRAND VON OUZAI, südlich von Beirut, am üblichen Treffpunkt der Sektion.[323]

Draußen auf dem Meer erscheint ein schwarzer Fleck, der im Näherkommen die Gestalt eines Dingis annimmt. Das sanfte Plätschern der Ruder dringt an Isaacs Ohr. Mit ihm am Strand sind

Havakuk und der Agent namens Shimon, der den Stützpunkt in Damaskus kommandierte.

Min hada? ruft Isaac über das Wasser. Wer da? Dem vereinbarten Code-Dialog entsprechend müssten die Bootsleute jetzt mit „Ibrahim" antworten, worauf Isaac auf Arabisch „Ist Mustafa bei euch?" fragen würde.

Doch er bekommt keine Antwort auf sein *Min-hada*. Stattdessen kommen vom Boot aufgeregte Rufe auf Hebräisch: Umdrehen! Darauf hektisches Geplätscher, als die Ruderer, denen man anscheinend nichts von einem Codewort gesagt hat, das Boot zu wenden versuchen. Alles was sie gehört haben waren ein paar unverständliche Worte in der Sprache des Feindes.

Yob tvoyu mat, stößt Isaac seinen exklusiv für Aschkenasim reservierten russischen Lieblingsfluch aus. Dann, auf Hebräisch: Kommt zurück!

Mit oder ohne Passwort, in dieser Nacht geht es für ihn nach Hause. Das Boot kommt zurück.

Wir dachten schon, ihr seid eine Patrouille, sagt der kommandierende Skipper; wir hätten fast auf euch geschossen.

Die Agenten klettern in das Boot, die Bootsleute zerren an den Rudern, und das Dingi entfernt sich mit ihnen von den Lichtern der libanesischen Hauptstadt, weg von diesem Leben, das sie hier zwei Jahre lang gelebt haben, dem dort in der Dunkelheit schaukelnden Schatten entgegen, der sich als Marinekutter *Palmach* entpuppen wird. Nachdem man die Passagiere an Bord gehievt hat, nimmt das Schiff Kurs nach Süden, zur Linken die dunkle Küstenlinie, zur Rechten das offene Meer. Es ist der Frühling des Jahres 1950.

Yakuba war zu dem Zeitpunkt auf sein wiederholtes heftiges Drängen hin bereits abgezogen worden. Er hatte damit gedroht, notfalls auch ohne Erlaubnis zu gehen: Er würde einfach an die libanesisch-israelische Grenze fahren, das Oldsmobile dort abstellen, auf eigene Faust rüber gehen und dann per Anhalter nach Hause fahren. Man wusste, dass er imstande war, das wahrzumachen.

Gamliel wurde gesondert herausgeholt. Zurück in Israel hatte man ihm eine Offiziersausbildung bei der neuen Armee zugewiesen. Als er damit fertig war und der Arabischen Sektion Bericht erstatten wollte, erfuhr er, dass es diese nicht mehr gab. Die neuen Agenten, die man nach Beirut geschickt hatte und die dort wegen Georgette in die Bredouille zu geraten drohten, wurden nach wenigen Monaten abberufen, und die Einheit wurde aufgelöst – teils im Zuge der allgemeinen Restrukturierung der Geheimdienste in dem jungen Staat, teils aufgrund interner Streitigkeiten darüber, welche Organisation wofür zuständig war. Denkbar auch, dass mittlerweile – nachdem die Arabische Sektion einen neuen Typus von Agenten, den Wie-ein-Araber-Werder, erschaffen und die Nützlichkeit dieses Agententyps bewiesen hatte – allen klar geworden war, dass von nun an mehr Professionalität und Raffinesse erforderlich sein würden. Die Arabische Sektion war der Anfang gewesen, aber der Anfang war nun vorbei.

Wie Gamliel weiter erzählt, wusste er danach eine Zeit lang nicht, was er anfangen sollte; er wartete auf einen neuen Auftrag, als ihm eines Tages auf dem weitläufigen Armeecamp in Tel Aviv eine Frau über den Weg lief, die er kannte. Sie arbeitete als Bürokraft für zwei Offiziere, die in einer kleinen Baracke unter Eukalyptusbäumen saßen. Diese Baracke, erzählte sie ihm, war ein Gebäude mit einem generischen Eigennamen, sie hieß *reshut* oder „die Behörde". Dieser Name wurde später durch einen anderen ersetzt, der ebenfalls ein Allgemeinbegriff war: „die Institution", oder *mossad*.[324]

Gamliel meldete sich an. Mehrere Jahre verbrachte er als Araber in Europa, getarnt zunächst als Botschaftsangestellter, später als Journalist. „In Geheimdienstkreisen war Gamliel als einer der erfolgreichsten israelischen Agenten bekannt", sagte ein Militärhistoriker nach seinem Tod im Jahr 2002. „Dass man nie etwas von ihm gehört hat, liegt daran, dass er nie geschnappt wurde."[325] Yakuba der Abenteurer, Sam'an der Ausbilder, Rika der Saboteur und noch andere, die wir auf diesen Seiten kennengelernt haben, waren ihm in diesen Dienst gefolgt.

In der Generation unserer Spione war der israelische Geheimdienst mit tausenden von „Kims" aus arabischen Ländern gesegnet. Ihre Kinder jedoch sprachen bereits alle Hebräisch, nicht mehr Arabisch. Sie waren etwas Neues: Israelis. Zwar hat sich die israelische Identität seitdem mehr und mehr orientalisiert, die alten Sprachen und Sitten jedoch sind, wie es von der zionistischen Bewegung von Anfang an geplant war, verschwunden. Für die jüdische Bevölkerung mochte das ein Segen sein, für die Geheimdienste war es desaströs.

Die bizarre Wortschöpfung *mista'arvim* – Wie-Araber-Werder – hat sich im Hebräischen erhalten, wenn auch mit leicht abgewandelter Bedeutung. Heute bezeichnet man damit Soldaten oder Polizisten, die in arabischer Verkleidung zu kleineren Einsätzen in palästinensischen Städten ausrücken, wo sie verdächtige Personen festnehmen oder töten sollen. Sie führen aber kein Leben als Araber; das könnten sie auch gar nicht. „Der ‚Wie-ein-Araber-Werder'", hatte Sam'an einmal geschrieben, „muss in schlechthin jeder Hinsicht als Araber erscheinen: wie er aussieht, spricht, sich benimmt, wo er lebt, wo er seine Freizeit verbringt, einschließlich der richtigen Tarnung, Papiere, Biografie und Background." Heute gibt es in Israel so gut wie niemanden mehr, der dazu das Zeug hätte.

Gerne wüsste ich, was Havakuk – der Funker, der Beobachter, der „Ibrahim" vom Hafen in Haifa – gedacht hat, als er in dieser Nacht im Frühling 1950 auf dem Schiff die Küste entlangfuhr. Doch von unseren vier Spionen ist Havakuk derjenige, der uns am wenigsten hinterlassen hat.

Eins seiner ersten Vorhaben in Israel war die Heirat mit der Kämpferin Mira, die ihr Versprechen gehalten und auf ihn gewartet hatte. Bald nach Havakuks Rückkehr fand die Hochzeit statt, und die ganze Sektion war dabei. Etwa um dieselbe Zeit wurde Havakuk von einer neuen Geheimdienstabteilung rekrutiert, die arabische Agenten in Dienst nahm. Im Jahr darauf machte er sich eines Nachts auf den Weg zu einem in der Wüste gelegenen Grenzübergang zu Jordanien, wo er einen Kontaktmann treffen sollte. Doch es war eine Falle. Der „Kontaktmann" tötete ihn und ließ seine Leiche im Sand liegen. Havakuk wurde 24 Jahre alt.

Seine junge Witwe hat später Yakuba geheiratet. Sie hatten miteinander drei Kinder. Der Agent, der sich selbst einmal als „Draufgänger" bezeichnet hatte, verbrachte sein weiteres Leben in- und außerhalb der Geheimdienste, tauschte Identitäten und Pässe sowie im Rahmen einer Mission sogar einmal sein Gesicht aus, per plastischer Chirurgie. Das letzte Mal, dass er zum Dienst für sein Land gerufen wurde, war 2002, als er 78 Jahre alt war. Bei seinem Tod ein Jahr später wurde er als eine der bedeutendsten und schillerndsten Gestalten aus der Welt der israelischen Geheimdienste gefeiert.

Ich traf Mira in ihrem Kibbuz, unter einem Bougainvillea-Strauch neben einem Baumwollfeld, auf dem gerade die ersten Büschel sprossen. Wir tranken Kaffee in dem kleinen roten Häuschen, das Yakuba vor 63 Jahren eigenhändig für sie erbaut hatte, in der Anfangszeit des Staates Israel und ihres gemeinsamen Lebens.

Epilog

Ich sitze auf einer Bank in Tel Aviv gegenüber einem Kiosk. Ich betrachte den Kiosk schon seit einer Stunde, obwohl gar nichts Geheimnisvolles an ihm ist. Ein einfaches Gebäude etwa in Zimmergröße, vorn eine gestreifte Markise, an der Wand ein Lottoplakat.

Kurz nach sieben Uhr, als ich mich auf die Bank setze, ist der Kiosk noch geschlossen. Wenig später macht er auf. Es ist eine genau choreographierte Aktion von wenigen Minuten: Eine alte Frau mit adretter Frisur schließt die Tür auf, ein Mann mittleren Alters im schwarzen T-Shirt stellt Stühle raus, im Hintergrund macht sich eine Frau in einem blauen Kleid zu schaffen. Stühle hier hin, Tisch da hin, Aschenbecher drauf. Wortlos bewegen sich die drei umeinander herum. Alle wissen was sie zu tun haben.

Der Mann stellt draußen einen Ständer mit Kartoffelchips auf. An einer Wand wird ein metallener Rollladen hochgezogen, sodass man die obere Hälfte der alten Frau und das Innere des Kiosks sehen kann: ein Kühlschrank mit Softdrinks, ein Tresen mit BIC-Feuerzeugen und Lollipops. Anderswo in der Stadt gibt es Kioske, die Cappuccino und glutenfreie Muffins an Webdesigner verkaufen. Hier nicht. Es ist ein ganz einfacher Kiosk in der Nähe einer Grundschule. Würde man diesen Kiosk mitsamt seinem Personal irgendwie hochheben und irgendwo östlich von hier, meinetwegen in Amman, wieder abwerfen, oder weiter südlich in Alexandria, oder im Westen auf einer der griechischen Inseln, würde er auch dort nicht groß auffallen. Das Geschäft könnte ohne Unterbrechung weiterlaufen.

Ein Polizist kommt dahergeschlendert und wirft der alten Frau im Vorbeigehen einen Gruß zu. Ein kleines Mädchen mit einem großen pinkfarbenen Schulranzen steht auf Zehenspitzen und kauft eine Packung pinkfarbene Kaugummis. Ein Taxifahrer holt sich eine L&M; seine plumpe Vertraulichkeit mit der Kioskbetreiberin lässt darauf schließen, dass sie ihm im Lauf der Jahre schon unzählige ihrer L&M-Schachteln über den Tresen geschoben hat. Es ist der Beginn eines Arbeitstags am östlichen Rand des Mittelmeers, ein gewöhnlicher Tag im Spätsommer. Das Meer liegt verborgen hinter den Häusern, sendet aber immer wieder Grüße in Form einer leichten salzigen Brise. Es ist die beste Tageszeit, um draußen zu sein in dieser Weltgegend: strahlendes, aber noch nicht grelles Licht, die große Hitze noch Stunden weit weg. Ich bitte die alte Dame um einen schwarzen Kaffee. Sie kennt mich nicht, sagt aber „Herzchen" zu mir in ihrem arabisch gefärbten Hebräisch, verschwindet dann irgendwo hinten und kommt mit einem Pappbecher zurück. Ich setze meine Beobachtungen fort.

Ich bin hier, um mir jenen Beiruter Kiosk vorstellen zu können, von dem mich sieben turbulente Jahrzehnte und eine feindliche Grenze trennen. Genau wie der hier liegt er an einer stillen Straße neben einer Schule, mit dem Meer – demselben Meer – in Riechweite. An jenem Morgen im Spätsommer 1948, den ich mir jetzt ausmale, eilen Büroangestellte und Arbeiter an dem geschlossenen Kiosk vorbei, dem Gelärm der Pferde, Autos und Straßenbahnen entgegen. Ein paar Schulkinder sind auf dem Weg zur Drei-Monde-Schule.

Aus dem Innern des Kiosks hört man ein Klacken. Das Fenster geht auf.

Hinterm Tresen schauen zwei junge Männer heraus. Geschmeidig bewegen sie sich aneinander vorbei und umeinander herum. Sie kennen einander sehr gut. Beide haben Schnauzbärte, einer trägt eine Brille. Ich besitze ein Foto von ihnen, auf dem sie in die Kamera grinsen, die Haare glatt zurückgestrichen, offene Hemdkragen. Man traut ihnen einiges an Humor zu, aber auch an Gewaltbereitschaft. Fragt man sie nach ihren Namen, antwortet der mit der Brille „Abdul Karim", der andere sagt „Ibrahim".

Ein Oldsmobile biegt um die Ecke, aus dem ein weiterer junger Mann aussteigt, auch er dunkelhaarig mit Schnurrbart, doch in dem Moment, wo er das Trottoir betritt, sieht man gleich, dass er eine Spur tougher ist als die andern beiden. Er hat eine lautere Stimme. Er ist ein Hasardeur. Er schlendert hinüber zu den beiden am Tresen und wird mit Handschlag und Wangenkuss begrüßt. Das ist Jamil. Ein vierter Mann kommt: Yussef. Mit seinem leicht intellektuellen Touch wirkt er seriöser als die anderen. Von dem relaxten Gebaren der vier Männer indes darf man sich nicht täuschen lassen: Fünf ihrer Freunde liegen schon unter der Erde, und auch mit ihnen ist das Schicksal noch nicht fertig. Sie bemühen sich, die um sie herum stattfindenden oder heraufziehenden Ereignisse zu verstehen – mithilfe von Gesprächsfetzen, Sätzen in Zeitungen und Klicks in einer Wäscheleine – aber das Ganze bleibt wie in Nebel gehüllt. Sie ducken sich in ihren Kiosk wie in ein Rettungsboot, als wäre das der einzige feste Halt weit und breit. Jetzt, vor meinem Kiosk sitzend, sehe ich ihren fast vor mir. Jeden Moment könnte einer von ihnen vorbeikommen.

EINE KURZE AUTOFAHRT weiter von hier steht ein gewöhnliches Wohnhaus. Am Eingang die Namen Katash, Rubinstein, Alexandrov, Kamakhji und weitere, wie Menschen sie mitgebracht haben, die von irgendwo anders gekommen sind, um hier jemand anderes zu werden. Neben einem der Klingelknöpfe steht der Familienname, den Isaac wählte, als er sein Leben selbst in die Hand nahm. Ein Aufzug, in dem kaum mehr Platz ist als in einer Telefonzelle, bringt mich in den siebten Stock. Da steht er schon an der Tür, ein kleiner Mann mit Schnauzbart und Brille: Isaac Shoshan, Zaki Shasho, Abdul Karim.

Isaacs Karriere durchlief verschiedene Abteilungen des israelischen Geheimdienstes. Eine Zeitlang organisierte er Einschleuserouten für aus Syrien fliehende Juden. Eine führte aus seiner Heimatstadt Aleppo über Beirut auf ein Schiff, das schließlich im Hafen von Haifa anlegte. Er war am Aufbau einer Kommandoeinheit nach dem Vorbild des British Special Air Service beteiligt, die für Operationen hinter den feindlichen Linien vorgesehen war. Ein in der Anfangszeit der Einheit bei den Männern beliebtes arabisches Lied, die zündende Call-and-Response-Nummer „Musa Zein", brachte Isaac ihnen bei, während sie alle den Strand rauf und runter rannten. Er hatte es als Kind auf den Straßen in der Gegend seines Hauses im jüdischen Viertel gehört, wo es bei muslimischen Hochzeitsprozessionen gesungen wurde.

Ein anderer alter Spion, den ich kennengelernt habe,[326] war einmal Zeuge, wie Isaac einen anderen, damals noch in Ausbildung befindlichen Agenten in einem geheimen Unterschlupf in Jerusalem „abhörte". Es war während der ersten Jahre des neuen Staates. Hier konnte der Spionagelehrling erfahren, dass Geheimdienstler ganz anders waren, als er es aus dem Kino kannte. Isaac war nicht furchteinflößend. Er war auch nicht weltgewandt. Er war ein Mann der ruhigen und weit ausholenden Gespräche, ein Psychologe ohne Hochschuldiplom, ein autodidaktischer Experte für die menschliche Natur und den Nahen Osten.

Isaacs erste Ehefrau, Yafa, erkrankte und verstarb früh. Später heiratete er Rachel, die kleine Schwester von Jungs, die er noch aus Aleppo kannte. Sie lebten viele Jahre glücklich zusammen im selben Wohnblock. Es gibt eine Tochter in Tel Aviv und einen Sohn in New York und einen Enkel, der Pianist geworden ist. Nichts von all dem hätte Isaac sich träumen lassen, als er in jener Nacht im Frühling 1950 mit dem Schiff nach Hause gebracht wurde.[327] Er verbrachte die Überfahrt nicht mit Grübeleien über Zukunft oder Vergangenheit, sondern indem er über die Reling kotzte.

Bei Tagesanbruch liefen sie in Haifa ein. Die Matrosen warfen die Taue, die Motoren tuckerten aus. Isaacs Begleiter verabschiedeten sich von ihm – nun stand er allein auf dem Pier. Es gab keinen großen Heldenempfang. Es gab im Grunde überhaupt keinen Empfang – nur einen Mitarbeitergutschein für eine Nacht in einem Armeehotel, für den Fall, dass er keinen besseren Schlafplatz hätte. Hatte er nicht. Er hatte gedacht, dass wenigstens jemand vom Palmach da sein würde, der seine Geschichten hören wollte. Aber den Palmach gab es nicht mehr. Er befand sich in derselben Stadt, die er vor zwei Jahren im Bus mit den Flüchtlingen verlassen hatte, und doch war es eine ganz andere Stadt, mit neuen Menschen in den alten Häusern. Es war dasselbe Land, das er mitten in den Wirren des Krieges verlassen hatte, und doch ein ganz anderes, eines, in dem er noch nie gewesen war. Und auch er war derselbe und doch ein anderer.

In einem unserer letzten Gespräche für dieses Buch – er war 93 Jahre alt – erzählte mir Isaac, dass er sich manchmal dabei ertappte, wie er über seine Mutter nachdachte. Er klang überrascht, als ob ihm das früher nie passiert wäre. Ihr Name war Mazal. Sie starb im Kindbett, als er sieben war, damals in Aleppo in jener anderen Welt, die so lange bestand, bis das 20. Jahrhundert all das aufsammelte und in alle Winde zerstreute.

Er weiß nicht mehr, wie seine Mutter aussah, was ihn bekümmert. Manchmal schwebt ihm ihr Bild beinah vor, doch dann entgleitet es wieder. Es gibt keine Fotos von ihr. Wenn er sich stark konzentriert, kann er ihre Silhouette sehen, als würde er zu ihrer von hinten angeleuchteten Gestalt aufschauen. Vielleicht ist der Sonnenschein Aleppos die Lichtquelle. Vielleicht will sie ihn gerade aufheben und in die Arme nehmen.

Seine Mutter ist groß und schlank. Sie trägt ein kleines goldenes Amulett. Isaac aber kann weder ihr Gesicht sehen noch ihre Stimme hören. Er fragt sich, ob sie ihn beim selben Namen gerufen hat wie die anderen Leute, oder ob sie einen speziellen Namen für ihn hatte, den nur sie benutzte. Wie hatte seine Mutter ihn genannt? Zu gern wüsste er das, aber es fällt ihm nicht mehr ein.

Danksagung

Mein Dank geht an meinen Lektor Amy Gash für seine überlegene Einsicht und seine Bereitschaft, ein weiteres Mal gemeinsam mit mir in ein solches nahöstliches Wespennest zu stechen; an alle Mitarbeiter*innen bei Algonquin Books; an meine Agentin Deborah Harris; an meinen kanadischen Verleger Doug Pepper von Penguin Random House Canada; und an Felicia Herman, an die Mitglieder von Natan und an den Jewish Book Council für den großmütigen Vertrauensbonus. Für die Durchsicht des Manuskripts und hilfreiche Ratschläge danke ich Mitch Ginsburg, Benjamin Balint, George Eltman (Security Service), George Deek und Diaa El Radwa Hadid; meiner Schwester Sarah Sorek und meinen Eltern Imogene und Raphael Friedman. Dank an Rafi Sutton für die Einführung in die Welt der ersten israelischen Spione und den Kontakt zu Isaac Shoshan; an Yehonatan Gorenberg für die Unterstützung im Arabischen und an David Bezmozgis für seine Expertise über russische Flüche. Besonderen Dank schulde ich dem Historiker Benny Morris, der sich Zeit zum Lesen der Rohfassung dieses Buches genommen und mich in einigen Punkten berichtigt hat, sowie Yaron Behar, der die Anfangszeit des israelischen Geheimdienstes erforscht und mit großer Geduld meine Fragen beantwortet hat, als ich selbst noch so gut wie nichts darüber wusste. Dank an George Rohr und seine Familie, deren Unterstützung für mein erstes Buch mir noch zwei weitere zu schreiben ermöglichte. Dank nicht zuletzt an meine Frau Naama und unsere Kinder Aviv, Michael, Tamar und Asaf, die die letzten Jahre ihr Leben mit der Arabischen Sektion verbringen mussten.

Meine Recherchen stützen sich auf die unschätzbar wertvollen israelischen Bibliotheken und Archive und deren hilfsbereites Personal (Eldad Harouvi vom Palmach-Archiv, Yifat Arnon, dem Archivar der IDF, und vielen anderen), sowie auf all jene, die sich Zeit für Gespräche mit mir genommen haben. Es waren zu viele, um sie hier alle aufzuzählen; sie werden in den Quellennachweisen genannt. Ohne sie wäre dieses Buch nicht zustande gekommen. Allen voran habe ich Isaac Shoshan zu danken für seine Zeit und seine Geschichten.

Von den vier Personen, die im Mittelpunkt dieses Buchs stehen, haben drei in dem Land, bei dessen Erschaffung sie mitgeholfen haben, ein hohes Alter erreicht. Einer nicht: Havakuk, der Beobachter, Sohn von Yona und Yosef Cohen, geboren 1927 im Jemen, getötet im Dezember 1951 in der Wüste an der israelischen Grenze zu Jordanien.

Abgesehen von der unauslöschlichen Zuneigung derer, die ihn kannten, und einer Handvoll Geheimdienstberichte, die von einem aufmerksamen und einfühlsamen Geist zeugen, hat Havakuk nichts hinterlassen. Ihm ist dieses Buch gewidmet.

Anmerkungen

1   In *Why John le Carré Is More Than a Spy Novelist*, abgedruckt im *New Statesman* vom 21. Oktober 2015.
2   Isaac Shoshan ist am 28. Dezember 2020 im Alter von 96 Jahren verstorben. (Anm. d. Autors für die vorliegende Ausgabe)
3   Mein erstes Interview mit Isaac Shoshan fand im Februar 2011 in seiner Wohnung in Bat-Yam statt. Das letzte war im Juli 2016. Wir waren einander von Rafi Sutton vorgestellt worden, dem pensionierten Geheimdienstoffizier, der in meinem Buch *The Aleppo Codex* (Algonquin Books, 2012) [Der Aleppo Codex (Freiburg: Herder, 2015)] eine zentrale Rolle spielt. Eine Kurzversion von Isaacs Geschichte habe ich bereits in einem Artikel der *Times of Israel* veröffentlicht (15. April 2015).
4   Der Ausdruck „Middle East" ist mit dem deutschen „Nahen Osten" nicht exakt umfangsgleich (vgl. https://de.wikipedia.org/wiki/Naher_Osten). Im Zusammenhang der hier beschriebenen Vorgänge und der in sie involvierten Länder (Israel/Palästina, Libanon, Syrien, Jordanien, Jemen, Ägypten) scheint die Übersetzung mit „Naher Osten" (anstelle von „Naher und Mittlerer Osten") jedoch statthaft. Gelegentlich greife ich aber auch auf die geläufigen Begriffe „Orient / orientalisch" zurück, sofern der Kontext von „Middle East" sich mehr auf den *Kulturraum* als auf die politisch-geografische Einheit bezieht. Ebenso bei „The East / Easterner(s)", „The Arab / Islamic World" und ähnlichen Prägungen. (Anm. d. Übers.)
5   Die Beobachtung, dass ungefähr die Hälfte der israelischen Bevölkerung ihre Wurzeln in der islamischen Welt hat – mit dem Vorbehalt, dass Heiraten zwischen jüdischen Israelis unterschiedlicher Herkunft die Statistik verschleiern – stammt aus einem Interview, das ich mit dem israelischen Demographen Sergio DellaPergola von der Hebräischen Universität im Mai 2012 geführt habe.
6   *Zvika Dror: Ha-Mistaarvim Shel Ha-Palmach* [Die „Arabisten" des Palmach] (Tel Aviv: Defense Ministry Press, 1986), im Folgenden der Einfachheit halber kurz „offizielle Geschichte" genannt.
7   Beim Nachzeichnen der Landschaft Haifas um 1948 bin ich Yigal Greiver von der Haifa Historical Society und Jafar Farah vom Mossawa Center in Haifa zu Dank verpflichtet.
8   Eine Beschreibung dieses vom 12. Dezember 1947 datierenden Plakats findet sich in *Muhammad Nimr el-Khatib: Min Athar el-Nakba* [Fragmente der Katastrophe] (Damaskus: Al-Matba'ah al-Umumiyah, 1952). Teile des auf Arabisch geschriebenen Buchs, einschließlich der Texte der von der arabischen Führung in Haifa ausgehängten Plakate, hat Captain S. Sabag später auf Hebräisch übersetzt. Abgedruckt wurden sie in dem Band *Be-Einey Oyev: Shlosha Pirsumim Araviim al Milhemet Hakomemiyut* [Mit den Augen des Feindes: Drei arabische Sichtweisen des Unabhängigkeitskrieges], den die israelische Armee nach dem Krieg veröffentlichte (Tel Aviv: Ma'arachot

Publishing, 1954). Zusätzliche Passagen aus el-Kathibs Buch hat Yehonatan Gorenberg für mich aus dem Arabischen übersetzt.

9 Dieses Plakat, das ebenfalls bei el-Khatib beschrieben wird, stammt vom 8. Dezember 1947.

10 Das Foto von Gamliel, aufgenommen in Beirut 1950, abgedruckt mit freundlicher Genehmigung des Bild-Archivs des Palmach.

11 Laut einem von Havakuk Cohen alias Ibrahim verfassten Geheimdienstbericht der Arabischen Sektion, Frühjahr/Sommer 1947 (in den Palmach-Akten im Archiv der Kibbuz-Bewegung in Yad Tabenkin).

12 Die Geheimdienst-Vermerke zu den einzelnen Cafés stammen aus *Batei ha-cafeh ha-arviim be-Haifa beshalhei tkufat ha-mandat al pi sikrei ha-esek shel sherut ha-yediot shel ha-Haganah* [Arabische Cafés in der Spätphase der Mandatszeit, nach den geheimdienstlichen Erhebungen zur Geschäftswelt durch die Haganah], von Yair Safran und Tamir Goren, in *Haifa: Mitteilungsblatt der Haifa Historical Society* 12, Dezember 2014. Die geheimdienstliche Erhebung ist undatiert.

13 Ein Foto des Transkripts dieses Gesprächs ist abgedruckt in dem Buch *Vesodam Lakchu Elei Kever* [Sie nahmen ihr Geheimnis mit ins Grab], ein im Selbstverlag von den Familien David Shamashs und Gideon Ben-Davids herausgegebener Erinnerungsband, der im Palmach-Archiv aufbewahrt ist. Das Original-Transkript des auf Tonband aufgenommenen Gesprächs vom 20. Dezember 1947 wurde von Professor Yoav Gelber von der Universität Haifa in den Ben-Gurion-Archiven ausfindig gemacht; es war anscheinend aufgrund von Bürokratie-Wirren dort gelandet, statt, wie die anderen Dokumente der Arabischen Sektion, in den Archiven des Palmach, der Haganah, der IDF oder der Kibbuz-Bewegung.

14 Einzelheiten über das Verschwinden des „Straßenhändlers", des neunzehnjährigen Agenten der Arabischen Sektion Nissim Attiyeh, stammen aus einem Interview vom 31. Januar 2017 mit zwei Offizieren der *Eitan*, einer IDF-Einheit, die nach vermissten Soldaten sucht. Attiyehs Leiche wurde nie aufgefunden, die Akte nie geschlossen. Bezüglich der Frage, ob er sich am Tag seines Verschwindens als Straßenhändler oder als Barbier getarnt hatte, stimmen die Quellen nicht überein; Letzteres besagen die IDF-Akten, Ersteres entspricht der Version Gamliels.

15 Der Artikel vom 22. Dezember 1947 wird in Drors offizieller Geschichte zitiert. Der fragliche Sektionsagent – der vierte, der in jener Woche gefasst wurde und der einzige, der überlebte – war Shmuel (Sami) Mamroud. Er hat seine eigene Darstellung seiner Gefangennahme bei einem Veteranentreffen der Arabischen Sektion 1985 vorgetragen. Je ein Transkript dieses Treffens findet sich im Palmach-Archiv und im Archiv von Yad Tabenkin (dort mit handschriftlichen Anmerkungen Gamliel Cohens).

16 Vermutlich der Vorfall bei Gusch Etzion am 16. Januar 1948 (vgl. *Tom Segev: Es war einmal ein Palästina*, München: Siedler Verlag 2005, S. 552). (Anm. d. Übers.)
17 David Sabari aus Jerusalem, der zusammen mit 34 anderen umkam, nachdem die Einheit am 16. Januar 1948 in einen Hinterhalt geraten war.
18 Die Einzelheiten über „Yussefs" Abreise aus Haifa am 17. Januar 1948 finden sich in einem 205 Seiten langen Transkript von Gamliel Cohens mündlich mitgeteilten Erinnerungen, die vom Yigal Allon Center aufgezeichnet und mir über das Archiv des Palmach-Museums in Tel Aviv zugänglich gemacht wurden. Das Transkript ist undatiert, stammt aber höchstwahrscheinlich aus den späten 1990er Jahren. Zusätzliche Details sind in der von Gamliel publizierten Geschichte der Arabischen Sektion enthalten, *Ha-Mistaarvim Ha Rishonim* [Under cover: Die verschwiegene Geschichte der geheimen arabischen Abteilung des Palmach] (Tel Aviv: Defense Ministry Press und Galili Institut for Defense Studies, 2002).
19 Das Foto zeigt das Lager der Arabischen Sektion im Kibbuz Yagur um 1946; zum Zeitpunkt von Gamliels Rückkehr aus Beirut war es in einen anderen Kibbuz (Givat Hashlosha) verlegt worden. Abdruck mit freundlicher Genehmigung des Bild-Archivs des Palmach.
20 Von Männern in der arabischen Welt gern getragene Kopfbedeckung, im Deutschen als „Palästinenser-Tuch" bekannt. (Anm. d. Übers.)
21 *franji*: Arabisch für „westlich", „europäisch".
22 Die Beschreibung der Männer im Lager stützt sich auf mein Interview mit Isaac, auf mündliche Mitteilungen Gamliels sowie auf das Transkript eines längeren Gesprächs mit Yakuba Cohen („Yamil"), das Izna Dafni im Auftrag des Yigal Allon Center im März und April 2001 geführt hat. Der vollständige hebräische Name Sam'ans war Shimon Somech. Dahuds Name war David Mizrahi. Ezra war Ezra Afgin, der später den hebräischen Familiennamen „Horin" annahm. Rika ist Eliyahu Rika. Bokai ist Yaakov Bokai.
23 Aus *Eliyahu Rika: Parpar Ha-shachar* [Schmetterling der Morgendämmerung] (Tel Aviv: Yorikel Press, 1987). Das Foto der Backgammon-Spieler abgedruckt mit freundlicher Genehmigung des Bild-Archivs des Palmach.
24 Gleich einem großen Teil der Figuren dieser Geschichte, trägt auch das Land eine Vielzahl von Namen. Der, den die Briten während ihrer Mandats-Herrschaft zwischen 1917 und 1948 verwendeten, lautete *Palästina*. Auch manche der arabischen Bewohner benutzten ihn (auf Arabisch: *Filastin*), obgleich viele von ihnen, die sich als Teil einer umfassenderen arabischen oder muslimischen Einheit betrachteten, die von den westlichen Mächten gezogenen Grenzen nicht anerkannten. Für die Juden war es *das Land Israel* oder schlicht *das Land*. Die Bezeichnung *Palästinenser* für die Araber Palästinas kam erst später in Gebrauch, ebenso wie der Begriff *Israelis*. Im Folgenden

werde ich auf die Beteiligten mit den Begriffen referieren, mit denen sie damals sich selbst zu bezeichnen pflegten: *Araber* und *Juden*. (Anm. d. Autors) Zur Vermeidung von unklarem Bezug wird in der Übersetzung „the Land of Israel" zuweilen (wie hier) mit dem hebräischen „Eretz Israel" wiedergegeben, welches eindeutig das biblische Israel als historisch-ursprüngliche Heimat des jüdischen Volkes und dann den Diasporajuden „verheißenes" Land meint. (Anm. d. Übers.)

25 Laut Gamliels veröffentlichtem Bericht, der aus dem von ihm und Isaac im Anschluss an ihre Teilnahme an einer Versammlung arabischer Nationalisten in Nablus verfassten Bericht der Arabischen Sektion (November 1946) zitiert. Der Redner war Faik Inbatawi.

26 Bericht der Arabischen Sektion aus dem Dorf Yahudiya, 30. Juni 1947, im Archiv der Haganah.

27 *The Adventures of Antar and Abla*, EGP 1948, s/w; 105. (Anm. d. Übers.)

28 Aus Havakuks Bericht aus Haifa vom Frühjahr/Sommer 1947, im Archiv der Kibbuz-Bewegung in Yad Tabenkin.

29 Bericht der Arabischen Sektion aus Haifa, 16. Juni 1947, im Archiv der Haganah.

30 *Pitgam Yashan-Shoshan* [Shoshans alte Sprichwörter], zusammengestellt von seiner Tochter Etti Yodan (Tel Aviv: Selbstverlag, 2016).

31 Bericht der Arabischen Sektion aus Jaffa, 1. Dezember 1947, im Archiv der Haganah.

32 Die Schilderung des Einsatzes vom Februar 1948 in der Abu-Sham-Werkstatt in Haifa basiert auf meinen Gesprächen mit Isaac sowie auf Yakubas mündlichem Zeugnis. Weitere Einzelheiten stammen aus Drors offizieller Geschichte und aus Gamliels veröffentlichtem Bericht.

33 Einzelheiten aus Yakubas Vorleben nach mündlicher Mitteilung.

34 Abdruck mit freundlicher Genehmigung des Bild-Archivs des Palmach. Ort und Datum der Aufnahme sind ungewiss.

35 Aus Drors offizieller Geschichte. Besitzer der Kamera war Aaron Tziling, Mitglied im Kibbuz Ein Harod und späterer israelischer Agrarminister. Dror zufolge bekamen die Agenten den Scherz zu hören: „Ob ihr wiederkommt oder nicht, ist uns egal, Hauptsache wir kriegen die Kamera zurück."

36 Ian Black und Benny Morris: *Israel's Secret Wars: A History of Israel's Intelligence Services* (New York: Grove press, 1991) [*Mossad, Shin Bet, Aman: Die Geschichte der israelischen Geheimdienste* (Heidelberg: Palmyra 2014)]. Der zitierte Offizier ist Yaakov Shimoni.

37 Aus einem undatierten Dokument mit dem Titel „Bericht über arabische Banden in Zentral und Südpalästina", im Archiv der Haganah.

38 Eine Darstellung dieser Aktion findet sich in Michael Bar-Zohar und Eitan Haber: *The Quest for the Red Prince* (London: Weidenfeld and Nicholson, 1983).

39 Aus einer kurzen, von Sam'an für interne Zwecke geschriebenen Zusammenfassung der Sektionsgeschichte, datiert 17. Juni 1971, im Archiv der Haganah.
40 Die Zahl der Opfer der Explosion in Abu Sham ist unbekannt. Nach dem von Black und Morris in *Mossad, Shin Bet, Aman* zitierten Palmach-Dokument waren es dreißig, nach Gamliels offiziellem Bericht zwanzig; nach der offiziellen Haganah-Geschichte wiederum nur fünf. Nach einem von der Haganah unmittelbar nach dem Anschlag ausgehängten Plakat war „die Garage komplett zerstört und die Umgebung stark beschädigt, mehrere Araber wurden getötet, Dutzende verwundet". Nachforschungen in den unfangreichen arabischen Zeitungsarchiven im Moshe-Dayan-Center for Middle Eastern and African Studies in Tel Aviv förderten keinen auf arabischer Seite veröffentlichten Bericht über den Vorfall und die Opferzahlen zutage.
41 Von der Ankunft des illegalen Flüchtlingsschiffs *Hannah Senesh* Weihnachten 1945 haben sowohl Gamliel als auch Yakuba in ihren mündlichen Berichten erzählt.
42 Nathan Altermans Gedicht *Ne'um tshuva le-rav-hovlim italki aharei leil horada* [Antwortrede auf einen italienischen Kapitän nach einer Nacht der Ausschiffung], verfasst kurz nach der Ankunft der *Hannah Senesh*, wurde erstmals am 15. Januar 1946 in der Zeitung *Davar* veröffentlicht. (Anm. d. Autors)
Davar erschien von 1925 bis 1950 und war eine beliebte hebräische Tageszeitung zionistisch-sozialistischer Ausrichtung. (Anm. d. Übers.)
43 Laut Bericht der Arabischen Sektion aus Jaffa vom 16. Juni 1947, im Archiv der Haganah.
44 Zit. n. Benny Morris: *Rigtheous Victims – A History of the Zionist-Arab Conflict 1881–2001* (New York: Vintage Books 2001, S. 183).
45 Die Einzelheiten aus „Ibrahims" Alltag in Haifa stammen aus Havakuks Bericht vom Frühling/Sommer 1947, aufbewahrt in den Archiven der Kibbuz-Bewegung in Yad Tabenkin.
46 Im Original *unclean beast*: „unreines Tier", mit stärker religiös konnotierter Nebenbedeutung. (Anm. d. Übers.)
47 „*Najada* oder *Al-Najada* war der Name der einen von zwei 1945 gegründeten paramilitärischen arabischen Organisationen. Die zweite hieß *Al-Futuwa*. Als die palästinensischen Araber begannen, den militärischen Widerstand gegen den Teilungsplan […] zu organisieren, wurden diese Jugendverbände den vom Großmufti von Jerusalem, Haji Amin al Husayni, angeführten Militäreinheiten und der Arabischen Befreiungsarmee (ALA) von Fafzi al Kawkji eingegliedert." (Anm. d. Übers.; aus „Encyclopedia of the Middle East" auf mideastweb.org)
48 Quellen zum arabischen Haifa waren u. a. Benny Morris: *1948 – A History of the First Arab-Israeli War* (New Haven, CT: Yale University Press, 2008);

Tamir Goren: Haifa ha-aravit be-tashach [Die Einnahme des arabischen Haifa im Jahr 1948] (Tel Aviv: Ben-Gurion-Universität des Negev, zusammen mit Defense Ministry Press, 2006); Geheimberichte des Nachrichtendiensts im Archiv der Haganah; sowie *Nimr el-Khatib: Min Athar al-Nakba* (vgl. Anm. 8).

49 Der Agent, der das Gebet mit den 700 Gläubigen in Jaffa schilderte, war Shem-Tov Aloni, der beim Treffen der Arabischen Sektion 1985 eine Rede hielt (Transkript im Archiv des Palmach).

50 Diese und die folgende Charakterisierung Nimrs sowie Gamliels Gewaltfantasien in der Moschee nach mündlichem Zeugnis.

51 Der Bericht über die Versammlung der Muslimbruderschaft in Haifa (10. Juli 1947) befindet sich im Archiv der Haganah. Aus dem Dokument geht die Identität des Schreibers nicht klar hervor, nach Gamliels mündlichem Zeugnis stammt er jedoch von ihm.

52 Azriel Carlebach in der hebräischen Tageszeitung *Maariv*, 22. April 1948.

53 Das Dokument über das geplante Attentat stammt aus den Palmach-Akten in den Archiven der Kibbuz-Bewegung in Yad Tabenkin. Die undatierte, wahrscheinlich jedoch Ende Februar/Anfang März erstellte Akte trägt den Titel „Bericht über die Durchführung der Operation Starling gegen Scheich Nimr al-Khatib". Die Operation Starling (auf Hebräisch: *mivtza zarzir*) war ein weiter gefasstes Vorhaben zur Liquidierung führender Köpfe, die an der arabischen Kriegsvorbereitung beteiligt waren.

54 Der Bericht über Isaacs Kindheit basiert auf den Gesprächen, die er mit mir geführt hat.

55 Anders als das deutsche Wort „Zigeuner", ist das englische „gipsy" bis dato noch nicht von der Diskussion um politisch korrekte Sprache erfasst worden. Der Autor von *Spies of No Country* kann daher „gipsy" unbefangen verwenden, wo der Übersetzer – mit Rücksicht darauf, dass die entsprechende deutsche Bezeichnung von den mit ihr Bezeichneten mehrheitlich als diskriminierend empfunden wird – das Wort „Zigeuner" besser mit distanzierenden Anführungszeichen vor Missdeutungen schützt. Eine Übersetzung mit „Sinti" und/oder „Roma" hingegen schien unangebracht, da „gipsy" hier nicht auf die *ethnische Zugehörigkeit* der so genannten Personen, sondern auf deren *soziale Rolle* (hier markiert durch ein für diese Bevölkerungsgruppe offenbar typisches Tätigkeitsfeld) Bezug nimmt. (Anm. d. Übers.)

56 Aus *Alexander Russell: The Natural History of Aleppo*, erschienen 1756 in London [Naturgeschichte von Aleppo (2 Bd.), Göttingen 1797/98 bei J. G. Rosenbusch], zit. n. *Norman Stillman: The Jews of Arab Lands: A History and Source Book* (Philadelphia: Jewish Publication Society, 1979).

57 Abdruck mit freundlicher Genehmigung Isaac Shoshans.

58 Für diesen nach dem Zweiten Weltkrieg gebildeten Begriff zur Bezeichnung einer Gruppe von Personen, die teils durch Vertreibung, teils durch Deportation, teils durch Flucht heimatlos geworden waren, bietet das Deutsche keine genaue Entsprechung. (Anm. d. Übers.)

59 Das Gedicht *Hamasa Hakatzar Beyoter* [Die kürzeste Reise], in dem Leah Goldberg das Tel Aviv von 1935 schildert, ist in dem Sammelband *Im Ha-Laila Ha-zeh* erschienen [In dieser Nacht] (Merhavia: Sifriat Ha-Po'alim, 1964). (Anm. d. Autors)
Die hier vorgelegte Übersetzung basiert auf Matti Friedmans englischer Übersetzung des hebräischen Originals. (Anm. d. Übers.)

60 *Leo Pinsker: Autoemanzipation – Mahnruf an seine Stammesgenossen von einem russischen Juden* (1882), geschrieben unter dem Eindruck der Judenpogrome, die im Gefolge des Attentats auf Zar Alexander II. überall im russischen Reich stattfanden. (Anm. d. Übers.)

61 *Theodor Herzl: Der Judenstaat. Versuch einer modernen Lösung der Judenfrage* (1896), Herzls wirkmächtiges Hauptwerk, Gründungsdokument des politischen Zionismus. (Anm. d. Übers.)

62 Aus *Charles Dickens: The Life and Adventures of Martin Chuzzlewit* (London: Chapman & Hall, 1844) [*Leben und Abenteuer des Martin Chuzzlewit*, Deutsch von Gustav Meyrink (1912), Berlin: Hofenberg 2017 (Reprint)].

63 Benny Marshaks Steilhang-Parabel wird in Drors offizieller Geschichte wiedergegeben.

64 Hebr.: *PLugot MACHatz*. (Anm. d. Übers., mit Dank an Lea Stein für den Hinweis.)

65 Aus *Anita Shapira: Yigal Allon, Native Son: A Biography*, übersetzt von Evelyn Abel (Philadelphia: University of Pennsylvania Press, 2008).

66 Die Schilderung der Begegnung mit Marshak und Sam'an im Kibbuz stammt aus Isaacs Gesprächen mit mir, angereichert mit Details aus Drors offizieller Geschichte.

67 Yitzhak Sadehs Ausspruch wird zitiert in *Haim Gouri und Haim Hefer: Mishpachat Ha-Palmach* [Die Palmach-Familie], 4. Auflage (Tel Aviv: Yediot Books, 1977).

68 Die Beschreibung der Ausbildung der Arabischen Sektion habe ich aus meinen Gesprächen mit Isaac rekonstruiert, unter Heranziehung von Gamliels mündlichen Zeugnissen und seinem veröffentlichten Bericht, sowie von mündlichen Aussagen Yakubas.

69 Sten: britisches Armee-MG (seit 1941); Parabellum: vorwiegend beim Militär verwendete Pistole, auch als „Luger" bekannt. (Anm. d. Übers.)

70 Beide Fotografien von Sam'an abgedruckt mit freundlicher Genehmigung des Foto-Archivs des Palmach.

71 Nach dem mündlichen Zeugnis Yakubas.

72 Genaueres zur Rolle Sam'ans in Eli Cohens Mission in *Shmuel Segev: Boded Be-Damesek* [Alone in Damaskus: The Life and Death of Eli Cohen], revidierte Ausgabe (Jerusalem: Keter Books, 2012).
73 Zweifel der jüdischen Geheimdienstoffiziere an der Tauglichkeit des Projekts „Arabische Sektion" sind in Drors offizieller Geschichte bezeugt.
74 Black und Morris (vgl. Anm. 36).
75 In Drors offizieller Geschichte; vgl. auch das Vorwort.
76 Yari Harari („Subhi"), Veteran der Arabischen Sektion, in seiner Ansprache beim Veteranentreffen von 1985 (Transkript im Archiv des Palmach).
77 Morris (vgl. Anm. 48).
78 Die Geldknappheit des Palmach und seine zeitweilige Unfähigkeit, für Essen und Unterkunft aufzukommen, sind in Gamliels mündlichen Berichten bezeugt.
79 Die Mitgliederzahlen der Sektion schwankten; über die Jahre sind mehrere Dutzend durch sie hindurchgegangen. Zum Treffen von 1985 wurden 49 Einladungen verschickt, eine Zahl, in der die 1948 oder in den folgenden Jahren Gestorbenen natürlich nicht enthalten sind. Die Zahl der aktiven Agenten war jedoch zu jedem Zeitpunkt erheblich geringer. Aus den Akten geht hervor, dass es Ende 1947 beim Ausbruch des Unabhängigkeitskrieges nicht mehr als ein Dutzend waren.
80 S. D. Goitein: *Jews and Arabs – Their Contacts through the Ages* (New York: Schocken Books, 1955).
81 Aus einem internen Dokument Sam'ans, zitiert in *Yaakov Markovitzki: Ha-yehidot ha-yabashtiot ha-meyuchadot shel ha-Palmach* [Spezielle Bodentruppen des Palmach] (Tel Aviv: Defense Minitry Press, 1989).
82 Aus Gamliels veröffentlichtem Bericht.
83 Abdruck mit freundlicher Genehmigung Mira Cohens. Ich habe Mira im August 2016 im Kibbuz Alonim interviewt.
84 Die Lagerfeuerlieder der Arabischen Sektion sowie die über den Palmach-Slang ins Hebräische eingegangenen arabischen Wörter werden erwähnt in *Gouri und Hefer: Mishpachat Ha-Palmach*. Die Verse aus „Von jenseits des Flusses" („Me-Ever La-Nahar", Text von Saul Tschernikowski, Musik von Anton Rubinstein) erscheinen im selben Band. (Anm. d. Autors)
Die hier abgedruckte Version ist meine Übersetzung der Übersetzung Matti Friedmans. Die Version der Armeemusikgruppe (Nachal Entertainment Troupe, 1972) ist auf Youtube zu finden. (Anm. d. Übers.)
85 Traditionelles Überkleid muslimischer Frauen. (Anm. d. Übers.)
86 Saul Tschernikowski, geb. 1875 in Michailowka, Ukraine, gest. 1943 in Jerusalem, hebräischer Dichter und Übersetzer. (Anm. d. Übers.)
87 Aus *Yehuda Ninis: Hirhurim al ha-hurban ha-shlishi"* [Überlegungen zur dritten Zerstörung], erschienen in der Zeitschrift der Kibbuz-Bewegung *Shedomot* (Nr. 41/1971).

88 Nach Gamliels mündlichem Zeugnis.
89 Aus den Memoiren Moshe Adakis, eines Veteranen der frühen Arabischen Sektion: *Be-esh netzura* [Bewachtes Feuer] (Tel Aviv: Am Oved, 1975).
90 „Clark Kent" ist der bürgerliche Name von *Superman*, der von Jerry Siegel und Joe Shuster kreierten Comicfigur. (Anm. d. Übers.)
91 Einzelheiten des geplanten Attentats aus Isaacs Perspektive stammen größtenteils aus den Gesprächen mit ihm, unter Heranziehung zusätzlicher Details aus dem Buch, das er zusammen mit Rafi Sutton über ihre Jahre im Dienst des israelischen Geheimdienstes geschrieben hat: *Anshei ha-sod veha-seter* [Männer für Geheimes und Geheimnisvolles] (Tel Aviv: Edanim, 1990). Weitere Einzelheiten stammen aus der Palmach-Akte, die die Beschreibung der Operation Starling enthält (Yad-Tabenkin-Archiv).
92 Der Tag von Muhammad Nimr el-Kathibs Abreise nach Syrien war der 15. Februar 1948, gemäß seinem Bericht in *Min Athar el-Nakba*. Der Überfall fand vier Tage später, am 19. Februar, bei seiner Rückkehr statt.
93 Gegenüber den vageren Begriffen „Späher" oder „Aufklärer" gibt die Übersetzung hier dem Anglizismus ‚Spotter' den Vorzug, der im militärischen Kontext für den einen Scharfschützen begleitenden Beobachter, der für die Zielidentifikation zuständig ist, international gebräuchlich ist. (Anm. d. Übers.)
94 Shoshan und Sutton (vgl. Anm. 91).
95 Arabische Stadt an der äußersten Nordspitze der Bucht von Haifa. (Anm. d. Übers.)
96 Alle Zitate Nimrs aus *Min Athar el-Nakba;* Yehonatan Gorenberg hat sie für mich aus dem Arabischen übersetzt. Das einzige Exemplar der Memoiren, das ich auf der ganzen Welt in einer öffentlichen Sammlung finden konnte (nämlich in der Bibliothek der palästinensischen Universität An-Najah in Nablus/Westjordanland) bekam ich mithilfe zweier palästinensischer Journalisten in die Hand, die mir das Buch für ein paar Stunden nach Jaffa brachten, damit ich es kopieren konnte.
97 Ebd.
98 Aus der Akte „Operation Starling" im Archiv von Yad Tabenkin.
99 Aus meinem Interview mit Isaac.
100 Shoshan und Sutton (vgl. Anm. 91).
101 Aus *Tzadok Eshel: Ma'archot ha-Haganah be-Haifa* [Die Kämpfe der Haganah in Haifa] (Tel Aviv: Defense Ministry Press, 1978). Der Name Malinki, auf Russisch „klein", ist ein Spitzname; die Identität des Schützen ist nicht dokumentiert.
102 Original: „confirming the kill" (in der Sprache des Militärs geläufiger:„confirmed kill"), die vor Zeugen erfolgende Tötung einer Zielperson aus nächster Nähe. (Anm. d. Übers.)

103 Aus meinem Interview mit Isaac.
104 Auch der Bericht aus *El-Difaa* (20. Februar 1948) ist in Nimrs Buch *Min Athar el-Nakba* abgedruckt.
105 Im Original „Brothers" (großgeschrieben); gemeint sind wohl Anhänger der Muslimbruderschaft. (Anm. d. Übers.)
106 In Langley/Virginia befindet sich der Dienstsitz der CIA. (Anm. d. Übers.)
107 Nach *Shlomo Hillel: Operation Babylon: Jewish Clandestine Activity in the Middle East 1946–51* (Glasgow: William Collins, 1988) [Operation Babylon. Israels Geheimdienst im Irak (Holzgerlingen: Hänssler 1998)].
108 Black und Morris (vgl. Anm. 36).
109 Siehe Anm. 51.
110 13. Mai 1947, im Archiv der Haganah.
111 26. Juni 1947, im Archiv der Haganah.
112 Die Schilderungen von Gamliels Zeit in Beirut, seiner Kindheit in Damaskus und seiner ersten Monate in Palästina nach mündlicher Mitteilung.
113 16. Strophe aus dem Amida, dem sog. „Achtzehngebet", zentraler Text im jüdischen Gottesdienst. Die verfügbaren deutschen Übersetzungen weichen teils stark voneinander ab. Ich halte mich hier relativ eng an Friedmans englische Version. (Anm. d. Übers.)
114 Die Oud (auch Ud) ist eine ursprünglich aus Persien stammende Kurzhalslaute, die in der traditionellen arabischen Musik eine zentrale Rolle spielt. (Anm. d. Übers.)
115 Nach Gamliels mündlicher Mitteilung.
116 Weitere Einzelheiten aus Gamliels Leben aus einem Kurzfilm über ihn, der auf einer Konferenz im Palmach-Museum am 12. Februar 2012, zehn Jahre nach seinem Tod, gezeigt wurde; eine Videoaufnahme der Konferenz ist im Palmach-Archiv aufbewahrt. Zusätzliche Details stammen aus Interviews vom April 2018 mit seiner Ehefrau, Aliza Cohen, und seiner Tochter Mira Shamir (geboren als „Samira el-Hamed", während ihr Vater undercover in Europa im Einsatz war).
117 Batshevas Widmung nach mündlicher Mitteilung Gamliels.
118 Alan Cunningham, Britischer Hochkommissar, in seinem Bericht an den Kolonialsekretär vom 3. April 1948, zitiert bei Morris (vgl. Anm. 48).
119 „Poza" war Haim Poznanski, der im Alter von 21 Jahren am 23. April 1948 in der Schlacht von Nebi Samwil getötet wurde.
120 Mit geringfügigen Abweichungen finden sich Berichte über den Tod Abd el-Quader el-Husseinis in Qastel in mehreren Quellen. Ich stütze mich auf den jüngsten dieser Berichte: *Danny Rubinstein: Ze anachnu oh hem* [The Battle on the Kastel: Twenty-four hours that changed the course of the 1948 war between Palestinians und Israelis] (Tel Aviv: Aliyat Ha-Gag Books, 2017).

121 *John Le Carré: Der Spion der aus der Kälte kam*, Gütersloh o. J., S. 199.
122 Ebd., hier in meiner Übersetzung des von Friedman zitierten englischen Originals. (Anm. d. Übers.)
123 Dieses Kapitel basiert auf dem Bericht, den Habakuk („Ibrahim") unmittelbar nach dem Fall Haifas am 22. April 1948 abgegeben hat. Den vollständigen Text trug Gamliel bei einem Veteranentreffen der Arabischen Sektion im Kibbuz Givat Hashlosha am 10. April 1969 vor, sodass er glücklicherweise in Gestalt des Transkripts dieses Treffens im Palmach-Archiv erhalten ist; vom Original fehlt jede Spur.
124 Der Text dieses auf den 20. März 1948 datierten Plakats ist wiedergegeben in Nimr el-Khatib (vgl. Anm. 8).
125 Aus *Walid Khalidi: The Fall of Haifa Revisited*, erstmals veröffentlicht in *Middle East Forum* 10 (1959), wieder abgedruckt in *Journal of Palestine Studies* 37, Nr. 3 (Frühjahr 2008).
126 Auch der Text dieses Plakats vom 12. Dezember 1947 ist in *Min Athar el-Nakba* abgedruckt.
127 Bericht der Carmeli-Brigade vom 22. April 1948, in *Benny Morris: The Birth of the Palestinian Refugee Problem Revisited* (Cambridge: CUP, 2004).
128 Morris (vgl. Anm. 127); so auch nach anderen Quellen.
129 Aus *Ghassan Kanafani: Umm Saad/Die Rückkehr nach Haifa. Zwei palästinensische Kurzromane. Aus dem Arabischen von Hartmut Fähndrich* (Basel: Lenos Verlag 1986, S. 82).
130 Ebd., S. 87.
131 Special Operations Executive (SOE). (Anm. d. Übers.)
132 Die auch im Original ironisch-archaisierend klingende Bezeichnung „gypsie scholar" dürfte in etwa der bei Goethe (Faust I, V. 1324) zitierten mittelalterlichen Standesbezeichnung entsprechen. Ich übernehme daher auch Goethes idiosynkratische Schreibweise. (Anm. d. Übers.)
133 *Antony Beevor: Crete – The Battle and the Resistance* (London: John Murray, 1991).
134 Die britischen Pläne für das letzte Gefecht in Haifa im Zweiten Weltkrieg konnte ich 2016 im Rahmen eines Besuchs der Haifa Historical Society einsehen.
135 Von seiner Zeit in der griechischen Widerstandsbewegung erzählt Fermor in seinem Buch *Abducting a General – The Kreipe Operation and SOE in Crete* (London: Murray, 2014) [*Die Entführung des Generals*, übersetzt von Manfred und Gabrielle Allié, Zürich: Dörlemann 2015].
136 Hammond, von der SOE rekrutierter Sprengstoffexperte aus Cambridge, der später zu einem angesehenen Altgriechisch-Gelehrten wurde, berichtet von seinen Kriegserlebnissen in *Venture into Greece – With the Guerillas, 1943–44* (London: William Kimber, 1983). Die frühen Sektionsmitglieder erinnern

sich voller Bewunderung an Hammond als einen, der in der Entstehungsphase der Sektion zu deren Ausbildung und Unterstützung entscheidend beigetragen hat. In Hammonds Memoiren hingegen taucht die Sektion nirgends auf, er richtet sein Augenmerk ganz auf Griechenland und erwähnt seine Zeit in Palästina nur am Rande.

137 Yonatan Ben-Nahums Aufsatz über die „Wie-Araber-Werder", das aufschlussreichste Schriftstück, das ich zu dem Thema finden konnte, ist anscheinend nie publiziert worden; in einer Akte im Archiv der Kibbuz-Bewegung in Yad Tabenkin bin ich zufällig auf einen maschinengeschriebenen Entwurf des Textes gestoßen. Ben-Nahum, hoch angesehener israelischer Schriftsteller, Jahrgang 1941, hat sein zweites und letztes Buch 1999 veröffentlicht, kurz bevor er infolge eines Schlaganfalls gelähmt wurde und nicht mehr kommunizieren konnte. Im April 2018 habe ich mit seinem Bruder, dem Historiker Yizhar Ben-Nahum, gesprochen, konnte dabei aber die Entstehungsgeschichte des Aufsatzes nicht klären.

138 Yehuda Brieger, zit. n. *Zerubavel Gilad und Galia Yarden (Hgg.): Magen Baseter* [Geheimer Schutzschild] (Jerusalem: Jewish Agency Press, 1948).

139 AT, Buch Ester, Kap. 2–5. (Anm. d. Übers.)

140 „Hillel" war der Deckname Yisrael Galilis, eines Mitglieds der zionistischen Führungskader, zuständig für die Verteidigung. Das zitierte Memo stammt aus den Akten der Arabischen Sektion im Archiv des IDF in Tel Ha-Shomer und ist auf den 6. Mai 1948 datiert. Merkwürdigerweise wurde die Ziffer „6" von Hand geschrieben, während der Rest des Schreibens maschinengetippt ist. Dieser auffällige Umstand ist der Erwähnung wert, weil in Drors offizieller Geschichte ein Tagebucheintrag David Ben-Gurions mit demselben Datum zitiert wird, demzufolge zwei Agenten bereits zwei Tage früher abgereist waren. Geht man davon aus, dass Ben-Gurion damit Isaac und Havakuk meinte, würde damit das Datum ihrer Abfahrt auf den 4. Mai fallen, also dreizehn Tage nach dem Fall Haifas am 22. April. Das würde bedeuten, dass es sich bei der „6" auf Hillels Memo möglicherweise um einen Irrtum handelt und das Schreiben vor dem 4. Mai verfasst wurde.

141 Der Besucher war David Ben-Gurion, der am 1. Mai nach Haifa gefahren war. Zit. n. *Shai Fogelman: Port in a Storm* (Wochenendbeilage der *Haaretz*, 3. Juni 2011).

142 AT, Buch Habakuk 2, 1–3, hier nach Luthers Übersetzung. (Anm. d. Übers.)

143 Havakuk in seinem Bericht aus Haifa im Frühjahr/Sommer 1947, erhalten im Yad Tabenkin Archiv.

144 Original: „As You Request". (Anm. d. Übers.)

145 In einem fünfseitigen internen Dokument über die Arabische Sektion, das im Archiv von Yad Tabenkin liegt, hat Sam'an seine Bestrebungen nach einer langfristigen „Verpflanzung" der Agenten hervorgehoben, wie auch seine

Enttäuschung darüber bekundet, dass dies vor 1948 nicht intensiver betrieben worden war.
146 Über seine Undercover-Zeit in Haifa hat Yakuba mündlich berichtet.
147 Der Bericht über Isaacs und Havakuks Abreise ist aus meinen Interviews mit Isaac.
148 Entspricht in etwa: „Ich ficke deine Mutter!" (Anm. d. Übers.)
149 Die Werbeanzeige für das Teltsch House wurde am 12. Juli 1937 in der hebräischen Tageszeitung *Davar* geschaltet. Aus dem Online-Archiv der *Historical Jewish Press* der Nationalbibliothek von Jerusalem.
150 Morris (vgl. Anm. 48).
151 Seine Eindrücke beim Überqueren der Grenze hat Isaac in Interviews geschildert, die ich mit ihm geführt habe.
152 Aus meinem Interview mit Mira Cohen im Kibbuz Alonim im August 2016.
153 Am 23. April 1948. Ben Zion wurde 27 Jahre alt.
154 Die Autorin mit dem die deutschsprachigen Leser*innen leicht in die Irre führenden Vornamen firmiert auch in einschlägigen Buchkatalogen oft fälschlicherweise als „*Jane* Morris". Doch es hilft alles nichts, die korrekte Form lautet „Jan". (Anm. d. Übers.)
155 *Jan Morris: Writer's World* (London: Faber&Faber, 2004).
156 Bei der Beschreibung des Beiruts jener Tage, einschließlich der Topologie des Stadtzentrums und der Nachtclubs, war mir von Nutzen: *Samir Kassir: Beirut*, übersetzt von M. B. DeBevoise (Berkeley: University of California Press, 2010).
157 Ebd.
158 Nach Gamliels mündlichem Zeugnis.
159 Der Vorfall im Beduinenlager in Galiläa ereignete sich ungefähr im Juli 1947. Die Schilderung basiert auf meinen Interviews mit Isaac, auf der schriftlichen Version, die seine Tochter, Etti Yodan, im Oktober 2006 angefertigt hat, sowie auf einem Bericht Isaacs beim Veteranentreffen der Arabischen Sektion 1985 (Transkript im Archiv des Palmach).
160 Schlagzeilen der Tageszeitung *Al-Hayat* vom 16. Mai 1948. Ausgaben dieser und aller anderen hier erwähnten Zeitungen sind im arabischen Pressearchiv des Dayan-Center erhalten. Yehonatan Goldberg hat sie für mich übersetzt.
161 Die Karikatur in *Beirut al-Masaa* erschien am 31. Mai 1948.
162 Morris (vgl. Anm. 48). Bei den drei Siedlungen, die am Morgen kapituliert hatten, handelte es sich um Revadim, Ein Tzurim und Masu'ot Yithak, alle im Siedlungsblock Gusch Etzion südlich Jerusalems.
163 Xan Fielding, zit. n. Beevor (vgl. Anm. 133).
164 Schlagzeilen der *Al-Hayat* vom 23. Mai 1948.
165 Shoshan und Sutton (vgl. Anm. 91).
166 Funkspruch der Arabischen Sektion vom 27. Januar 1949, laut dem in den Sektionsakten aufbewahrten Nachrichtenprotokoll (IDF-Archiv).

167 Informationen zur Behandlung der Flüchtlinge durch Libanesen und UN sowie zur Stimmungslage im Libanon während dieser Monate stammen aus Gamliels 14-seitigem Bericht im IDF-Archiv.
168 Details zum Tagesablauf im Kiosk aus meinen Interviews mit Isaac.
169 Aus einem undatierten Funkspruch Isaacs an das Hauptquartier, zit. n. Gamliels veröffentlichtem Bericht.
170 „Stimme Israels", seit dem 14. Mai 1948 erster offizieller Radiosender des Landes, kurz vorher (März 1948) noch als Untergrundsender *Kol Ha-Haganah* („Stimme der Haganah") aktiv, ursprünglich (Dezember 1947) *Telem-Shamir-Boaz*. (Anm. d. Übers.)
171 Aus einer Zusammenfassung der Geheimdienstberichte aus Beirut und Damaskus vom 4. August 1948 (IDF-Archiv).
172 Die Bestellung der 1000 Ferngläser durch die syrische Armee, die Ankunft des US-Handelsschiffs in Beirut und die italienische Waffenlieferung: Aus einem Geheimdienstbericht im IDF-Archiv, 22. Februar 1949.
173 Die folgende Liste der in Beirut angekommenen Waren ist in einem dem Nachrichtendienst Shin Mem 10 zugeschriebenen Bericht vom 6. Februar 1949 enthalten (IDF-Archiv).
174 Aus einem Geheimdienstbericht im IDF-Archiv, datiert 8. September 1949, Quellenangabe: „ein Informant".
175 Die Koordinaten diverser Ziele in Beirut stammen aus dem Anhang zu Gamliels 14-seitigem Bericht im IDF-Archiv.
176 Im Herrenhaus des Landsitzes Bletchley Park (Grafschaft Buckinghamshire) wurde während des Zweiten Weltkriegs die zentrale militärische Dienststelle eingerichtet, die mit der Entzifferung des verschlüsselten deutschen Nachrichtenverkehrs beschäftigt war. Heute ist das Gebäude Sitz des TNMOC (The National Museum of Computing). (Anm. d. Übers.)
177 Funkspruch des Hauptquartiers der Arabischen Sektion nach Beirut, 10. Dezember 1948, 6:15, im IDF-Archiv.
178 Funkspruch des Hauptquartiers der Arabischen Sektion nach Beirut, 16. Dezember 1948, 6:00, im IDF-Archiv.
179 Funkspruch des Hauptquartiers der Arabischen Sektion nach Beirut, 13. August 1949, im IDF-Archiv.
180 Abdruck des Fotos von David Mizrahi und Ezra Afgin (Horin) in ägyptischer Gefangenschaft mit freundlicher Genehmigung durch das Palmach-Archiv.
181 Aus Gamliels veröffentlichtem Bericht.
182 Aus einem Bericht der Nachrichtenagentur Reuter, erschienen in der Tageszeitung *Jedi'ot Acharonot* vom 25. Mai 1948, in dem eine offizielle Stellungnahme der ägyptischen Armee wiedergegeben wird (Online-Archiv von *Jedi'ot Acharonot* in der Nationalbibliothek Jerusalem). Laut israelischen

Militärakten wurden die beiden Spione drei Monate später, am 22. August, in Gaza hingerichtet.
183   Heute Beit She'an im Norden Israels. (Anm. d. Übers.)
184   Der seinerzeit allbekannte „Zwischenfall" wird in zahlreichen Quellen erwähnt, wobei entscheidende Informationen durcheinandergebracht wurden, so vor allem der Name des Verdächtigen und das Datum. Der gründlichste Bericht, den ich finden konnte, ist ein Artikel des Journalisten Amos Nevo in *Yediot Ahronot* (30. April 1993), demzufolge sich der Fall wahrscheinlich im Juni 1943 ereignet hat. Der Name des Opfers war Muhammad Tawash.
185   Isser Be'eri, Big Isser genannt zur Unterscheidung von einem anderen Isser, der ebenfalls beim Geheimdienst war: Isser Harel, genannt Little Isser.
186   Einzelheiten über Yakubas Aufbruch aus Beirut, über seine Kindheit und seine frühen Jahre beim Palmach nach mündlicher Mitteilung.
187   Das (undatierte) Foto von Yakuba in einer Uniform der Najada-Miliz wie auch das mit dem Oldsmobile erscheinen mit freundlicher Genehmigung des Bildarchivs des Palmach, das folgende Foto von Isaac und Havakuk im Oldsmobile mit freundlicher Genehmigung Isaac Shoshans.
188   Bekannter Küstenvorort im Süden Beiruts.
189   Im Original Deutsch.
190   dto.
191   Schnelles, meist nur leicht bewaffnetes Kriegsschiff, vorwiegend für Aufklärung und Nachrichtenübermittlung eingesetzt (von span. *aviso* = „Mitteilung"). (Anm. d. Übers.)
192   Revel Barker, ehemaliger Reporter für *Fleet Street* und Chefredakteur der *Mirror Group Newspapers*, mit dem ich im April 2018 korrespondiert habe, recherchierte die Geschichte der *Grille*, nachdem er ein Beiboot der Yacht (*Grillet*) gekauft hatte, und veröffentlichte seine Erkenntnisse 2001 in dem Band *The Story of Motorboot 1* im Selbstverlag zum Gebrauch für die Schiffsbesucher (online zugänglich unter http://strangevehicles.greyfalcon.us/AVISO%20GRILLE.htm, letzter Abruf am 7. Januar 2022).
193   Funkspruch des Hauptquartiers der Arabischen Sektion nach Beirut, 17. November 1948, 6:00, im Archiv der IDF.
194   Vgl. Kapitel 2 (Anm. d. Übers.)
195   Abdruck mit freundlicher Genehmigung des Bildarchivs des Palmach.
196   Funkspruch des Hauptquartiers der Arabischen Sektion nach Beirut, 19. November 1948, 6:00, im Archiv der IDF.
197   Laut Geheimdienstbericht im Archiv der IDF (24. September 1948) wurden vier davon von einem Informanten am 19. Juli 1948 entdeckt, drei weitere durch eine andere Quelle am 25. August.

198 Die Ankunft der 25 Wehrmachtsoffiziere sowie das mögliche Auftauchen von 2500 ehemaligen deutschen Soldaten nach einem Bericht im Archiv der IDF (20. Januar 1948), der einer „seriösen Quelle" zugeschrieben, jedoch „mit allen gebotenen Vorbehalten" weitergeleitet wurde.
199 Aus Gamliels veröffentlichtem Bericht; laut seinen Quellennachweisen befindet sich der Brief „im Archiv des Autors".
200 Aus dem offiziellen israelischen Marinebericht über die Operation, in: *Kapitänleutnant Eliezer Tal: Mitzva'ei cheil ha-yam be-milhemet ha-komemiyut* [Maritime Einsätze im israelischen Unabhängigkeitskrieg] (Tel Aviv: Israel Defense Forces, Ma'arachot Press, 1964). Der libanesische Geschäftsmann war George Arida.
201 Ebd.
202 Rika (vgl. Anm. 23).
203 Aus Gamliels veröffentlichtem Bericht.
204 Funkspruch des Hauptquartiers der Arabischen Sektion nach Beirut, 22. November 1948, 6:00, im Archiv der IDF.
205 Nach Gamliels 14-seitigem Bericht ans Hauptquartier, im Archiv der IDF.
206 Das von Zvika Dror aufgestöberte Zitat Yigal Allons erschien zuerst in einem Artikel von Meir Hareuveni in *Maariv*, 16. März 1987.
207 Funkspruch des Hauptquartiers der Arabischen Sektion nach Beirut, 1. Januar 1949, 7:00, im Archiv der IDF.
208 Gamliels Erzählung von den Treffen mit seinen Brüdern und seinen Eltern stammt aus seinem veröffentlichten Bericht.
209 Isaacs Bericht über seine Rückkehr nach Aleppo im Frühsommer 1948 stammt aus meinen Interviews mit ihm.
210 Es handelt sich um Rafi Sutton, der damals als Kind in Aleppo lebte.
211 Diese Erinnerung Gamliels stammt aus dem biografischen Kurzfilm, der auf der Konferenz von 2012 im Palmach-Museum über ihn gedreht wurde, zugänglich als Video im Archiv des Palmach. Zusätzliche Details aus meinem Interview mit seiner Witwe, Aliza Cohen, im April 2018.
212 Yakubas Erzählung von der Begegnung mit einem jüdischen Händler in Damaskus Anfang 1948 nach mündlicher Mitteilung.
213 Funkspruch des Hauptquartiers der Arabischen Sektion nach Beirut, 24. November 1948, 6:00, im Archiv der IDF.
214 Funkspruch des Hauptquartiers der Arabischen Sektion nach Beirut, 29. November 1948, 6:15, im Archiv der IDF.
215 Rika (vgl. Anm. 23). Zusätzliche Details aus seinem unmittelbar nach der Aktion archivierten Bericht, der im offiziellen Marinereport von Eliezer Tal ausführlich zitiert wird. Rika, der zum Zeitpunkt der Veröffentlichung dieses Dokuments (1964) immer noch für den Geheimdienst tätig war, taucht darin nur als „der Sprengstoffexperte" auf.

216 Aus Rikas Bericht, zit. n. Tals Marinereport.
217 Funkspruch des Hauptquartiers der Arabischen Sektion nach Beirut, 1. Dezember 1948, 6:15, im Archiv der IDF.
218 *Al-Hayat*, zitiert in Tals offiziellem Marinereport. Nach Tal war das Datum der Explosion der 17. Dezember 1948, also 18 Tage nach der Aktion.
219 Das kuriose Schicksal der Toilette der *Grille* erzählt Alexander Aciman in *Tablet* („Hitler's Toilet Is in New Jersey", 29. Januar 2013). Laut Aciman ließ der Eigentümer der Werft in New Jersey, Harry Doan, die Yacht zur Verschrottung demontieren, wobei Einwohner von Florence und den umliegenden Städten Teile des Schiffs, so die Teakholzdielen, einen Tisch, ein Fenster und eben die Toilette retteten. Diese stand dann bis 2015 in der Autowerkstatt von Greg Kohlfeldt, der sie schließlich („für weniger als 35 000 $") an einen anonym bleibenden Engländer verkaufte. (S. Gabriela Geselowitz, „Hitler's Toilet Sold", in *Tablet*, 20. April 2015). Laut einem Artikel im *Mirror* vom 8. Mai 2017 (Warren Manger, „The Man Who Salvaged Hitler's Toilet") ist der derzeitige Eigentümer Bruce Crompton, britischer TV-Star und Sammler.
220 Funkspruch des Hauptquartiers der Arabischen Sektion nach Beirut, 4. Dezember 1948, im Archiv der IDF.
221 Details zu Yakubas Plan für die Raffinerie von Tripolis nach seinem mündlichen Zeugnis und meinen Interviews mit Isaac.
222 Gamliels Konsultationen eines Kaffeesatzlesers und einer Wahrsagerin nach mündlicher Mitteilung. Von seinen Erfahrungen als Mitglied der SSNP hat er sowohl mündlich als auch in seinem veröffentlichten Bericht erzählt.
223 Vgl. Kapitel 13.
224 Die Partei der syrischen Nationalisten, die für die Gründung eines syrischen Großstaats eintritt, der nebst Palästina u. a. auch das Gebiet des heutigen Libanon umfassen würde, war und ist auch dort unter dem Partei-Akronym SSNP aktiv. Neben Damaskus hat sie ihren zweiten Hauptsitz in Beirut. (Anm. d. Übers.)
225 Gamliels Foto von der Versammlung der SSNP am 1. März 1949 abgedruckt mit freundlicher Genehmigung des Palmach-Archivs.
226 Nach Yakubas mündlicher Mitteilung.
227 Yakubas Schilderung der Hinrichtungen in Beirut und seine Überlegungen, was er sagen würde, bevor er selber gehenkt würde, nach seinem mündlichen Zeugnis.
228 Eigentlich *Al-Malkiyya*, ein im Unabhängigkeitskrieg von beiden Seiten heftig umkämpftes Dorf im Mandatsgebiet Palästina, heute Nord-Israel. Nachdem der Krieg Al Malkiyya vollständig entvölkert hatte, wurde dort 1949 der Kibbuz Malia errichtet. (Anm. d. Übers.)
229 Laut Gamliels 14-seitigem Bericht im Archiv der IDF.

230 Aus Haim Gouris *Lied der Freundschaft*, geschrieben inmitten der Kämpfe von 1948.
231 Der Schriftsteller Amos Keinan im Jahr 1980, zit. n. *Anita Shapira: Yigal Allon, Sohn des Landes* (Pennsylvania: Penn Press, 2008).
232 Das Memo vom 16. September 1948, das die Umwandlung der Arabischen Sektion in einen militärischen Geheimdienst ankündigt, befindet sich im Archiv der IDF.
233 Die hebräischen Buchstaben *shin* und *mem* sind die Initialen von *sherut modi'in*: Geheimdienst.
234 Der Rekrutierungsoffizier war Yosef Ben-Saadia, der auf dem Treffen der Arabischen Sektion von 1985 eine Rede gehalten hat (Transkript im Palmach-Archiv).
235 Funkspruch des Hauptquartiers der Arabischen Sektion nach Beirut, 24. Dezember 1948, 7:00, im Archiv der IDF.
236 Aus Isaacs Sammlung arabischer Sprichwörter.
237 Aus dem Transkript von Yakubas Rede beim Treffen der Arabischen Sektion von 1985 (Palmach-Archiv).
238 Nach Gamliels mündlicher Mitteilung.
239 Bericht der Arabischen Sektion (jetzt Shin Mem 18) vom 23. März 1949, im Archiv der IDF.
240 Aus Nathan Altermans Gedicht *Der silberne Teller*, Erstveröffentlichung in der Tageszeitung *Davar* vom 19. Dezember 1947.
241 Aus Yoram Kaniuks Erinnerungsband *Tashach* [1948] (Tel Aviv: Yediot Books and Hemed Books, 2010).
242 Aus einem Bericht von Radio Damaskus, zusammengefasst in einer arabischen Presseschau des israelischen Verteidigungsministeriums (19./20. Februar 1949), im Archiv der IDF.
243 Morris (vgl. Anm. 48).
244 Aufbewahrt in den Presseakten des Außenministeriums (21./22. Februar 1949), im Archiv der IDF.
245 Nach einem von Ramallah Arabic Radio zitierten Artikel aus *El-Difaa*, in den Presseakten des Außenministeriums (1./2. Februar 1949).
246 Azmi Nashashibi, Sprecher von Radio Ramallah, in den Presseakten des Außenministeriums (17./18. Februar 1949).
247 Aus einer Zusammenstellung israelischer Zeitungsartikel durch das Außenministerium, 9. Januar 1949, im Archiv der IDF.
248 Aus einem Flugblatt der *Jewish Agency* über neueste Entwicklungen in Israel (12.–18. März 1949), im Archiv der IDF.
249 Aus einer Zusammenstellung israelischer Zeitungsartikel durch das Außenministerium, 10. Januar 1949, im Archiv der IDF.
250 Aus der Tageszeitung *Davar*, 10. März 1949, zitiert in der Presseschau des Außenministeriums im Archiv der IDF.

251 Bericht der Arabischen Sektion vom 1. Februar 1949, im Archiv der IDF.
252 Bericht vom 23. März 1949 im Archiv der IDF. In dem Dokument wird keine Quelle genannt, es gleicht aber den anderen Sektionsberichten im selben Ordner.
253 Der Vorsitzende der ägyptischen UN-Delegation in seiner Rede vom 24. November 1947, zit. n. Morris (vgl. Anm. 48).
254 Der irakische Premierminister laut einem britischen Memo vom 12. September 1947, ebd.
255 Aus einer Zusammenstellung syrischer Presseberichte in den Akten des Außenministeriums (22./23. Februar 1949), im Archiv der IDF.
256 Bericht vom 26. August 1948, im Archiv der IDF.
257 Von Gamliel in seinem mündlichen Bericht aus Antoun Sadehs Rede zitiert.
258 Der Schlachtruf sowie weitere Einzelheiten zu den Aufständen in Aleppo vom 30. November 1947 stammen aus den Interviews, die ich zwischen 2009 und 2010 mit aus Aleppo gebürtigen Juden geführt habe, die damals dabei waren, darunter Rafi Sutton (der hier erwähnte Teenager), Rabbi Isaac Tawil, Yosef Entebbe (der Junge, der barfuß durch das Fenster schlüpfte), Batya Ron und andere. Eine ausführlichere Schilderung der Geschehnisse dieses Tages enthält *The Aleppo Codex*. (Anm. d. Autors)
Die beiden Teilsätze des bereits für die 1920er Jahre bezeugten Schlachtrufs bilden auf Arabisch einen Reim (laut Segev (vgl. Anm. 16), S. 143). (Anm. d. Übers.)
259 Einige der in diesem Kapitel diskutierten Aspekte gehen zurück auf einen Essay, den ich für das *Mosaic Magazine* geschrieben habe: *Mizrahi Nation*, 1. Juni 2014. Eine grundlegende Arbeit über die Erfahrungen der Mizrahi-Juden in Israel ist Yehouda Shenhavs Buch: *The Arab Jews – A Postcolonial Reading of Nationalism, Religion, and Ethnicity* (Stanford, CA: Stanford University Press, 2006). Zum Exodus der Juden aus den arabischen Ländern siehe Lyn Julius: *Uprooted – How 3000 Years of Jewish Civilisation in the Arab World Vanished Overnight* (London: Valentine Mitchell, 2018).
260 Der Leiter der Mittelost-Abteilung der Jewish Agency, Yaakov Zrubavel, in einer Rede auf der Versammlung der Zionist Executive vom 5. Juni 1949, zit. n. *Tom Segev: 1949 – The first Israelis*, herausgegeben von Ariel Neal Weinstein (New York: Henry Holt, 1986) [*Die ersten Israelis. Die Anfänge des jüdischen Staates* (München: Pantheon ²2010; hier in meiner Übersetzung/TS)].
261 Aus einem Rundschreiben des Außenministeriums vom 2. Oktober 1949, zit. n. Segev (vgl. Anm. 260).
262 Der Artikel von Arieh Gelblum erschien am 22. April 1949 in *Haaretz*, zit. n. Segev (vgl. Anm. 260). Efraim Friedmans Entgegnung, erschienen in der *Haaretz* vom 8. Mai 1949, findet sich als Mikrofilm in der Israelischen

Nationalbibliothek in Jerusalem. Der in Holland geborene Friedman verbrachte vier Jahre als zionistischer Gesandter in Nordafrika, wo er die jüdische Emigration nach Israel organisierte.
263 Deutsche Ausgabe 1972 (Wien: Fritz Molden Verlag).
264 So wie er hier von Matti Friedman verwendet wird, drückt der Begriff „Judaismus" eine für Teile der „sozialistisch" orientierten Kibbuz-Bewegung charakteristische ablehnende oder zumindest polemisch abgrenzende Einstellung zum sich primär über die *Religion* definierenden traditionellen Judentum aus, das es im Sinn eines modern-säkularen, auf dem Konzept einer jüdischen *Nation* basierenden Zionismus zu überwinden gelte. Der hiermit adressierte Gegensatz bestimmt den innerisraelischen Konflikt zwischen Säkularen und Orthodoxen bis heute. (Anm. d. Übers.)
265 Ehud Barak, israelischer Ministerpräsident von 1999 bis 2001. (Anm. d. Übers.)
266 Der *Kanun* (auch *Qanun*), eine Zither-Art, ist wie die Oud in der arabischen Kunstmusik von großer Bedeutung, auch als Soloinstrument. (Anm. d. Übers.)
267 Die Beobachtung, dass auf den Listen der meistgespielten Interpreten aschkenasische Künstler fehlen, verdanke ich Amihai Atali, Reporter für Yediot Ahronot, der die Liste (der fünfzehn Hits des vergangenen hebräischen Kalenderjahrs) am 3. September 2017 getwittert hat.
268 Gamliels Gedanken zum kulturellen, religiösen und politischen Leben des Landes, das Zitat aus seinem Brief von 1944 und die Schilderung des Zwischenfalls auf dem Bahnhof von Tulkarm nach mündlicher Mitteilung.
269 Im Original Deutsch.
270 Siehe Anm. 268.
271 *Romain Gary: Les cerfs-volants* (Paris: Gallimard, 1991); [Die Jagd nach dem Blau (Zürich: Rotpunkt-Verlag, 2019)].
272 Die Schilderung von Isaacs Beiruter Zeit und das Porträt von Georgette nach meinen Interviews mit ihm.
273 Die Fotos dieses Kapitels abgedruckt mit freundlicher Genehmigung des Bildarchivs des Palmach.
274 Yakubas Erinnerungen an Marie nach seinem mündlichen Zeugnis.
275 Gamliels Erinnerungen an die Schwester seines Geschäftspartners nach seinem mündlichen Zeugnis.
276 Dokumentarfilm von Or Heller, gesendet am 6. September 2015, mit weiteren Fakten zu den Liebesaffären Uri Yisraels und anderer Agenten des Shin Bet, die arabische Frauen geheiratet haben. Die Journalistin, die in diesem Zusammenhang von „einer Affäre, die der Shin Bet am liebsten vergessen würde" gesprochen hat, war Marina Golan. (Anm. d. Autors) – Mehr zum „Fall" Uri Yisrael nachzulesen in https://www.ynetnews.com/articles/0,7340,L-4422919,00.html (letzter Abruf am 7. Januar 2022). (Anm. d. Übers.)

277 Esther Yemini, zitiert in Drors offizieller Geschichte.
278 Funkspruch des Hauptquartiers der arabischen Sektion nach Beirut vom 6. Dezember 1949, 15:15, im Archiv der IDF.
279 Sektionsbericht vom 15. Januar 1949, im Archiv der IDF.
280 Alle Angaben aus den Geheimdienstberichten im Archiv der IDF.
281 Bericht der Arabischen Sektion vom 6. März 1949, im Archiv der IDF.
282 Laut Gamliels 14-seitigem Bericht im Archiv der IDF.
283 Geheimdienstbericht vom 1. März 1949, im Archiv der IDF.
284 Bericht der Arabischen Sektion vom 6. März 1949, im Archiv der IDF.
285 Geheimdienstbericht vom 16. Februar 1949, im Archiv der IDF.
286 Aus einem Bericht des Außenministeriums (August 1948), im Archiv der IDF.
287 Ebd.
288 Vgl. Kapitel 11, S. 144.
289 Nach Yakubas mündlicher Mitteilung.
290 Aus meinen Interviews mit Yakuba, auch in Gamliels veröffentlichtem Bericht erwähnt.
291 Isaacs Schilderung der Begegnung mit der Beiruter Polizei stammt aus meinen Interviews mit ihm.
292 Shoshan und Sutton (vgl. Anm. 91).
293 Aus Gamliels veröffentlichtem Bericht.
294 Aus einem Funkspruch aus Beirut ans Hauptquartier der Arabischen Sektion, 25. April 1950, zitiert in dem Erinnerungsband *Ha-mistaarev ha-acharon be-levanon* [Der letzte arabische Undercover-Agent im Libanon: Von Damaskus nach Ramat Hasharon] von Yehoshua Kedem (Mizrahi), veröffentlicht 2013 im Selbstverlag. Ich habe Yehoshua Mizrahi (der später den hebräischen Familiennamen Kedem annehmen sollte) im Februar 2016 in Ramat Hasharoon interviewt.
295 Beliebtes libanesisches (bzw. levantinisches) Frühstücksgericht mit Joghurt und Kichererbsen. (Anm. d. Übers.)
296 Nach Gamliels mündlicher Mitteilung.
297 Aus Gamliels veröffentlichtem Bericht.
298 Ben Shanis und Efrat Lechters Reportage über Yussef Shufani wurde am 8. April 2013 im Investigativ-Programm *Uvda* des israelischen TV-Senders Channel 2 gezeigt.
299 Siehe auch Anm. 22.
300 Die beiden am 3. Mai 1949 ausgesendeten Agenten waren Yaakov Bokai und Efraim Efraim (bei orientalischen Juden ist Gleichheit des Vor- und Nachnamens nichts Ungewöhnliches). In meiner Schilderung ihrer Einschleusung nach Jordanien (offiziell Operation Goshen genannt) halte ich mich im Wesentlichen an Gamliels veröffentlichten Bericht und an die

Memoiren Yehoshua Kedems (Mizrahi), unter Einbeziehung von Details aus Eliyahu Rikas Memoiren *Parpar Ha-shachar*, aus meinen Interviews mit Isaac und aus Yakubas mündlichen Mitteilungen. Gamliel zitiert bei der Beschreibung dieser Episode in seinem Buch ausführlich aus Quellen, die er als „Akte 50" und „Akte 51" im Archiv der IDF angibt, doch es gibt dort keine Akten, die diesen Nummern entsprechen, was möglicherweise mit der erst nach Gamliels Recherchen erfolgten Restrukturierung des Archivs in den späten 1990er Jahren zusammenhängt. Möglich ist auch, dass das genannte Material unter ein Klassifikationslevel fällt, das Gamliel als ehemaligem Geheimdienstmitarbeiter Einsicht gestattete, einem Forscher ohne Sicherheitsfreigabe jedoch nicht. Das gleiche gilt möglicherweise für Kedem (Mizrahi), der Zeitpunkte und Daten nennt und aus einem Bericht Efraims zitiert, die in den mir zugänglichen Akten nicht auftauchen; daher musste ich in diesem Kapitel, wo nötig, statt aus den Primärquellen aus ihren Büchern zitieren.

301 Das Foto von Bokai mit seinen Freunden stammt aus dem Palmach-Archiv. Oben rechts stehend Yehoshua Kedem (Mizrahi).

302 Funkspruch des Hauptquartiers an Beirut vom 3. Mai 1949, Akte 50 im Archiv der IDF, zitiert in Gamliels veröffentlichtem Bericht.

303 Funkspruch Gamliels ans Hauptquartier vom 11. Mai 1949, Akte 51 im Archiv der IDF, zitiert in Gamliels veröffentlichtem Bericht.

304 *Al Ha-Mishmar*, 10. Mai 1949, zitiert in Gamliels veröffentlichtem Bericht.

305 Funkspruch des Hauptquartiers an Gamliel, Datum unbekannt, in Akte 51 im Archiv der IDF, zitiert in Gamliels veröffentlichtem Bericht.

306 Nach Yakubas mündlicher Mitteilung.

307 Zu Beginn des Frühlings 1949 hatte Transjordanien seinen Namen offiziell zu Jordanien geändert. Doch sollte es noch einige Zeit dauern, bis der alte Name außer Gebrauch kam.

308 Funkspruch des Hauptquartiers vom 12. Mai 1949, zitiert in Gamliels veröffentlichtem Bericht.

309 Efraims Schilderung der Geschehnisse erscheint in einem von ihm später verfassten Bericht, der in den Memoiren von Kedem (Mizrahi) in voller Länge zitiert wird. Der Bericht ist undatiert, stammt aber mit großer Wahrscheinlichkeit vom Sommer 1949. Efraim gibt als Datum seiner Rückkehr nach Israel den 20. Juli an. Details über Efraims aufgewühlten Geisteszustand stammen aus den Beschreibungen der Episode durch andere Agenten, einschließlich Yakubas mündlichem Zeugnis, Gamliels veröffentlichtem Bericht und Isaacs Interviews mit mir.

310 Rika (vgl. Anm. 23).

311 Aus Gamliels veröffentlichtem Bericht.

312 Ebd.

313 Die Beschreibung von Efraims Rückkehr nach Israel nach Yakubas mündlichem Zeugnis.
314 *al-Difaa*, 12. Juli 1949, zitiert in Gamliel Cohen: *Ha-Mistaarvim Ha Rishonim* (vgl. Anm. 18).
315 Die Reproduktion von Bokais britischem Personalausweis, der ihn als Najeeb Ibrahim Hamouda ausgibt, erscheint mit freundlicher Genehmigung des Bildarchivs des Palmach.
316 Die Reise der beiden Agenten nach Jerusalem wurde von Isaac in seinen Interviews mit mir geschildert, ebenso von Gamliel in seinen mündlichen Mitteilungen und seinem veröffentlichten Bericht.
317 Der Nabi-Musa-Komplex ist „eine muslimische Kultstätte und Pilgerherberge", wo sich u. a. das Grab von Moses befindet (siehe https://de.wikivoyage.org/wiki/Nabi_Musa mit weiteren Angaben zur Geschichte des Ortes). Isaacs und Gamliels Teilnahme am gemeinsamen Gebet ist natürlich Teil ihrer Tarnung. (Anm. d. Übers.)
318 Eine identische hebräische Fassung von Bokais Brief erscheint in den Büchern von Mizrahi und Gamliel. Nach Yaron Behar, einem Experten für die frühe Arabische Sektion, handelte es sich bei dieser Fassung um eine von Sam'an unmittelbar nach Eintreffen des auf Arabisch geschriebenen Briefs im August 1949 angefertigte Übersetzung. Vom Originalbrief fehlt jede Spur. Gamliel zufolge war der freigelassene Gefangene, der den Brief aus Jordanien überbrachte, Hassan Ibrahim Ali, ein palästinensischer Araber aus der Stadt Silwad im Westjordanland.
319 Osmanische Gewichtseinheit: Zwei Rutal sind knapp über 13 Pfund.
320 Die israelischen Akten nennen als Datum der Hinrichtung Bokais in Amman den 2. August 1949.
321 Laut Gamliels Bericht wurden Isaac, Havakuk und Shimon Horesh am 19. April 1950 abgezogen. In seiner mündlichen Aussage gibt Yakuba für seine Rückkehr nach Israel kein Datum an, sie scheint aber ein paar Monate vorher stattgefunden zu haben. Nach Gamliels mündlichem Zeugnis kam er Ende Juni zurück nach Israel. Der Agent Shaul Carmeli („Tawfiq") war bereits ein Jahr zuvor über die Landgrenze zurückgekehrt (laut Dokumenten aus dem Archiv der IDF am 8. Juni 1949).
322 Die Geschichte über den alten Mann am Beiruter Kiosk stammt aus Isaacs Interviews mit mir.
323 Die Schilderung von Isaacs Abholung am Strand von Ouzai, zusammen mit Havakuk und Shimon, stammt aus Isaacs Interviews mit mir.
324 Gamliels Bericht über seinen Weg zum Mossad nach mündlicher Mitteilung. Seine Dienstzeit umfasst die Jahre 1952 bis 1964.
325 Der Historiker Meir Pa'il, zitiert in Oded Shaloms Nachruf auf Gamliel Cohen, abgedruckt in *Yediot Ahronot* vom 17. Juli 2002.

326 Rafi Sutton, der mir in einem unserer vielen Gespräche ein Porträt Isaacs geliefert und der in seinem Buch auch beschrieben hat, wie er ihn bei der Arbeit beobachtete.
327 Isaacs Beschreibung seiner Rückkehr nach Haifa stammt aus meinen Interviews mit ihm.

Die Karte auf Seite 1 stammt von Matti Friedman, auf Seite 150 vom IDF-Archiv. Das 2. Foto von oben auf Seite 11 sowie das Foto auf Seite 70 stammen von Isaac Shoshan. Die Fotos auf Seite 279 wurden von Matti Friedman gemacht.
Alle anderen Abbildungen wurden freundlicherweise vom Palmach-Archiv zur Verfügung gestellt.

Über den Autor

Matti Friedman
ist ein mehrfach preisgekrönter Journalist und Autor, dessen Texte u. a. in der New York Times, The Atlantic, Tablet und Smithsonian veröffentlicht wurden. „Spione ohne Land – Geheime Existenzen bei der Gründung Israels" wurde mit dem Natan Prize 2019 und dem Canadian Jewish Book Award ausgezeichnet. „Pumpkinflowers – Bericht eines Soldaten über einen vergessenen Krieg" stand 2016 auf der Jahresliste der „100 Notable Books" der New York Times und wurde auf Amazon zu einem der 10 besten Bücher des Jahres gekürt. Sein erstes Buch „Der Aleppo-Codex" erhielt 2014 den Sami-Rohr-Preis und die ALA's-Sophie-Brody-Medaille. Matti Friedmann wurde in Toronto geboren und lebt in Jerusalem.